성경 속 여인들의 인생 반전

성경 속 여인들의 인생 반전

초판 1쇄 2017년 3월 4일

지은이 김영훈
디자인 류인수
펴낸이 고점순
펴낸곳 도서출판 소망사
  등록 제2015-000048호 (2015.9.16)
  주소 서울 마포구 독막로 331 마스터즈타워 1903호
  전화 392-4232 **팩스** 392-4231
somangsa77@hanmail.net

Printed in Korea
ISBN 979-11-956881-7-3 03230

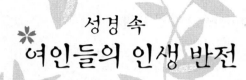

성경 속
여인들의 인생 반전

김영훈

책머리에

저는 늦게 결혼하여 세 아이를 두고 아이들이 자라는 것을 보며 아이들의 신앙생활에 도움이 되도록 제가 깨닫고 느낀 것을 명상록으로 작성하던 도중 CD에 담아 결혼 선물로 전달해 주고 싶었습니다. 못난 아비의 경험이지만, 이 경험과 깨달음을 바탕으로 아비처럼 방황하지 않고 믿음의 명가를 만드는데 도움 되기를 간절히 소망하였지요. 그래서 틈틈이 명상록을 작성하다가 시각장애 현상이 일어나 더 이상 작업을 할 수 없었습니다.

그런데 2016년 봄에 저와 친분이 있는 사랑의 집 진사라 사모님께서 제가 글을 휴대폰으로 불러드리면 컴퓨터로 작성해 주시겠다고 했습니다. 그분의 도움으로 '서글픈 출발, 화려한 출발'의 초안이 작성되었고, 2016년 한 해 학교 휴직을 한 이은화 집사님께서 이를 다듬어 제가 섬기던 목장의 '카톡'에 한 주에 한 편씩 7주 동안 올렸습니다. 이렇게 올린 글을 제 형제들과 친구들에게 보냈더니 친구들의 반응이 뜨거워서 2016년 6월 말에 더 많은 사람들과 함께 이 글을 나누고자 출판을 결심했습니다. 그 후 약 6개월간 수정 보안 작업을 하여 이 글이 졸작이지만 일단 완성되었습니다. 그리고 제목을 《성경 속 여인들의 인생 반전》으로 바꾸었습니다.

이렇게 하여 완성된 글을 읽는 독자님들에게 두 가지 양해를 구하고자 합니다.

첫째, 시각장애의 상태에서 작성된 글이라 문장의 표현이 매끄럽지 못하고 어눌한 점이 너무 많다는 것입니다. 제가 과거에 교회의 회지 발간 책임을 맡아 본 경험상 책은 여러 번 수정을 해도 만족스러운 글을 얻기가 힘들다는 것을 잘 알고 있습니다. 그런데 이 글은 수정을 마음대로 할 수 없었기에 더욱 어눌한 표현이 많은 것을 감수할 수밖에 없습니다. 널리 이해해 주시고 내용을 보시며 믿음의 명가 건설에 도움이 되었으면 좋겠습니다.

둘째, 제가 이 글을 작성하는 과정에 저와 친분이 있는 목사님, 신학교수, 의사 등 각 분야의 전문가들에게 자문을 구하였습니다. 그러나 많은 부분 제 상상력을 동원하여 당시의 상황을 추리한 면들이 있습니다. 특히, 모세의 두 번째 아내가 된 흑인여성과 밧세바의 할아버지 아히도벨이 압살롬의 반란에 가담한 과정에 대하여 추리를 많이 했습니다. 그 외에도 많은 부분에 대해 추리했습니다. 제 추리는 어디까지나 추리에 불과할 뿐입니다. 이것이 사실과 얼마만큼 일치할 것인지는 알 수 없음을 분명히 밝힙니다. 그래서 특히 초신자들의 경우에 제 추리를 100% 그대로 받아들이면 곤란할 수 있음을 밝히며, 당시 상황이 '이럴 수도 있었겠구나' 하고 참고해 주시길 바랍니다.

제가 많은 부분 추리를 한 것은 성경을 이해하는 새로운 방법으로 선택한 것입니다. 그렇기에 제가 추리를 해도 아주 엉터리로 하지는 않았습니다. 성경에서 힌트를 얻어 성경을 근거로 추리를 했다는 것을 밝힙니다.

여러 가지로 부족한 글이지만 이 글이 현실생활에서 발생하는 모든 어려움을 이기고 믿음의 명가를 이루는 데 도움이 되기를 간절히 소망합니다.

2017년 3월 2일
저자 김영훈

추천의 글

임대진 울산큰빛교회 목사

성경 66권은 성령의 감동을 받은 사람들에 의해 기록된 하나님의 계시의 말씀입니다. 그러면서 그 시대 상황과 사람들을 통해 말씀하신 스토리이기도 합니다. 그러므로 성경의 내용을 연대기적으로 당시의 문화와 풍습, 환경을 이해하고 볼 수 있다면 더 풍성한 말씀으로 다가올 것입니다. 성경을 사랑하고 늘 가까이 하시는 저희 큰빛교회 김영훈 집사님이 사랑하는 자녀들과 다음 세대를 위하여 《성경 속 여인들의 인생 반전》을 내셨습니다. 제목에서 비치는 것처럼 집사님은 성경에 등장하는 여인들을 통해 어떻게 하면 믿음의 명가를 이룰 수 있을까를 고민하고 찾아 가고 있는 것이 흥미롭습니다.

또한 신학적인 해석보다는 평신도로서 진솔한 고백과 집사님의 치밀한 연대기적 계산과 이해와 풍부한 상상력까지 더해 한 인물 한 인물을 통해서 발견한 보석 같은 교훈들은 독자로 하여금 이 책을 손에서 놓을 수 없게 만들 것입니다.

7명의 성경에 등장하는 여인들 이야기를 마치고 부록으로 되어 있는 부분은 저자의 가정사를 통한 간증입니다. 아버지와 아들, 교인과 교인, 교인과 목사와의 관계에서 저자가 경험한 용서, 화해, 사랑의 간증은 언젠가 주님 앞에 서야 할 인생으로서 너무나 소중한 가르침입니다.

1편

시아버지를 유혹한 다말

모세의 손자들 가운데 요나단이 우상을 섬기는 제사장 노릇을 돈 때문에 시작해, 북이스라엘이 망할 때까지 몇 백 년을 그 후손들이 그렇게 살았다는 게 믿어지는지요?

사무엘의 두 아들이 지탄의 대상이 되어 이스라엘 백성들이 왕 제도 도입을 요구하는 빌미가 된 것은 이해되는지요?

다윗의 집안은 거의 콩가루 집안으로 자식들 간에 강간, 살인도 모자라 아버지에게 반란을 일으키고 백주 대낮에 모든 백성이 보는 가운데서 아버지의 후궁을 열 명이나 욕보이는 개 같은 아들 압살롬을 어떻게 이해하나요?

히스기야가 15년 더 살게 되어 낳은 므낫세가 남유다 왕국 역사상 가장 사악한 왕이 되어 바벨론의 내시가 되었다가 구사일생으로 왕위에 복귀했지만 유다 왕국 멸망의 가장 큰 원인자가 된 것은 어떻게 보아야 할까요?

저는 성경을 보며 대학시절부터 이런 의문들이 하나 둘씩 늘어났습니다. 결혼도 안한 젊은 총각이 자녀 문제로 때때로 고민하였다는 것이 좀 우습지요. 그러나 저에게는 이런 의문들이 때때로 고민거리가 되어 많은 생각을 하였지요. 아버지는 우리가 모두 본받아야 한다고 생각하며 존경하는 믿음의 조상임에도 불구하고 그 자식은 아버지와 정반대의 경우가 현실세계에서 뿐만 아니라 성경에서도 계속 나타나니 저는 고민할 수밖에 없었지요. 고민 끝에 얻은 결론은 아무리 위대한 믿음의 조상이라 하여도 인간이기에 잘못과 단점이 있어서 그 결과가 자식들에게 나쁜 영향을 미친 것으로 생각되었지요. 그러나 이 생각은 제 의문에 대하여 만족한 해답은 아니었습니다.

37세에 늦게 결혼하여 세 아이의 부모가 되고 보니 이런 고민이 무

의식중에 걱정으로 변했습니다. '혹시나 내 아들이 저렇게 되면 어쩌지?'라는 생각으로 어떨 때는 불안하기도 했지요. 그러다가 40대 중반에 시각에 장애가 오면서 성경을 오히려 더 가까이 하게 되었습니다.

마태복음 1장에 나타난 예수님의 족보를 보고 몇 날 며칠 동안 고민한 적이 있었지요. '3명의 이방 여인이 도대체 어떻게 예수님의 조상이 되었을까? 밧세바는 왜 자기의 이름을 못 드러내고 죽은 첫 남편의 이름으로 소개되어야만 했을까? 예수님의 조상이 분명한데도 불구하고 마태복음 1장의 족보에 빠진 사람들은 왜 빠졌을까? 를 깊이 묵상하며 연구하였지요.

그 결과 믿음의 명가를 이룸에 있어서 아버지의 역할보다는 어머니의 역할이 훨씬 더 중요하다는 것을 깨닫게 되었습니다. 그런데 어머니의 중요성을 깨달았을 때, 어느새 제 아이들은 초등학교를 다 졸업한 후였지요. 진작 깨달았다면 아이들 교육의 황금시기에 아내를 더 도와서 아내가 아이들에게 더욱 더 성경적으로 지혜롭게 교육할 수 있도록 도왔을 터인데 너무도 아쉬움이 컸습니다.

서글프게 출발했지만 어머니 덕분에 믿음의 명가를 이룬 네 가정, 공주와 왕비로 화려하게 출발하였지만 잘못된 어머니 때문에 완전히 패망한 두 가정, 이 둘 사이에 어정쩡하게 끼여 너무도 안타깝고 부끄러운 어머니 한 가정, 모두 7 가정의 여인들의 이야기를 통하여 독자 여러분 모두 믿음의 명가를 이루기를 간절히 기대하며 소망합니다.

총 7편으로 나누어 다말, 라합, 룻, 한나, 밧세바, 이세벨, 아달랴를 중심으로 한 가정의 흥망성쇠를 아주 깊이 있게, 재미있게, 그리고 유익하게 다루었습니다. 이들의 삶을 통하여 어떻게 두려움을 이겨냈고, 어떻게 하나님을 가까이하게 되었으며, 어떻게 믿음의 명가를 이루었는지 재미있게 살펴보며, 이 책을 읽는 모든 독자들의 가정이 믿음의 명가가 되기를 소망합니다.

먼저 1편에서는 예수님 족보에 여성으로서 첫 번째로 이름을 올린 '다말'을 다루고자 합니다.

야곱의 넷째 아들 유다는 갑자기 본가를 떠나 가나안 땅의 한 부자 집의 데릴사위가 되어 세 아들을 낳았습니다. 첫째 아들을 다말과 결혼시켰는데, 아들이 죽자 그 지방 풍습대로 둘째를 다말과 결혼시켰지요. 아들이 또 죽자 셋째가 자랄 때까지 기다리라며 다말을 친정으로 돌려보냈지요. 그 후 아내가 죽는 슬픔을 겨우 이긴 유다는 창녀로 변장한 며느리와 함께 하룻밤을 보내 다말이 쌍둥이를 낳았다는 것이 줄거리입니다. 쌍둥이를 낳은 유다는 다말을 데리고 본가로 돌아갔고, 다말은 시할아버지 야곱의 집에서 시집살이를 하였지요.

후에 이집트와 가나안 온 땅에 심한 흉년이 들어 유다와 형제들은 이집트로 곡식을 사러 다녀왔지요. 그 와중에 둘째 형 시므온이 이집트에 감금되기도 하였지만, 결국에는 요셉이 자기 신분을 밝히고 야곱의 모든 가족들을 이집트로 초대하게 되었지요. 이 때 다말도 시할아버지 야곱의 모든 가족과 함께 이집트로 떠났지요. 그런데 이집트로 떠나기 전에 다말은 벌써 손자를 보았지요. 이집트에서 요셉을 만난 다말은 요셉으로 인하여 진정한 하나님 섬김의 생활을 하게 되었던 것입니다.

1. 아! 어찌! 이런 일이…

창세기 38장에 나오는 '유다'와 '다말'의 충격적인 드라마를 제대로 이해하기 위해서는 기간의 계산이 필요합니다. 저는 대학 시절부터 성경에 나타난 나이, 기간, 수량 등의 계산을 하며 성경을 이해하는데 큰 도움을 얻고 있지요.

창세기 46장 12절에 보면 이집트로 이주한 야곱의 가족 중 유다의 식구 명단이 나옵니다. 그 명단에 의하면 유다의 첫째, 둘째 아들인 엘과 오난은 죽고, 셋째 아들인 셀라와 또 유다가 다말에게서 낳은 베레스와 세라가 나옵니다. 그런데 베레스가 헤스론과 하물을 낳은 것으로 나옵니다.

이 사건은 23년이라는 짧은 기간에 발생했습니다. 요셉이 이집트에 노예로 팔려간 17세 때부터 야곱의 가족이 이집트로 이주한 때 요셉의 나이 40세까지 발생한 사건입니다.

위 23년 기간 동안 유다가 자기 아버지 야곱의 집을 떠났고, 유다가 가나안 땅에서 데릴사위로 결혼을 하였고, 그 열매로 '엘'을 '다말'과 결혼시켰지요. 그러나 '엘'이 벌을 받아 죽으니 둘째 아들 '오난'을 다말에게 또 결혼시켰고 그 둘째 아들도 죽으니, 유다는 며느리 다말을 친정집으로 돌려보냈지요.

다말이 시아버지 유다를 유혹하여 아이를 낳은 것이 베레스이고, 그 베레스가 자라 결혼하여 헤스론과 하물을 낳은 것입니다. 이 모든 사건들이 불과 23년 만에 이루어진 내용입니다.

그러니까 '엘'과 '오난'은 각각 만 10세 정도에 결혼하였다는 결론이지요. 그리고 다말의 아들인 베레스도 10세 정도에 결혼하였다는 결론이 나옵니다.

저는 과연 10살 정도, 즉 지금의 초등학교 4학년 정도 나이에 성관계를 가질 정도의 부부 생활이 가능한지 너무 궁금했습니다. 그래서 비뇨기과 의사와 산부인과 의사인 두 전문의 친구에게 문의해 보았습니다. 제 친구들은 답하기를 "만 10세 정도면 얼마든지 성관계를 맺을 수 있고 사정할 만큼 정액이 많이 나온다."는 것이었습니다.

그런데 '엘'은 무엇 때문에 죽었는지 몰라도 그 어린 나이에 하나님께 벌을 받아 죽을 정도로 악한(惡漢)이었지요.

또 유다의 둘째 아들인 '오난'도 하나님께 벌 받아 죽을 정도로 악한이었습니다. 오난은 자기가 결혼한 다말과의 사이에서 태어난 첫째 아들은 죽은 형의 자식으로 호적에 올라가는 것이 못마땅하였지요. 그래서 죽은 형의 자식으로 아들을 낳아주기가 싫어서 다말과 성관계를 하면서도 땅바닥에다 설정(泄精)을 했다고 했지요. 그 어린 나이에 그런 영악한 짓을 하였으니 하나님의 노여움을 산 것입니다.

계대 결혼과 조혼

이 당시에는 형이 결혼했지만 자식이 없이 죽으면 그 동생이 형수와 결혼하여 아들을 낳아 죽은 형의 호적에 올려 대를 잇게 해주는 풍습이 있었습니다. 이를 계대(繼代) 결혼이라고 합니다. 이 풍습은 나중에 약 430년이 흐른 후에 모세에 의하여 이스라엘의 결혼 풍습으로 율법화 되었습니다.

신명기 25장에 보면 계대 결혼을 인정한 이유가 나오는데, 죽은 사람의 대를 잇는 것 못지않게 과부가 된 여인을 보호하려는 규정이지요. 당시 여자는 직업을 가지고 사회생활을 자유롭게 할 수 있는 분위기가 아니었기에 자식이 있든 없든 과부가 된 것은, 곧 가난을 의미합니다. 그래서 율법에는 가난의 상징인 '고아, 과부, 이방인'을 배려한 보호 규정이 많이 있지요.

그리고 하나님께서는 이런 과부가 이스라엘 민족이 아닌 다른 민족과 재혼하여 피가 섞이는 것을 방지하기 위하여 죽은 사람의 동생들에게 계대 결혼의 의무를 부과한 것이기도 하지요.

그래서 예수님 당시에도 이 풍습이 그대로 내려와서 사두개인들이 이 풍습을 가지고 예수님께 질문하기도 하였습니다. 즉 "일곱 명의 형제가 있었는데 형이 자식이 없이 죽으니 둘째가 형수와 결혼하였고 둘째도 자식이 없이 죽으니 셋째가 형수와 결혼하였고 이런 식으로 일곱 명의 형제가 한 여자와 결혼하였는데 나중에 천국에 가면 이 여자는 도대체 누구의 아내가 되는 겁니까?"(마 22:23-28)라고 물었습니다.

과부가 된 형수와 결혼하기 싫으면 거절할 수도 있었습니다. 그러나 그 거절의 대가는 참기 어려운 모욕을 겪어야만 했지요. 형수가 동네 장로들과 많은 사람들이 보는 가운데서 이 시동생은 자기의 의무를 다하지 않은 나쁜 놈이라고 욕설을 하면서 시동생의 얼굴에다 침을 뱉고 시동생의 샌들을 빼앗아 갑니다. 그러면 그 시동생은 샌들 빼앗긴 나쁜 놈으로 동네에서 낙인이 찍히게 되는 것이지요.

이스라엘에는 또 다른 결혼풍습이 있었는데, 바로 조혼(早婚)이 허락되었던 것입니다. '엘'과 '오난'이 10세 정도에 결혼하였는데 이스라엘에는 남자는 13세, 여자는 12세가 되면 성인식을 치루고 그 성인식을 치른 후에는 언제라도 결혼할 수 있었습니다. 이 성인식을 치를 때에는 친지와 이웃 사람들이 성인식을 치루는 당사자에게 축하금을 주었답니다. 그 축하금을 모아서 성인이 된 사람들은 그 돈으로 요즘

말로 재테크를 하기도 하고 장사를 하기도 하였지요.

유다의 속마음과 다말의 선택

가나안 땅의 결혼 풍습으로 인하여 '엘'과 '오난'은 한 여자인 다말과 결혼하였다가 모두 자기 자신들의 잘못으로 벌 받아 죽었음에도 불구하고, 아버지인 유다는 그렇게 생각하지 않았지요.

유다는 자기 아들들이 죽은 것이 며느리 다말 때문이라고 생각했지요. 그래서 유다는 셋째 아들 셀라를 또 다시 다말에게 장가들게 할 마음이 전혀 없었지요. 오히려 자기 며느리 다말이 없어지기를 바랐지요. 다말이 죽기를 바랐던 그 속마음은 나중에 다말이 임신하였을 때에 유다의 행동을 보면 알 수 있습니다.

다말이 임신하였다는 소식을 듣고 그 자초지종을 알아볼 생각도 없이 눈에 가시처럼 여겼던 다말을 적법하게 죽일 좋은 기회로 생각하여 화형 시키겠다고 하였지요.

화형이 얼마나 끔찍한 일입니까? 그럼에도 불구하고 다말이 용의주도하게 자기 시아버지 유다를 유혹하였기에 죽음을 면할 수 있었지요. 며느리 다말을 화형 시키고자 행동에 나섰던 유다를 보면 다말에 대한 유다의 속마음을 충분히 알 수 있지 않습니까?

그런데 다말이 왜 자기 시아버지를 그렇게 유혹하였겠습니까? 다말이 유다 집안의 며느리로서 시댁의 대를 이어 주고 하나님을 잘 섬기고자 그런 일을 저질렀을까요?

두 남편의 악행을 누구보다 잘 알 수 있었을 다말이지만, 두 남편이 죽은 것은 하나님의 벌보다는 가나안 지역민들의 다신교 신상에 의한 천벌로 생각했겠지요. 그런데 이런 나쁜 남편의 대를 잇게 해 주고 싶은 마음이 있었겠습니까?

이 당시 이스라엘은 부족도 아닌 대가족 집단에 불과했지요. 더군다나 유다는 본가를 떠난 가나안 사람의 데릴사위지요.

다말은 자기 지역의 풍속을 이용해 젊은 나이에 생과부로 늙기보다는 자신의 아들을 갖고 싶지 않았겠습니까?

유다는 셋째 아들 셀라를 다말과 또 결혼시키기를 싫어했지요. 그렇다고 다말을 자유롭게 놓아 주어 자기 마음대로 다른 남자와 재혼을 가능하도록 해 줄 용기도 없었지요. 왜냐하면 유다에겐 아직도 다말에게 줄 수 있는 셋째 아들이 있었기에 이 아들을 안 주면 유다와 아들이 욕을 당해야 했기 때문이지요.

하나님께서 인정하신 계대 결혼의 관점으로 보아 다말의 창녀 변신 유혹은 대를 잇게 하려는 거룩한 부담감으로 해석하는 분들도 있지요. 그러나 이스라엘에 그 제도가 생긴 것은 430년 후의 일로 미리 벌써부터 그렇게 해석하는 것은 무리가 있지요.

다말과 유다의 말과 생각에는 하나님을 전혀 의식하고 있지 않았다는 것이 창세기 38장 21절에 나타나지요. 즉, 다말이 변장한 창녀는 공동 번역 성경에는 '신전 창녀'로, NIV 성경에는 'the shrine prostitute'로 기록하고 있지요. 가나안 땅의 바알과 아세라 같은 우상을 섬기는 제사 의식 도중에 신전 창녀가 적법하게 음란한 매춘 행위를 한 것으로 보이지요. 이런 신전 창녀로 변장할 정도로 다말은 하나님을 의식하지 않고 오히려 우상 숭배의 정신을 자연스럽게 드러내었다고 생각하지 않으십니까? 유다가 이런 신전 창녀와 어울린 것은 아버지 집만 떠난 게 아니고 하나님 곁도 떠나 방종했다는 증거가 아니겠습니까?

이런 다말에게 '거룩한'이란 수식어를 붙여 미화하는 것에 저는 수

궁이 안 되지요. 당시 가나안 땅의 풍습으로 아무리 나쁜 남편이었어도 시댁에 대한 의무감은 조금이나마 있었을 수는 있겠지요. 그러나 그것은 하나님을 의식한 것으로 보기에는 무리가 있는 것 아닌가요? 그러므로 대를 잇게 해 주는 것보다는 결혼한 여성의 본능으로서 자식을 갖고 싶어 그런 대담한 짓을 한 것으로 더 강하게 느껴지지 않나요?

구속사적인 성경관

이런 일을 저지른 다말이 예수님의 족보에 이름을 올린 그 첫 번째 여인이 되었다는 것이 이해가 됩니까? 그리고 야곱의 열한 번째 아들인 요셉이 예수님의 조상이 되어야 한다고 우리들은 생각하지만 이런 부도덕한 일을 저지른 유다가 요셉을 제치고 예수님의 조상이 된 것이 이해가 됩니까?

성경의 역사를 이해하는 데에는 하나님께서 사람들을 구속하신 역사로 봐야 된다는 구속사적인 관점이 있습니다. 그런데 그 관점으로 보면 모든 것이 하나님의 은혜라고만 강조됩니다. 하나님의 은혜인 것은 맞는데, 어떻게 하나님의 은혜가 임했는지 그 방법을 우리는 찾아야 한다고 생각합니다. 단순히 은혜로만 생각하면 예정론에 빠져서 우리 사람들이 어떻게 처신해야 하는지 생각할 수가 없기 때문입니다.

그래서 이 다말이 예수님의 족보에 오른 것도 구속사적으로 볼 때에 하나님의 은혜인 것은 분명하지만, 왜 다말이 이런 은혜를 받았는지 우리는 알아볼 필요가 있다고 생각합니다.

다말이 신전 창녀로 변신하여 시아버지를 유혹한 것은 하나님의 선하신 뜻으로 보기에는 어렵지 않습니까? 그리고 신전 창녀와 놀아난 유다가 하나님의 은혜를 입은 이유가 무엇인지 우리는 살펴보아야 한다고 생각합니다. 이 두 사람이 하나님의 은혜를 입어 예수님의 조상이 될 수 있었던 과정을 지금부터 살펴보도록 하겠습니다.

잘못을 깨닫고 본가로 돌아간 유다

다말의 이런 처신은 유다로 하여금 정신이 번쩍 들게 했지요. 유다는 다말의 행동이 나쁜 행동이었다고 생각했지요. 그러나 다말보다도 자신의 행동이 더 나빴다는 것을 인정하였지요. 다말의 이런 행동이 유다 자신의 잘못을 일깨워주는 자극제가 되었지요.

성경 잠언에는 '쇠가 쇠를 쳐서 날카롭게 만들듯이 사람이 또 다른 사람을 바로 만드는데 사용된다.'고 하였습니다. 즉 '어떤 사람으로 인하여 또 다른 강한 사람이 그 모서리가 깎여지고 다듬어져서 제 역할을 하는 사람으로 만들어진다.'는 것이지요. 다말은 유다에게 이런 쇠붙이가 된 것입니다.

유다가 당시에 30대 중반의 홀아비였기에 이왕 이렇게 된 이상 다말을 자기 아내로 삼을 수도 있었지만 그렇게 하지 않았지요. 유다는 다말과 잠자리를 절대로 더 이상 하지 않으면서 다말을 며느리로만 계속 대했지요. 이것은 같은 남자인 저로서는 유다를 높이 평가할 수밖에 없지요.

유다는 다말을 아내로 맞이하지는 않았지만 다말이 낳은 쌍둥이 아들 베레스와 세라를 데리고 다말과 함께 자기 아버지 야곱의 집으로 되돌아갔습니다.

유다가 아버지 집을 떠난 십 수 년 만에 이상한 관계를 만들어가지고 자기 아버지 집으로 되돌아왔을 때에 아버지 야곱과 형제들과 엄마들은 유다와 유다 가족을 반갑게 맞이했을까요? 야곱의 집으로 되돌아간 유다는 며느리 다말을 나름대로 보호하고자 하였지만 그것이 뜻대로 되었을까요?

2. 유다의 인생 파노라마

다말을 생각하기 위해서는 시아버지 유다에 대한 분석이 이루어져야만 합니다.

요셉을 파는 데 앞장 선 유다

유다는 요셉보다 약 8세 정도 나이가 많습니다.

유다가 스물다섯 살 정도의 나이 때 동생 요셉을 노예로 팔아먹는 데 앞장을 섰지요. 창세기 37장을 보면 유다가 요셉을 팔 때에 동생을 죽여서 우리에게 무슨 유익이 있느냐고 다른 형제들을 설득한 것은 어떻게 보면 요셉의 생명을 살려주는 은인인 것처럼 비춰지기도 합니다.

그러나 유다가 정말로 요셉을 살리기 위해서 요셉을 노예로 팔았는지는 의문이 갑니다. 요셉을 노예로 파는데 앞장선 유다는 갑자기 자기 아버지 야곱의 집을 떠나지요.

왜 아버지를 떠났을까요?

동생을 팔아먹은 데 대한 죄책감과 여러 가지 복잡한 마음에 요셉을 잃고 너무 슬퍼하는 아버지 집에 함께 거하기가 너무 힘들었겠지요.

아버지 집을 떠난 유다는 하나님에 대한 신앙을 거의 다 잃어버렸다고 봐야겠지요. 왜냐하면 자기 아들 '엘' 과 오난' 이 하나님께 벌 받아 죽은 것도 모르고 자기 아들들의 죽음이 며느리 때문인 줄로만 생각했으니까요. 게다가 그 며느리를 화형 시키려고까지 했으니 어떻게 믿음이 있다고 볼 수 있습니까?

그러나 믿음을 잃어버린 유다에게 그 믿음을 일깨워준 사람이 바로 다말이었습니다. 다말로 인하여 유다는 정신이 번쩍 들면서 나보다 '다말' 이 더 옳다고 말하였지요. 이 말의 뜻은 자기도 나쁘고 다말도 나쁘지만 내가 더 나쁜 놈이라고 고백하는 말인데, 창세기 38장에 나오지요. 위 말은 유다가 철저하게 회개하게 되는 깨달음을 나타내지요.

유다가 깨달았기에 며느리 다말을 아내로 맞이하지 않고 다말과 그 사이에서 태어난 아이들까지 다 데리고 아버지께로 돌아간 것이지요.

왜 아버지께로 돌아갔을까요?

갑자기 다리를 저는 아버지를 본 어린 유다

유다는 어려서부터 아버지 야곱을 통하여 하나님을 경험한 사건들이 있었습니다.

유다의 나이 9세 정도 때에 아버지의 충격적인 모습을 보았지요. 유다의 나이 9세 때에 아버지 야곱은 전 가족을 이끌고 외할아버지 라반이 살던 밧단아람을 떠나 유다의 친할아버지 이삭이 살던 곳으로 되돌아가게 됩니다. 그때 아버지 야곱의 형이며 유다의 큰아버지인 에서가 400명의 사병을 이끌고 야곱에게 복수하고자 말을 타고 왔지요. 큰아버지 에서가 400명의 사병을 끌고 온다는 소식을 듣고 아버지 야곱은 온갖 고민을 하다가 얍복강가에서 홀로 남아서 하나님께 기도를 드렸지요.

밤새도록 기도하고 온 아버지가 갑자기 다리를 절룩거리며 절름발이가 된 것입니다. 건강한 아버지를 보아온 유다는 아버지가 절뚝거리는 그 모습에 놀라지 않았겠습니까? 그리고 그 절뚝거리는 몸으로 큰아버지 에서를 맞이하여 땅에 엎드려 절하는 모습은 어린 유다의 기억에 생생하게 남아 있었겠지요.

나중에 아버지를 통해 얍복강가에서 아버지가 하나님과 처절한 레슬링을 하면서 그렇게 다친 것을 들었지요. 아버지 야곱은 환도뼈(허벅지 관절)가 부러지는 아픔을 겪으면서도 하나님께 축복받기를 간절히 소망하였지요. 그래서 하나님과의 레슬링에서 이기고 이름이 이스라엘로 바뀌는 큰 영광까지 얻었지요. 그 결과 큰아버지 에서와의 만남은 순식간에 화해가 이루어지면서 모든 것이 회복되었지요. 그러나 아버지 야곱은 오랫동안 다리를 절면서 살았다고 생각됩니다.

저는 이 부분에 대해 정형외과 의사인 사촌 동생에게 물어 봤지요. "허벅지 힘줄만 다친 게 아니고 엉덩이 관절이 부러졌다면 관절뼈가 어떻게 부러지는 지에 따라 평생 불구가 될 수 있다."고 했지요.

저는 야곱이 아마 평생 다리를 절 정도로 심하게 다쳤을 수도 있다고 생각합니다. 그렇게 생각하는 이유는 야곱의 자식들은 아버지의 그 상처를 기억하여 육식을 할 때에 짐승의 환도뼈에 붙어있는 고기는 먹지 않는 습관이 생겼기 때문이지요. 게다가 이 습관이 창세기 32장 32절에 보면 지금까지 계속된다고 했지요. 지금까지는 창세기의 저자인 모세 당시까지를 말하는 거지요. 야곱의 상처를 잠시 기억한 게 아니고 500년 후의 후손들이 기억할 정도면 야곱이 몇 달 후 정상이 된 것으로 보긴 힘들지 않을까요? 기도의 효과가 크기에 500년간 기억할 수도 있지만 상처의 후유증이 크니 이런 죽는 고통 속에서도 기도의 끈을 놓지 않았다는 것을 오랫동안 기념한 자세 아닐까요?

세겜에서 발생한 강간, 살육과 벧엘에서의 축복

유다가 두 번째로 하나님을 경험한 사건은 유다의 나이 스무 살 정도가 되었을 때였습니다.

그때 야곱의 모든 가족들은 세겜에서 살고 있었는데, 유다보다 일곱 살 아래인 여동생 '디나'가 세겜 땅의 추장 아들인 세겜에게 강간을 당하는 사건이 벌어집니다. 이 사건을 당하였어도 아버지 야곱은 벌써 100세가 넘었기에 늙어서 대처할 수 있는 힘이 없었지요. 그래서 야곱의 둘째, 셋째 아들인 시므온과 레위가 세겜 사람들을 속이며 모두 할례를 받게 만들었지요. 세겜 사람들이 할례를 받으면 그들이 요구하는 대로 야곱의 사람들과 세겜 사람들 간에 혼인 관계를 맺도록 하겠다는 거짓말을 한 것이지요.

당시에 할례는 오늘날의 포경수술에 해당되지만 아무런 마취제도 없고 약도 없이 생살을 떼어내고 꿰매고 상처가 낫기를 기다리니 남자들은 일주일 이상 꼼짝할 수가 없었지요. 이 와중에 시므온과 레위가 앞장서서 세겜의 모든 남자들을 다 죽여 버리고 여자들을 잡아오고 세겜의 모든 재산을 탈취했으니 아버지 야곱은 너무나 겁이 났지요.

딸에 대한 복수가 이루어졌다는 기쁨보다는 이웃에 있는 가나안 부족들이 야곱의 가족들을 몰살 시킬까봐 너무 너무 겁을 낸 것이지요.

그때 하나님께서 야곱에게 나타나서 세겜을 떠나 벧엘로 올라가서 야곱이 70세 때에 외삼촌 라반의 집으로 도망가면서 벧엘에서 하나님께 서원한 것을 지키라고 하셨지요. 야곱은 하나님의 말씀을 듣고 벧엘로 향하였는데, 벧엘로 가기 전에 모든 가족들에게 자기 정리를 하도록 명령하였지요.

야곱의 가족들은 외할아버지 라반의 집에서 살던 풍습대로 많은 사람들이 우상을 소유하고 있었지요. 그 모든 우상을 야곱이 다 버리라고 한 것이지요. 이때 유다와 유다의 어머니인 레아도 우상을 다 버렸지요. 그리고 벧엘로 올라간 야곱은 하나님께 제사를 드렸습니다.

그런데 벧엘에서 하나님께서 또 다시 야곱에게 나타나셨지요. 또 다시 나타난 하나님은 야곱을 축복하였으며 이름을 또 다시 이스라엘로 부르도록 말씀하셨지요. 야곱의 후손들을 통해서 많은 왕들이 탄생할 것도 하나님께서 약속하셨지요.

3. 야곱의 집에 들어간 다말

유다는 어린 시절에 아버지가 얍복강가에서 하나님과 레슬링하면서 기도했던 것과 세겜 땅에서 야곱 가족이 죽을 뻔한 위기에 몰렸던 상황과 이후 위기를 회개함으로써 청산하고 오히려 축복으로 바꾼 과거의 경험이 되살아났지요.

다말을 통해 정신이 번쩍 든 유다는 과거 자기가 경험했던 것들을 떠올리며 자기가 아버지를 떠나 살았기 때문에 하나님과 멀어진 것을 발견했지요. 하나님과 멀어지다보니 아내도 죽었을 뿐만 아니라 첫째 아들과 둘째 아들도 죽고 며느리와의 사이에 있어서는 안 될 일까지 발생한 것을 깨달은 것이지요. 그러니까 유다는 다시 하나님과의 관계를 회복하고자 아버지 야곱에게로 돌아간 것이지요.

환영받지 못했을 다말

시조부 야곱의 집은 분위기가 완전 달랐지요. 가나안 땅에 살면서도 자기들끼리만 똘똘 뭉쳐 사는 집이었지요. 가나안 땅의 원주민 출신은 다말 밖에 없는 것 같았지요. 왜 그랬을까요?

야곱이 가나안 사람들을 싫어했기 때문입니다. 가나안 여자를 아내로 맞이하기 싫어 70세까지 총각으로 지냈지요.

야곱의 70세 나이는 계산해야 알 수 있지요. 창세기 47장 9절은 그 계산의 근거가 되지요. 즉 야곱이 이집트의 파라오 앞에 선 나이가 130세이지요. 이때 대흉년이 2년 지났고 아직 5년 가까이 남았으니 요셉의 나이는 40이지요. 그러니 야곱은 90세에 요셉을 낳은 거지요. 20년간 외삼촌 집에서 산 후 요셉을 낳은 그 해에 외삼촌 집을 떠났으니 외삼촌 집에 온 나이는 70세이고, 그 해에 약혼을 한 후, 결혼 지참금 명목으로 7년간 일하고 결혼식을 일주일 간격으로 두 번 하여 레아와 동생 라헬을 아내로 맞은 후 78세부터 자녀를 얻기 시작했지요.

가나안 여인을 아내감으로 싫어한 것은 야곱뿐만이 아니고 할아버지 아브라함도 또 부모도 마찬가지였지요. 야곱의 쌍둥이 형 에서는 40세에 자기 마음대로 가나안 여인과 결혼했는데 이를 보고 아버지 이삭이 근심했다고 성경은 말하고 있지요.

야곱이 가나안 여인을 보는 시선이 이런데 다말이 어떻게 시조부의 사랑을 처음부터 받을 수 있었겠습니까? 안 그래도 싫은 가나안 여인이 유다와 이상한 관계이니 야곱의 사랑은 기대하기 힘들었겠지요.

그럼 야곱의 아들들이 가나안 여인을 보는 시각은 고왔을까요? 역시 차가웠겠지요. 세겜에서 동생 디나가 강간당한 사건에 대한 보복으로 시므온과 레위가 앞장서서 야곱의 아들들이 세겜의 가나안 남자들을 모조리 살육한 일이 있었지요. 이로 인해 가나안 사람들과 야곱의 아들들 사이에는 적개심이 있었겠지요. 그러니 가나안 여인과 통혼한다는 것은 힘든 일이었겠지요.

그럼 야곱의 아들들은 누구와 결혼하였을까요? 자기 이복누이들과 결혼하였겠지요. 성경에는 야곱의 딸로는 디나만 기록이 되어 있습니다. 그러나 디나 외에도 많은 딸들이 있었지요. 야곱은 요셉이 짐승에게 물려 죽은 줄 알고 대단히 슬퍼하였는데, 이때 야곱을 위로하기 위하여 모든 자녀가 왔다고 하였지요. 창세기 37장 35절에 보면, 개역개정 성경은 자녀로만 번역하여 딸이 여러 명인지 알 수가 없지요. 그러나 NIV는 'all his sons and daughters'로 표현하여 딸이 디나 외에도 더 있음을 보여주고 있지요.

야곱의 아내가 4명이나 되었기에 아들만큼이나 딸들도 많았다고 볼 수 있겠지요. 그래서 야곱의 아들들은 이복 남매끼리 결혼한 것으로 보이지요. 그렇게 보는 가장 큰 단서가 창세기 46장 10절에 나타납니다. 거기에 이집트로 이주한 야곱의 남자 자손들 명단이 나오는데 그중 시므온의 아들들은 6명이 이집트로 갔지요. 그런데 막내 사울은 가나안 여자의 아들이라고 46장 10절에 밝히고 있지요. 유독 사울의 엄마만 가나안 여자라고 밝힌 것은 다른 사람들의 경우는 엄마가 가나안 여인이 아니라는 것이지요. 가나안 여인이 아니면 도대체 누구입니까? 이복 여형제들뿐이지요. 그리고 아브라함도 이복동생인 사라와 결혼하였지요. 또 이삭은 사촌 여동생인 리브가와 결혼하였지요. 이 당시의 결혼 풍습으로 보아 이복 남매간 그리고 사촌간의 결혼은 아주 자연스러운 것이지요.

야곱은 외삼촌에게 속아서 레아와 라헬을 두 아내로 얻었고 또 레아와 라헬이 시기, 질투하여 자녀를 많이 낳고자 하는 경쟁심에서 자기 여종들을 야곱에게 아내로 주었기에 야곱은 자기의 뜻과 관계없이 4명의 아내를 두었지요. 그런데 하나님께서는 이런 사정을 활용하여 이스라엘이 민족으로 성장하도록 자녀들을 많이 허락하신 것이지요.

야곱의 아들들도 가나안 여인에 대한 생각이 이러하였기에 다말은 야곱의 집안 식구들로부터 환영받기는 너무 힘들었지요. 그리고 강간을 당했던 디나조차도 다말을 이해하기보다는 가나안 사람에 대한 적개심으로 다말을 대하지 않았을까요?

아들 베레스를 조혼시킨 다말

아버지 야곱과 모든 형제들은 며느리와 이상한 관계를 만들어서 돌아온 유다를 좋게 볼 리가 없었겠지요. 더군다나 다말은 자기 아들 베레스를 10세 정도에 또 다시 결혼시켜서 아들을 또 낳았으니 이것도 야곱 식구들의 눈에는 좋게 비춰지진 않았겠지요.

시할아버지 야곱의 결혼은 너무 늦었지만 야곱의 아들들의 결혼도 유다의 아들들처럼 그렇게 빠른 것은 아니지요. 이집트로 이주한 야곱 가족의 명단에 의하면, 야곱의 아들 가운데 손자를 데리고 이집트로 간 사람은 유다와 아셀 뿐이었지요. 나머지 아들들은 자신의 아들들만 데리고 갔으니 베레스처럼 빨리 결혼하지 않았다고 보아야겠지요.

요셉보다 10여 년 뒤에 태어난 베냐민만 10대 중반의 이른 나이에 결혼한 것으로 보입니다. 이집트로 이주한 베냐민의 가족 명단에는 베냐민의 아들들이 10명이나 기록되어 있지요. 베냐민이 요셉을 만났을 때의 나이가 30세가 안 되었지요. 요셉을 잃었다고 생각한 야곱이 자기가 가장 사랑했던 아내 라헬의 유일한 아들인 베냐민을 일찍 결혼시킨 것으로 보이지요.

그런데 유다의 아들들은 그렇게 이른 나이에 결혼을 하면서 다말이 오로지 자기 자식에게만 정성을 쏟는 것이 야곱의 식구들 눈에는 곱게 비춰질 수가 없었겠지요. 더군다나 다말은 하나님에 대해서는 거의 문외한이었지요.

사실 야곱의 아들들도 하나님과 그렇게 밀접한 관계는 아니었지요. 그러나 모두 태어난 지 8일 만에 할례를 받을 정도로 하나님 섬기는 정신은 있었고, 아버지 야곱을 통하여 간접적으로 하나님을 몇 번 경험하기도 하였지요. 하나님에 대한 경험이 전혀 없는 다말을 야곱의 식구들이 따뜻하게 맞이해 주었을 것이라는 것은 상상하기 힘들지요.

장남 역할을 한 넷째 아들 유다

유다는 아버지 집으로 돌아왔지만 다말을 지켜주기에는 여러모로 벅찼지요. 그러나 유다에게 기회가 찾아왔습니다. 야곱의 가족들이 살고 있는 가나안 땅에 흉년이 너무 심하게 들어 먹을 것이 없어서 야곱이 열 명의 아들들을 이집트로 보내어 식량을 사 오도록 한 것이지요. 그때 유다는 넷째 아들이면서도, 또 집을 나갔다가 돌아온 아들이면서도 장남 역할을 하게 되었지요.

식량을 사러 갔다가 요셉을 만난 형제들은 둘째 아들 시므온이 요셉에게 볼모로 잡히고, 막내아들인 베냐민이 요셉에게 오지 않으면 두 번 다시 식량을 살 수도 없고 시므온도 야곱에게 되돌아오기가 힘들게 되었지요. 이집트에서 사온 식량이 떨어졌을 때 두 번째로 식량을 사러가야 했는데, 야곱은 베냐민을 이집트로 보내려고 하지 않았지요. 베냐민이 없이는 이집트로 갈 수 없는 상황 하에서 유다가 장남 역할을 하면서 아버지 야곱을 설득하였지요. 그동안 유다가 집에 돌아온 이후에 보여준 행동으로 인하여 야곱의 마음이 유다에게 많이 끌리고 있음을 느낄 수 있는 장면들이 창세기 43~44장에 나타납니다.

장남인 르우벤이 아버지의 첩인 빌하를 욕보인 관계로 장남 역할을 못하게 되니까 누군가가 나서야 했는데, 둘째와 셋째도 세겜 땅에서 살육사건의 주역이었으므로 아버지 눈에서 벗어났지요. 이런 가운데 넷째인 유다가 아버지를 설득하고 나서니 아버지가 유다의 말을 듣고서 베냐민을 이집트로 보내기로 결정하지요. 베냐민과 함께 이집트로 간 유다는 요셉이 베냐민을 노예로 삼으려고 하니까, 요셉에게도 유다가 형제들을 대표하여 애원을 하게 됩니다.

모든 형제들이 요셉의 집사에게 자기들 모두를 노예로 삼으라고 말을 하였지만 이는 진정성이 없는 겉치레에 불과하였지요. 그러나 유다는 베냐민의 운명을 좌지우지 할 수 있는 권한을 가진 요셉에게 애원하였지요. 자기를 노예로 삼고 베냐민을 풀어달라고 간절히 애원했던 것입니다. 이는 형제들 모두가 권한도 없는 집사에게 자기들 모두를 노예로 삼으라고 한 것과는 차원이 다르지요.

유다의 거듭되는 애원에 요셉은 마침내 자기의 신상을 털어놓으며 형님들의 동생 요셉인 것을 밝히지요. 이런 모든 과정을 통하여 유다가 장남 역할을 한 것은 후에 아버지 야곱에게 그대로 보고 되었고, 아버지 야곱은 유다에 대하여 고마운 마음을 가졌겠지요.

그래서 야곱이 죽기 전에 열두 아들에게 축복 기도할 때에 야곱은 요셉을 가장 크게 축복하였고, 요셉에 버금갈 정도로 축복을 한 사람은 또 유다였지요.

요셉은 야곱이 원래부터 가장 좋아하는 아들이었으니까 축복 기도를 많이 받은 것은 당연하지만, 그 외에 아들들 중에서 베냐민을 제치고 유다가 요셉에 버금갈 정도로 축복을 받은 것은 아버지에게로 돌아온 유다의 행동이 달라졌음을 보여주는 한 단면이기도 하지요.

아들 이름을 짓는 엄마의 영향력

당시 시아버지 유다와 함께 시할아버지 야곱의 집으로 들어간 다말은 왕따를 당하면서도 오로지 자식에게만 신경을 쓰면서 자식을 위로삼아 겨우 겨우 살고 있었다고 봐야 하겠지요. 그랬기 때문에 다말은 자기 아들 베레스를 어린 나이에 결혼을 시키며 아직도 성장 중인 아들들과 손자들에게 동시에 사랑을 퍼부으며 그것을 자신의 낙으로 삼았지요.

당시 아들을 낳으면 아들의 이름은 엄마가 지어주었습니다. 야곱의 열두 아들들도 모두 엄마가 그 이름을 지었고, 엄마가 자녀들의 결혼에 대하여서도 많은 영향력을 끼쳤지요.

그런데 야곱의 열두 아들 중 막내인 베냐민은 그 엄마가 죽어가면서 낳았기에 엄마가 이름을 '베노니' 라고 지었지요. 베노니는 '슬픔의 아들' 이란 뜻이지요. 그런데 아버지 야곱은 그 뜻이 너무 좋지 않다고 생각하여 이름을 '베냐민' 으로 고쳐주었지요. 베냐민은 '오른손의 아들' 이란 뜻인데, 오른손은 힘을 의미함으로 힘 있는 든든한 아들이란 뜻입니다. 그 외에는 모두 엄마가 지어준 이름이 지금까지 이스라엘 지파의 이름이 되었지요. 이렇게 엄마의 영향력으로 큰 아들들에게 다말은 왕따를 당하는 삶 속에서 낙이라곤 아들밖에 없었기에 아들을 일찍이 장가보낸 것이지요.

4. 이집트에서 성공한 요셉을 만난 다말

야곱의 식구들과는 너무 동떨어진 사고관을 가진 다말이었기에 야곱의 집에서는 다말이 더 이상 어떻게 할 수가 없었겠지요. 그런데 다말의 눈이 번쩍 뜨여지는 획기적인 사건이 발생했지요. 다말도 이집트로 이주하면서 요셉을 만난 것이지요. 사실 다말은 요셉이 죽은 줄로만 알았기에 요셉의 존재에 대해서는 아무런 관심이 없었지요. 그런데 시아버지 유다의 일행이 곡식을 사기 위해 이집트로 두 번 다녀온 이후 죽었다는 요셉의 존재를 들었지요. 지금까지 죽은 줄로만 알았던 시숙부 요셉이 이집트의 총리가 되었다는 뜻밖의 소식에 다말은 너무 놀랐겠지요. 요셉이 보내온 마차를 타고 이집트로 가면서 다말은 요셉에 대한 궁금증이 점점 커져 갔겠지요.

요셉의 하나님이 나와 내 아이들의 하나님 되시길…

시아버지의 동생인 요셉을 통하여 하나님의 이야기를 들었을 때에는 야곱이나 유다를 통하여 하나님의 이야기를 들은 것과는 비교가 안 될 충격이었을 것입니다. 야곱의 집에서 들은 하나님은 다말에게 별로 가슴에 와 닿지 않은 존재였지요. 자신을 왕따 시키며 섬기는 신이라면 당신들이나 잘 섬기라고 속으로 노래 불렀을지도 모르지요. 그러나 요셉을 통하여 하나님을 들으니 다말이 하나님에 대하여 온 마음을 다하기 시작하였지요.

야곱의 집에서 왕따 당하는 자기보다 더 힘든 세월을 겪은 요셉의 이야기를 들어보니 그 요셉을 노예와 감옥의 죄수에서 총리로 바꾼 하나님에 대하여 자연스럽게 관심이 갈 수밖에 없었지요. 다말은 자기 아들들과 손자들을 요셉과 같은 인물이 되도록 만들고 싶다는 소망이 생겼겠지요. 그래서 요셉이 하나님을 어떻게 섬겼는지를 벤치마킹하기 시작했지요.

자기 아들과 손자들이 하나님의 축복을 받아 요셉처럼 성공하기를 바라는 마음에서 요셉에게서 들은 이야기는 가볍게 생각할 것이 아니었지요. 사실 다말의 신앙은 기복적인 것으로 시작했겠지만 하나님의 위로를 느끼며 점차 성숙해졌겠지요.

다말의 아들 베레스도 할아버지 야곱의 집에서 여러 가지 어려움을 많이 겪으며 자랐지요. 그런데 작은 아버지 요셉을 이집트에서 만나면서 자신이 겪은 어려움과는 비교할 수도 없는 고통을 겪고도 이집트 대국의 총리가 된 요셉의 뒤에 하나님이 계시다는 것을 알고는 베레스도 하나님을 진정으로 섬기기 시작했겠지요.

그 어떤 상황에서도 하나님을 철저히 신뢰하고 섬겨라

다말이 요셉에게서 배운 것 중에 첫 번째는 하나님에 대한 절대적인 신뢰입니다. 그 어떤 상황에서도 하나님에 대한 믿음을 잃어버리지 않는 것이지요.

요셉은 어떻게 하나님에 대한 믿음을 버리지 않았을까요?

요셉의 나이 10대 초반 때 자기보다 한 살 위인 누나 디나 사건을 통하여 요셉도 철저히 느낀 것이 있었지요. 또 하나님을 잘 섬기면 하나님께서 절대적으로 보호해 주신다는 것을 요셉은 아버지를 통해 경험하였지요.

누나 '디나' 사건을 통하여 하나님께서 아버지 야곱에게 30년도 더 지난 과거의 약속이지만 결코 잊지 않으셨다는 것을 알았지요.

그래서 요셉은 하나님께서 자신에게 주신 두 가지 꿈을 결코 잊지 않으실 것이라고 믿었지요. 자기가 처한 상황이 자신이 받은 꿈과는 정반대로 바뀌었지만, 어릴 때 겪었던 하나님에 대한 경험은 그 어떤 상황에서도 하나님을 신뢰하는 믿음을 버리지 않게 하였지요.

이 경험으로 인하여 요셉은 하나님에 대한 신뢰를 버리지 않았고, 나이 17세 때에 하나님께서 자신에게 준 두 가지 꿈을 늘 간직하며 소중하게 여겼지요.

하나님에 대한 신뢰가 있었기에 노예로 팔려가서도 불평 불만하지 않고 주인 보디발에게 최선을 다하였지요. 최선을 다하는 요셉에게 하나님께서는 형통의 복을 주셨지요.

요셉은 어릴 때 하나님을 경험했고 또 하나님이 주신 특별한 꿈이 두 가지나 있었지만, 다말은 그런 게 전혀 없잖아요? 그러나 하나님께서 확실히 계심을 보여주는 너무도 생생한 증인 요셉을 멀리서라도 보며 하나님에 대한 신뢰를 계속 쌓아가지 않았을까요? 그리고 시아버지, 시할아버지의 하나님 경험을 들으며, 하나님께서 야곱과 그 후손에게 약속하신 축복이 자신과 특히 아이들에게도 임하길 간절히 소망하지 않았을까요? 여태껏 눈에 보이는 신, 즉 사람의 손으로 만들어낸 신상에 익숙했던 다말은 요셉을 통해 눈에 보이지 않고 사람이 만들지 않은 참 신 하나님의 존재를 확실히 깨닫고, 그 참 신을 신뢰하는 마음으로 자녀 교육의 새 판을 짜지 않았을까요?

기도하되 남을 위해서도 하라

다말이 요셉에게서 배운 두 번째는 그의 철저한 기도 생활이었습니다.

성경에는 요셉이 기도하였다는 말은 없지만, 얼마든지 요셉이 기도 생활을 했다고 단정 지을 수 있는 내용들이 많이 있지요.

　보디발은 하나님의 존재에 대하여 전혀 모르는 사람이었습니다. 그 럼에도 불구하고 창세기 39장에는 보디발이 하나님께서 요셉과 함께 하심을 보았다고 했습니다. 그뿐만 아니라 하나님께서 요셉이 하는 일마다 형통케 하심을 보았다고도 했습니다. 도대체 보디발이 어떻게 하나님의 존재를 느꼈을까요? 이것은 요셉이 하나님을 섬기는 모습 을 보았기 때문입니다.

　요셉은 요즈음 예배에 해당되는 제사를 하나님께 드릴 형편이 못 되었지요. 노예 주제에 아무리 신임을 받는다 할지라도 주인의 동물 들을 잡아가면서 제사를 드린다는 것은 생각하기 힘들지요. 더군다나 요셉은 아버지 야곱이 하나님께 제사 드리는 것을 본 바가 별로 없었 습니다. 아버지 야곱은 평생 동안 하나님을 열 번 정도 만났고 그중에 제사를 드린 것은 절반 정도밖에 안되지요. 그러니 요셉은 하나님께 제사 드리는 것이 일상화되어 있지 않았지요. 그러나 하나님께 기도 는 분명히 했다고 봐야 되겠지요.

　보디발이 하나님께 제사를 드리지도 않는 요셉을 보고서도 하나님 을 섬긴다는 것을 알 수 있었던 것은 요셉이 누군가에게 기도하는 모 습을 자주 보았기 때문이지요. 기도하는 모습을 자주 목격한 보디발 은 요셉에게 무엇을 하였는지 분명히 물어보았을 것이고, 요셉은 자 기가 섬기는 하나님을 이야기했겠지요. 그러니까 하나님을 전혀 알지 못하는 보디발이 요셉을 통해 하나님의 존재를 알게 되었고, 자기의 노예 요셉이 섬기는 그 하나님이 요셉의 기도대로 모든 일에 형통케 하심을 목격한 거지요.

　다말도 요셉처럼 기도했겠지요. 자신과 아이들만을 위한 기도는 아니었겠지요. 요셉이 주인을 위해 기도한 것처럼, 야곱과 유다를 위해서도 했겠지요. 요셉이 자기 휘하의 많은 종들을 위해 기도한 것처럼, 시댁의 많은 종들을 위해서도 했겠지요. 요셉이 감옥에서 고생하는 죄수들 특히 억울한 사람을 위해 기도했듯이 젊은 시절 강간을 당해 어렵게 살고 있었을 시고모 디나를 위해서도 기도했겠지요.

하나님은 보신다

다말이 요셉에게서 배운 세 번째는 철저히 하나님 앞에서 올바르게 살아가고자 하는 생활 태도였습니다.

보디발의 아내가 그렇게 날마다 유혹을 해도 그 젊은 나이의 요셉이 그 유혹을 이기면서 한 말이 있지요. '하나님이 보고 계시니까 이런 사악한 짓을 할 수 없다.'는 것이지요. 요셉은 늘 하나님이 보고 계신다는 것을 의식하며 살아간 것이지요.

요셉을 이렇게 도와주신 하나님께서 자기의 행동도 보신다는 생각에 다말이 조심한 것은 물론이고 자기 아이들도 얼마나 조심시켰겠습니까? 아무도 안 본다고 요셉이 여주인의 유혹에 넘어 갔다면 쾌락은 잠깐이요, 결국 발각되어 개죽음 당했을 것이라는 교훈을 다말은 가슴에 새겼겠지요.

젊은 나이에 과부가 된 다말을 야곱의 집 남자들 중엔 쉽게 보고 접근한 사람도 있을 수 있지요. 장남 르우벤은 아버지 야곱의 첩과 정을 통한 사람 아닙니까? 다말에게 그 어떤 유혹이 있었다 해도 하나님께서 보신다는 요셉의 믿음으로 헤쳐 나갔을 것입니다.

인내하며 기다려라

다말이 요셉에게서 배운 네 번째는 인내입니다.

요셉은 17세에 두 가지 꿈을 가졌지만 꿈과는 정반대로 13년의 긴 세월을 억울하게 보냈지요. 노예이면서도 주인의 인정을 받아 좀 평안을 누리려니 억울한 누명을 뒤집어쓰고 감옥에 갔지 않았습니까?

그런데 이 감옥에서도 요셉에게 기회가 왔지 않습니까? 파라오의 술과 빵을 담당한 두 관리들의 꿈을 해석해 주고 도움을 받을 생각은 기대와 다르게 되었지 않습니까?

만약 요셉이 그때 술 담당자의 도움으로 석방되었다면 요셉이 총리가 되었겠습니까? 다시 노예가 되었겠지요. 하나님께선 꿈을 이루기 위해 이집트가 요셉을 가장 필요로 한 시기에 술 담당자로 하여금 요셉을 기억나게 하신 것 아닙니까?

요셉에게 하나님께서 주신 꿈도 13년이란 험난한 세월이 필요했음을 들은 다말은 인내를 결심했지 않을까요? 여태껏 고생한 것은 하나님 없이 자기 마음대로 산 결과이지만 이젠 하나님을 붙잡았으니 의미 있는 고생을 하리라 다짐했겠지요.

축복의 상징이 된 아들 베레스

다말은 요셉에게서 이 네 가지 좋은 점을 배우고, 자기 자식들도 이 네 가지를 근거로 교육을 시켰지요. 사실 다말의 아들들도 야곱의 집에 있을 때에는 또래의 아이들로부터 왕따를 당하였겠지요. 엄마도 아들도 왕따를 당하면서도 이겨낼 수 있는 방법은 오로지 자기들끼리 위로하는 것뿐이었는데, 이집트로 이주한 이후에는 그 위로해 주시는 분이 하나님으로 바뀐 것이지요.

다말도 베레스도 세라도 모두 요셉을 동경하며 요셉처럼 하나님을 잘 섬겨서 요셉처럼 하나님께 축복받기를 간절히 바랐겠지요. 그 결과 다말과 그 아들들은 모든 어려운 환경을 좀 더 쉽게 이겨낼 수 있었다고 봐야겠지요.

이렇게 자란 다말의 자식들이 어떻게 되었는지 아십니까?

'룻기' 4장에 보면 베들레헴에 사는 장로들이 보아스의 결혼을 축복하면서 한 말이 너무 너무 중요하지요. 장로들은 유다가 다말에게서 낳은 베레스의 집안처럼 되게 해달라고 보아스와 룻을 축복하였지요.

이것은 다말 사건 이후 약 550년이 지난 후 발생한 축복기도인데, 550년 후의 후손들이 베레스를 기억하기를 축복의 상징인물로 기억하고 있었다는 증거이지요. 베레스처럼 되게 해 달라는 것은 베레스가 굉장히 많은 복을 받은 사람이란 것이지요.

베레스가 얼마나 많은 복을 받았는지 짐작이 갑니까?

보아스는 당대에 베들레헴의 유지였습니다. 이른 아침에 장로들을 열 명이나 소집할 수 있을 정도로 대단한 영향력을 지닌 부자였습니다. 그런데 이 보아스의 현재 상황이 베레스보다 못하다고 생각하였기 때문에 베레스처럼 되게 해달라고 한 것 아닙니까? 그러니까 베레스가 베들레헴의 유지인 보아스보다 훨씬 더 많은 복을 받은 사람이라는 것이지요.

다말이 자기 아들 베레스를 그렇게 키울 수 있었던 것은 오로지 전적으로 하나님의 은혜임은 틀림이 없습니다. 그러나 그 하나님의 은혜에 다말이 또 베레스가 그리고 유다가 모두 맞장구를 쳤기 때문에 가능한 것 아닙니까?

하나님을 알면서도 석연찮은 이유로 하나님을 잊어버리고 자신의 힘으로 열심히 살아가는 유다를 하나님께서는 잊지 않으신 것 아닙니까? 여성의 본능적인 욕망에 사로잡혀 앞뒤를 가리지 않고 행동하여 고난의 긴 시간을 자초한 다말에게도 하나님께서는 기회를 주신 것 아닙니까?

'졸탁동시(卒啄同時)'라는 말이 있습니다. 알 속에서 병아리가 나오기 위해서는 나갈 신호가 되었다고 어미 닭에게 재잘거림과 동시에, 밖에서 어미 닭이 부리로 알을 쪼아주어야 병아리가 쉽게 세상으로 나온다는 말이지요. 만약 박자가 맞지 않아서 어미 닭이 너무 일찍 쪼게 되면 병아리가 죽지요. 또 병아리가 나오려고 아무리 몸부림쳐도 알이 깨지지 않는 상황 하에서 어미 닭이 밖에서 도와주지 않으면 알 속에서 병아리가 숨을 쉬지 못해 죽지요. 그래서 박자가 맞아야 산다는 말이지요.

하나님, 유다, 다말이 졸탁동시의 역사를 만들었기에 왕따를 당하며 어긋나기 쉬웠던 아들들이 잘 자랄 수 있었고, 베레스는 축복의 상징 인물이 된 것 아닙니까?

이렇게 하여 유다와 다말은 예수님의 족보에 4대 조상으로, 또 축복의 상징 베레스는 5대 조상으로 이름을 올리는 영광을 누리고 있지요.

2편

창녀 출신 라합

1편 다말 이야기에서 빠뜨린 중요한 것을 먼저 살펴봅니다.

용서하라!

다말이 이집트로 가서 요셉과 함께 살며 배운 또 하나는 '용서'입니다.

이 용서는 요셉의 행동을 직접 보거나 들으면서 배웠겠지요. 요셉의 보복을 두려워하던 형님들은 늘 요셉의 따뜻한 환대를 의심하며 불안하게 받아들였지요. 아버지 야곱이 돌아가신 후 형님들은 또 요셉에게 엎드려 절하며 잘못을 빌 정도로 불안해했지요. 그러나 요셉은 그때마다 형님들을 안심시켰지요. 아버지 사후에는 울면서 자기의 진심을 호소했지요.

다말은 자기보다 훨씬 억울한 일을 당하고도 진심으로 용서하는 요셉을 보며 결심하고 자기도 용서하지 않았을까요? 요셉은 보복할 힘이 충분히 있음에도 용서했지만, 다말은 가나안 땅에서나 이집트에서도 그런 힘이 전혀 없지 않습니까? 힘없이 무시, 멸시, 왕따를 당한 그 모든 악감정의 대상자들을 용서하니 한결 여유를 가지며 편안한 마음으로 진정 야곱의 가족이 되었겠지요. 시아버지 유다를 용서하니 좀 더 자연스런 관계의 생활이 가능했겠지요.

역사의 주인공은 하나님!

이제 2편의 주제로 들어가겠습니다.

모세가 죽고 여호수아의 지도하에 요단강을 건넌 이스라엘은 두 정탐꾼을 보내 가나안 땅을 정탐하게 했습니다. 이들은 특히 정복 대상 1호인 여리고 성을 자세히 살피다가 창녀 라합의 집에 숨었지요. 라합은 그들을 숨겨 목숨을 구해 준 대가로 자기와 가족들을 구해 줄 것을 요구했고, 두 스파이는 약속했지요. 이후 여리고 성이 함락될 때 여호수아의 명령으로 두 스파이는 창가에 빨간 깃발을 매단 라합의 집에 모인 모두를 구출했지요. 이후 라합은 살몬과 결혼해 늘그막에 보아스를 낳았다는 게 2편의 줄거리입니다.

구약성경을 이스라엘의 역사로 보는 사람들이 많습니다. 그러나 자세히 보면 그게 아님을 알 수 있지요. 실상은 하나님께서 주인공으로 하나님을 섬기는 사람들을 조연으로 만든 역사로 봐야 되겠지요. 무대가 이스라엘이라 그렇지, 조연들은 비이스라엘 민족이 수두룩하지요.

예수님의 4대 조모가 된 다말도 이방인이지만, 2편에서 생각할 예수님의 10대 조모 라합 이야기는 이방인 천국이지요.

1. 여리고의 창녀, 라합

여호수아 2장의 라합을 보면 몇 가지 특징을 발견하게 되지요.

소문으로 들은 하나님을 목숨 걸고 선택한 라합

첫째, 소문을 정확히 듣고 자기의 살 길을 정확히 찾은 것입니다. 즉 하나님을 섬기기로 작심하고 목숨을 걸었던 것입니다.

'여호와'라는 신의 소문은 여리고 성의 사람들도 다 들었지요. 그들이 공통적으로 들은 소문은 수백만에 이르는 큰 민족이 이집트에서 탈출했다는 것이지요. 이 민족이 섬기는 신이 이집트에 열 가지 재앙을 내리고 홍해 바다를 갈라 이스라엘 백성이 두 발로 걸어 건너게 했다는 것을 들었지요. 40년 전부터 지금까지 매일 새벽마다 하늘에서 이상한 맛난 음식을 내려 그 큰 민족이 먹고 산다니 믿을 수 있습니까? 또 바위에서 강 같은 샘물이 터져 나오게 해 그 메마른 사막에서 그 많은 사람을 마시게 했다니 이 모든 소문이 다른 신들에게서는 들을 수 없는 기적 중 기적 아닙니까?

더 놀랍고 무서운 것은 그들과 싸워 이긴 민족이 없다는 것이지요. 불과 얼마 전까지 요단강 동편에서 수많은 성들을 함락시키고 이젠 요단강을 건너기 직전이라니 겁이 나지요. 더군다나 그 신을 의지해 이스라엘이 노리는 가나안 땅의 첫 목표지가 '여리고'라는 것도 다 알았지요. 그래서 이스라엘과 싸워 성을 지키는데 모두 목숨을 걸었지요. 즉 하나님과 맞서 싸우는데 목숨을 건 것이지요.

그러나 여리고의 왕도 워낙 겁을 먹어 선제공격은 꿈도 못 꾸었지요. 더군다나 이스라엘이 상상도 하지 못할 기적으로 요단강을 건넜다는 소문에 더 겁먹고 성문을 걸어 잠근 채 출입을 완전히 막았지요.

요단강을 건넌 이스라엘은 40세 이하의 남성들 수십만 명이 동시에 집단으로 할례를 받아 꼼짝도 못하는 사건이 여리고 앞 평지에서 벌어졌지요. 그럼에도 여리고 왕은 군사들을 내보내지 않았지요. 오로지 집안 단속만 하며 이탈자 막기에 급급했지요.

이런 가운데 라합은 적과의 내통 사실을 목숨 걸고 지키며 하나님을 선택해 자신에게 온 기회를 잡은 것입니다.

이스라엘의 스파이가 왜 하필이면 창녀의 집으로 들어갔을까요? 즐기기 위해서인가요? 절대 아니지요. 많은 사람들이 모이는 곳을 피하면서 그곳 사정에 밝은 사람을 은밀히 찾다 보니 창녀가 제격이었던 것이지요. 창녀는 동서고금을 막론하고 집단을 이루는데 라합의 집이 성벽에 있으니 성벽 구조도 살피고 은밀히 내부 사정도 듣기 위해서 그곳에 간 것이지요.

그런데 왜 하필 라합의 집이죠? 라합이 호객 행위를 잘 했나요? 그럴지도 모르지만 하나님의 특별한 은혜지요. 소문만으로도 하나님을 동경한 라합에게 하나님께서 기회를 주셔서 스파이들의 발길을 라합에게 향하게 하신 것입니다. 어눌한 여리고 말투 때문에 단번에 스파이임을 알아챈 라합은 목숨 걸고 숨겨서 얼마 후 뒤따라 온 군사들을 따돌리며 기회를 잡은 것이지요.

하나님의 이름을 생명으로 여긴 라합

둘째, 라합은 두 정탐꾼에게 하나님의 이름으로 맹세하는 약속을 시켰습니다.

하나님의 이름의 존엄성과 위대성, 거룩함을 알고 그 이름으로 두 정탐꾼의 목숨을 걸게 만들었지요.

두 스파이가 무엇을 준들 믿을 수 있었겠습니까? 이스라엘 사람도 아닌 라합이 스파이가 약속을 자기 생명처럼 소중히 여기는 것을 도대체 어떻게 알았을까요? 소문을 듣는 자세가 남다름을 느낄 수 있지 않습니까? 옥석을 구분하는 지혜가 남달랐던 라합은 반복해 계속적으로 들려오는 소문을 통해서만 아니라 외부 출입을 자주하는 상인들에게 직접 물어 이스라엘의 관습을 알았겠지요.

스파이가 돌아가 정탐 활동을 여호수아에게 보고하며 하나님의 이름으로 라합에게 약속한 사실도 보고했지요. 하나님께서 여리고의 모든 사람을 죽이라고 명령하셨지만 하나님의 이름으로 약속 받은 라합은 살 수 있었지요.

가족 구원을 위해 피땀 쏟은 라합

셋째, 창녀 생활을 끊고 가족 구원에 심혈을 기울였습니다.

여호수아 6장 23, 25절을 2장과 함께 생각하면, 살아남은 라합의 사람들은 수십 명에 이릅니다.

창녀 라합이 가족 구원을 위해 얼마나 힘들었는지를 제대로 이해하기 위해 창녀에 대해 살펴봅니다.

성경에 '창녀'란 표현이 처음 나타난 것은 창세기 38장입니다. 다말이 창녀로 변장한 사건에서 나타나지요. 그런데 다말이 변장한 것은 단순한 창녀가 아닌 '신전 창녀'로 공동번역 성경은 21절에 기록했지요. 또 NIV도 'shrine prostitute'로 밝히지요.

이때가 지금으로부터 약 4,000년 전의 일인데 가나안 땅뿐 아니라 지중해 세계에 이런 신전 창녀가 있었지요. 대표적인 것이 바알과 아세라의 신전 창녀입니다. 이들은 여사제의 역할도 했지요.

그러나 라합은 신전 창녀가 아닌 일반 창녀였습니다. 그런데 그 차이는 제법 큰 것으로 생각됩니다. 신전 창녀는 여사제로서 신에게 제사하는 의식으로서 매춘을 하였기 때문에 당시 풍토상 아주 당당하지 않았을까요? 신을 섬긴다는 명분하에 적법하게 즐기고 돈까지 챙겼으니 당시의 음란성을 보여주는 대표적인 사례이지요. 다말이 이런 신전 창녀로 변장하고 유다가 이런 창녀와 어울린 것은 둘 다 하나님을 전혀 의식하지 못한 생활을 했다는 증거지요.

창녀라도 좀 덜 부끄러운 신전 창녀가 아닌 라합은 가족들로부터 얼마나 냉대를 받았겠습니까? 이런 창녀 생활을 하는 사람들은 가족이 사는 곳을 피하는 게 보통이지요. 그러나 라합은 부모 형제가 다 모여 사는 여리고에서 버젓이 생활했으니 가족과의 유대관계가 유지되었을까요?

저는 대구의 유명한 창녀촌 자갈마당 인근에서 자랐습니다. 제가 청춘을 다 바쳐 섬긴 모교회는 창녀촌 바로 큰 도로 건너편에 있지요. 제 모교회에 자갈마당의 아가씨들 두세 명이 와서 주일 예배에 참석하는 것을 봤지요. 그들은 예배가 끝나면 언제 갔는지 모르게 사라졌지요.

그런데 제 모교회 유년 주일학생 한 명은 부모가 포주였지요. 그 부모님들은 가끔 교회 발표회에 와서 딸을 격려하며 한 턱 쏘기도 하셨지요. 그러나 아가씨들은 점심 식사를 안 하는 것은 물론이고 인사도 없이 사라졌지요.

제 모교회 교인들 중엔 자갈마당에서 아가씨들 밥해 주고 빨래해 주며 생계를 유지하는 분, 아가씨들의 화장품과 옷 등의 생필품을 공급해주는 분도 있었지요. 그리고 제가 대구 최고 번화가인 동성로에서 부동산 중개업을 할 때, 한 포주가 자신의 업소를 팔아 달라고 의뢰해서 그분과 많은 대화를 했지요. 그래서 저는 자갈마당 아가씨들에 대하여 들은 것이 좀 있습니다.

아가씨들은 어떤 이유로 창녀가 되었든 가족들에게 숨기고 연락을 거의 끊은 이들이 대부분이지요. 그들은 비록 가족에게 떳떳이 나타나진 못해도 가족에 대한 그리움과 사랑은 매우 깊지요.

그리고 아가씨들 방에 대학교 달력이 벽에 걸려 있는 것도 더러 있다고 들었습니다. 대학교 달력이 걸린 방의 아가씨는 대부분 자기 동생이 그 대학에 다니는 것으로 동생의 학비를 대 주는 것을 나타내는 증표라고 했지요. 자기는 힘들어도 벽에 걸린 달력을 보며 힘내고 동생 자랑도 한다고 들었지요. 물론 동생은 누나가 어떻게 돈 버는지 모르지요.

몸을 팔며 이 사람, 저 사람을 두루 경험해본 이들은 가족에게 무엇을 기대하지 않으면서도 가족에 대한 그리움과 사랑에 자신도 모르게 목말라 하며 가족을 돕기도 하는 것이지요.

이런 마음으로 라합은 가족들도 살려 줄 것을 요구했고, 약속을 받았겠지요. 라합이 가족들을 설득하기 위해서는 창녀 생활을 먼저 청산해야 되었겠지요. 언제 이스라엘이 공격해 올지 모르는데 가족들은 순순히 따르지 않을 것 같으니 창녀 생활을 청산하고 오로지 가족 구원에 매달렸겠지요.

먼저 부모님과 형제들에게 자기가 창녀 생활을 한 것에 대하여 눈물로 용서를 빌어야만 했겠지요. 창녀 생활을 하면서 가족들과의 교제가 거의 끊어졌겠지요. 라합도 부모 형제에게 섭섭한 것도 분명 있었겠지요. 그러나 가족 구원의 절대적인 긴박함으로 이 모든 것을 다

잊고 용서했겠지요. 서먹해진 관계를 회복하려니 자신의 잘못을 먼저 용서해 주기를 빌고 자신에게 찾아온 정탐꾼들의 이야기를 하였지요.

가족들도 정탐꾼들이 라합의 집에 들어갔다는 것은 알고 있었지요. 그런데 가족들이 라합의 말을 순순히 따랐겠습니까? 그동안 연락을 끊다시피 한 라합의 말을 따르기가 쉽지 않았을 터인데, 가족들이 라합의 말을 들을 수밖에 없는 사건이 발생하였습니다. 이스라엘이 요단강을 마침내 건넜는데 상상할 수도 없는 기적적인 방법으로 건넜다는 것을 가족들도 들은 것이지요. 40년 전 홍해를 둘로 갈라 육지처럼 걸어서 건넜다는 말도 안 되는 기적이 바로 여리고 앞에서 재현되었다는 것이지요. 이스라엘의 그 많은 사람들이 범람하는 요단강을 두 발로 걸어 건넌 후 여리고 앞 평지에 진을 쳤다니 얼마나 겁이 났겠습니까?

라합이 이 소식을 듣고 마음이 어땠을까요? 하나님을 선택하길 잘했다는 기쁨과 함께 가족 설득을 더 서둘러야 한다는 조바심이 컸겠지요. 요단강을 건넌 이스라엘이 집단 할례를 한 후 유월절 축제를 즐기며 바로 여리고로 진군하지 않는 사이, 라합은 얼마나 초조하고 애타며 심지어 눈물로 호소하며 자기 집에 와야만 산다고 가족들을 설득했겠습니까?

그래서 가족들은 라합의 집에 모여 들었지요.

성벽이 무너져도 믿음을 지킨 라합

넷째, 여리고 성벽이 무너지는데도 불구하고 라합의 집에 모였던 사람들은 꼼짝도 하지 않았습니다.

라합의 집 창가에는 정탐꾼들이 준 붉은 깃발이 한 달이 넘게 걸려 있었지요. 정탐꾼들이 돌아간 이후에 이스라엘이 여리고를 점령하기까지는 약 한 달 이상 걸렸지요. 그동안 요단강을 건너고 집단 할례를 받고 유월절 축제를 벌이고 그리고 여리고 성을 칠일 동안이나 돌았지요.

라합의 집안에 모인 사람들은 창문을 통해 이스라엘이 흙 언덕을 쌓든지 성 대문을 부수는 파쇄기로 돌진하든지 화살을 쏘는 등의 공격전으로 공격하지 않고 성을 돌기만 하는 이상한 행동이 의아스러웠지요. 그러나 라합도 스파이로부터 작전을 들은 바 없어 뭐라고 설명할 수가 없었지요. 그저 믿고 기다려 보자는 말과 함께 절대 집밖으로 나가면 안 된다는 말만 했겠지요.

이 작전은 하나님께서 직접 여호수아에게 하달하신 것으로 그 누구도 몰랐지요. 심지어 이스라엘 사람들조차 궁금해 하면서 절대 말하지 말라는 지시에 순종만 한 것이지요.

6일간 하루 한 바퀴를 돌더니 7일째는 이른 아침부터 계속 돌고 있기에 라합은 직감했지요. 성이 어떤 식이든 함락될 때가 다 되었음을 느낀 거지요. 그래서 가족들에게 절대 집밖으로 나가지 말 것을 주지시켰겠지요.

돌기를 마친 이스라엘 사람들이 갑자기 고함을 지르니 마침내 여리고 성이 무너졌는데, 이때 라합의 집에 모였던 사람들은 성벽이 무너지는데도 왜 집밖으로 나가지 않았을까요?

라합의 집은 성벽 안에 있었습니다. 그래서 여리고 성은 밑에는 주택이고 성벽 위에는 전차가 다닐 정도로 넓은 길이 닦여 있었지요. 이 성벽 안에 있는 라합의 집에 성벽이 무너지면서 온갖 요란한 소리가 집안사람들에게 들리지 않았겠습니까? 분명히 집이 흔들렸을 터인데 집안에 있는 사람들은 꼼짝하지 않고 기다렸지요.

성벽이 무너지는데도 이 사람들은 무엇을 믿고 집밖으로 나가지 않았을까요?

정탐꾼들이 하나님의 이름으로 약속한 맹세를 믿었기 때문입니다.
하나님의 이름의 가치를 잘 파악했던 라합이 정탐꾼들에게 하나님의
이름으로 맹세를 시켰기 때문에 이 정탐꾼들이 하나님의 이름의 가치
를 지키기 위해서라도 반드시 구출하러 온다고 믿은 것이지요. 그리
고 그 하나님께서 라합의 집은 어떤 충격을 받아도 이들이 구출되기
전까지는 붕괴되지 않도록 지켜주신다는 것도 믿었겠지요.

2. 이스라엘에 귀화한 라합

이렇게 하나님의 보호하심으로 살아난 라합은 이스라엘에 귀화하여
이스라엘 사람이 되었습니다.

다 죽고 우리만 살았네!

스파이의 말을 믿고 성벽이 무너지는데도 끝까지 집 밖으로 나가지
않은 라합의 가족은 마침내 두 스파이가 되돌아왔을 때 얼마나 기뻤
을까요? 두 사람의 안내로 아비규환의 여리고 성을 빠져나와 여호수
아에게 가면서 라합과 가족들은 무너져 내린 여리고 성을 돌아보며
그 심정이 어떠했을까요?

첫째, 하나님께 너무너무 감사했겠지요.

여리고 성의 수많은 사람들이 다 죽었는데 오로지 라합의 가족만
살아남았으니 얼마나 감사했겠습니까? 그리고 라합은 자신이 목숨을
걸고 하나님을 섬기기로 결정한 것에 대하여 너무너무 잘했다고 스스

로 위안을 삼았겠지요.

또 라합의 가족들도 하나님께 감사하면서 또한 라합에게도 너무나 감사했겠지요. 그리고 라합의 가족들은 그동안 창녀인 라합을 냉대한 것에 대하여 대단히 미안함을 느꼈겠지요. 여리고 성 안에서 라합을 마주치면 못 본 체하기도 하고 아예 멀리서 라합을 피해 다녔던 것을 떠올리며 라합에게 용서를 빌었겠지요.

라합은 그동안 가족 앞에 떳떳이 나타날 수 없었지만 이번 일을 계기로 오히려 가족들의 리더가 되었겠지요. 가족들은 이스라엘 사람들과 연결되는 고리가 오로지 라합뿐이니 라합을 통해야만 모든 것이 순조롭게 이루어졌겠지요.

라합은 하나님의 이름으로 약속받은 것이 이렇게 엄청난 결과를 낳은 것을 보고 하나님의 이름을 더욱 소중히 여겼겠지요.

둘째, 거룩하게 살아야 되겠다는 결심을 했겠지요.

오로지 살아남은 사람은 라합 가족뿐이고 여리고 성의 그 많은 사람들이 모두 죽은 것에 대하여 라합은 하나님에 대한 두려움을 느꼈겠지요. 하나님께서 여리고 성의 모든 사람들을 죽이라고 명령한 것은 너무 심한 것 아닙니까? 어떻게 그 많은 사람을 죽이라고 할 수 있습니까?

라합은 여기에 큰 의문을 가지면서 자기 집에 숨었던 두 스파이에게 그 이유를 물어보았겠지요. 그래서 얻은 해답이 여리고 성 안의 사람들을 몇 명만이라도 살려두면 그들 때문에 이스라엘이 물든다는 것이었지요. 처음에는 그들이 말썽 없이 살다가도 나중에는 그들의 본색이 드러나서 하나님 섬기기를 싫어할 뿐만 아니라 하나님이 싫어하는 짓을 이스라엘 사람들도 하도록 물들인다는 것이지요.

그리고 라합은 하나님께서 주신 율법을 스파이들과, 또 다른 사람

들을 통해 들었지요. 그런데 그 율법의 핵심은 하나님께서 거룩하시
니 너희들도 거룩하게 살라는 것이었지요. 그래서 부정한 짓을 하지
않도록 하나님께서 명령하셨고 오로지 깨끗하고 거룩하게 자기 자신
의 몸과 마음을 돌아보며 살라는 것이었지요.

　이것을 듣고 깨달은 라합은 하나님께서 그 많은 사람들을 죽이라고
명령하신 이유에 대하여 알게 되었고, 자신의 창녀생활을 청산하면서
거룩하게 살기를 결심했지요. 가족들에게도 이런 사실들을 충분히 가
르쳤겠지요.

너무 무서운 하나님을 경험한 라합

이스라엘 사람이 된 라합은 그 이후 어떤 일을 겪었을까요?

　라합이 겪은 첫 번째 경험은 이스라엘이 아이 성 전투에서 패배했
다는 것입니다. 아이 성은 여리고보다 훨씬 작은 성인데도 이스라엘
이 무참히 패배하였지요. 그런데 그 패배의 원인이 아간이라는 한 사
람의 죄 때문이었다는 것을 알았지요.

　아간이 여리고 성을 빼앗을 때 하나님의 말씀을 어기고 여러 가지
귀중품들을 몰래 자기 장막 밑에다가 숨긴 사실 때문에 아이 성 전투
에서 이스라엘이 패배하였다는 것은 라합에게는 너무나도 큰 충격이
었겠지요.

　단 한 사람의 죄 때문에 이스라엘이 패배하는 것을 보고 라합이 무
엇을 배웠을까요?

　라합은 자기 생활의 잘못된 습관을 완전히 청산하는 회개의 진정한
기회로 삼았겠지요. 라합은 창녀 생활을 하였기 때문에 정직성과 여
러 가지 면에서 좋지 못한 습관이 몸에 뱄을 가능성이 많지요.

60만이 넘는 사람 중 단 한 사람의 욕심 때문에 참패하며 많은 군사가 죽다니…. 창녀 생활로 몸에 뱄을 적당주의, 과도한 융통성 부리기, 둘러대는 거짓말, 몸을 팔며 쉽게 돈을 벌려 했던 더러운 욕심 등을 청산하는 계기가 되었겠지요. 또 하나님의 말씀은 이해가 안 되어도 순종해야 하고, 또 이 정도면 되었다는 99% 순종이 아닌 100% 순종만 있을 뿐이란 것도 배웠겠지요.

그런데 아간이 빨리 자수하지 않고 범죄자로 들통 날 때까지 하나님 앞으로 나아가는 기회가 세 번이나 있었는데 그때까지도 자수하지 않고 요행을 바라다가 마지막 네 번째에는 자신이 걸려들었지요. 그래서 아간의 집안 식구들은 모두 돌 맞아 죽었지요.

이 광경을 보면서 라합은 잘못이 있으면 하나님께 빨리 회개해야 한다는 것도 배웠겠지요. 아간 혼자만 처벌해도 될 텐데 가족 모두 죽였으니 너무하다고 생각했을까요?

처음엔 그렇게 생각했겠지만 이내 가족 모두 공범임을 깨달았겠지요. 아간이 텐트 아래에 숨길 때 봤든지 텐트 속에서 생활하며 나중에 알았든지 가족은 알았겠지요.

그런데 아무도 자수할 생각을 안 하고 버틴 거지요. 우리 말고 나쁜 놈이 분명히 또 있을 거라고 생각하며 아간 가족 모두 하나님을 무시한 것을 라합은 깨달았겠지요.

그래서 하나님을 무시하고 끝까지 버티는 짓을 절대 안하리라 다짐하며 과거 이와 비슷했던 자기 행실을 뼈저리게 반성했겠지요.

3. 라합을 위한 하나님의 위로 드라마

하나님에 대한 첫 번째 경험을 너무 무섭게 시작한 라합에게 이후에
는 하나님께서 라합을 위해서 마치 시나리오를 짠 것처럼 많은 위로
를 받는 일들이 벌어졌습니다.

이스라엘을 속인 기브온을 위해 싸우시는 하나님

첫 번째로 라합은 기브온 사건을 통하여 엄청난 위로를 받았을 것입
니다.

가나안 땅의 원주민인 기브온 사람들은 이스라엘의 소문을 듣고 자
기 땅을 지키려고 연합군을 형성한 타민족들에게 합류하지 않았지요.
오히려 이스라엘을 속여서 여호수아와 화친 조약을 맺었지요.

이 기브온 사람들은 이스라엘이 점령한 아이 성과 가까이 있음에도
불구하고 엄청나게 멀리서 온 것처럼 위장하여 이스라엘을 속인 거지
요. 그리고 이 기브온 사람들도 여호수아와 화친 조약을 맺을 때에 하
나님의 이름으로 조약을 맺었지요. 하나님의 이름으로 조약을 맺은
여호수아는 후에 기브온이 가까이에 있는 사람들이라는 것을 알았지
만 그 조약 때문에 기브온 사람들을 살려줄 수밖에 없었지요.

엄청나게 큰 부족인 기브온이 이스라엘에 투항하였다는 소문을 들
은 예루살렘과 그 외의 남부 연합군이 기브온을 응징하고자 했지요.
하나님의 이름으로 맺은 조약 때문에 이스라엘은 기브온의 도움 요청
을 거절할 수 없어서 그들 연합군과 싸우게 되었지요. 남부 연합군과
싸운 기브온 전투는 라합에게는 엄청나게 큰 위안이 되었을 것입니

다. 이방인들을 보호하기 위하여 이스라엘 사람들이 목숨을 걸고 싸운 전투이니까 라합이 얼마나 감격했겠습니까?

사실, 라합은 이스라엘 사람이 되었지만 과거 전직이 창녀이고 이방인이라 이스라엘 사회에서 왕따를 당할 수밖에 없었겠지요. 아는 사람이라곤 두 정탐꾼밖에 없는데 그들이 전쟁터로 나가면 아는 사람은 전혀 없는 상태이니 얼마나 외로웠겠습니까? 그런데 기브온 사람들을 보호하기 위하여 이스라엘이 벌인 전투에 하나님께서 하늘의 태양도 달도 멈추게 하여 승리한 사실은 라합에게는 정말 잊을 수 없는 감격이었겠지요. 이런 감격을 통해 라합은 이스라엘 사람으로서 살아갈 용기를 하나님에게서 얻었지 않겠습니까?

기브온 사람들은 이스라엘에 귀화한 사람들 중 특별한 집단이었습니다. 가장 큰 특징이 원래 살고 있던 땅을 그대로 자기 소유로 인정받은 것이지요. 이는 기브온 사람들만 누린 복이지요.

출애굽 당시 이스라엘을 따라 나선 많은 이집트 사람들이 있었습니다. 가나안 정복 전쟁 후 땅을 배분할 때 이들 이집트 사람들에게 별도의 땅을 나눠 주지 않았지요. 사실 이들은 광야 생활 40년 동안 이스라엘 사람과 결혼하며 이스라엘의 12지파에 속해 버렸지요. 이스라엘 사람과 결혼 못한 이방인들은 이스라엘 사람과 결혼한 부모, 형제, 가까운 친척을 따라 갔겠지요.

라합의 가족도 마찬가지겠지요. 여리고에서 이미 결혼한 부모와 형제들은 가족의 리더가 된 라합을 따라 갔겠지요. 아직 결혼 안한 형제와 조카들은 이후 결혼한 이스라엘 배우자의 지파에 속하게 되었지요.

원래 살던 땅을 그대로 인정받아 잘 살고 있는 기브온 사람들을 괴롭힌 사람이 있었지요. 이스라엘의 초대 왕 사울은 이런 기브온 사람들이 못마땅하여 이들을 이스라엘에서 몰아내고자 하여 학살하였지요. 그런데 이 사울의 잘못에 대해 하나님께서 뒤늦게 다윗 왕 시대에 벌을 내리셨습니다. 이스라엘에 3년간 심한 기근이 들어 다윗이 그 이유를 물으니 하나님께서 사울의 기브온 학살을 지적하신 거지요(사무엘하 21장 1절).

잘못은 사울이 했는데 왜 다윗 시대에 벌을 내리셨는지 이상하지 않나요? 우리들교회 김양재 목사님께서 그 이유를 이렇게 해석하시더군요.

사울은 이미 정상을 벗어나 하나님의 말귀를 못 알아듣는 사람이 되었기 때문이라는 것이지요. 그래서 말귀를 잘 깨우치는 다윗에게 말한 것이라는 거지요.

기근의 이유를 안 다윗은 왜 지금 와서 그러시냐고 하나님께 항의한 게 아니라 기브온 사람들의 마음을 달래기 위해 그들을 만났지요. 그들은 사울의 자손 7명을 나무에 매달아 죽일 것을 요청했고, 다윗은 사울의 아들과 손자 7명을 그들에게 넘겼지요. 모든 일이 마무리되니 기근은 끝났지요.

그런데 만약 말귀를 못 알아듣는 사울에게 직접 벌을 내리고 그 이유를 설명했다면 사울은 어떻게 했을까요? 잘못을 깨우치고 용서를 빌었을까요? 절대 그럴 사람이 아니라고 저는 생각합니다.

사울이 다윗을 대한 태도를 보면 알 수 있지요. 사울이 다윗을 사위로 삼고도 계속 죽이려고 하지 않았습니까? 심지어 자신을 죽일 기회가 있어도 두 번이나 살려준 다윗을 끝까지 괴롭히지 않았습니까? 그래서 다윗은 다시는 죽이지 않겠다는 사울의 말을 믿지 못하고 적국인 블레셋(현재 팔레스타인)에 많은 부하들을 이끌고 망명을 하였지요.

만약 하나님께서 직접 사울에게 벌을 내리시고 그 이유를 알려 주셨다면 사울은 오히려 분풀이 하며 이들의 씨를 말리고자 나서지 않았을까요?

이스라엘 사람이 된 지 이미 400년이나 지났는데도 초대 왕 사울이 무참히 학살한 기브온 사람들을 하나님께서 기억하신 증거가 또 있지요.

기브온에 하나님의 성전인 성막이 있었다는 것은 놀라운 사실 아닙니까? 다윗은 레위인과 제사장으로 구성된 찬양팀 두 팀을 만들었지요. 한 팀은 자신의 왕궁에 모신 언약궤 앞에서 하나님께 찬양을 드리게 하였고, 또 다른 한 팀은 기브온의 성막에서 하나님께 찬양을 드리게 하였습니다. 그리고 솔로몬은 기브온의 성막에서 하나님께 일천번제를 드렸지요. 그 후에 솔로몬은 하나님께로부터 특별한 지혜를 받았지요.

솔로몬이 예루살렘에서 하나님의 성전을 건축함으로써 천막형태로 이동하는 하나님의 성막 시대는 기브온을 마지막으로 끝이 났지요. 이 기브온에 하나님의 임재를 나타내는 성막이 있었다는 것은 하나님께서 기브온을 아주 기쁘게 받아들였다는 증거가 아니겠습니까?

하나님께서 기브온 사람들을 완전한 자기 백성으로 받아들인 또 다른 증거는 느헤미야서 7장 25절에 나타납니다. 느헤미야 7장과 에스라 2장에는 똑같이 페르시아에서 예루살렘으로 돌아온 사람들의 명단이 적혀있습니다. 유다 왕국이 바벨론에게 멸망당한 후 70년이 지나 스룹바벨 총독의 지휘 하에 포로로 잡혀갔던 곳에서 예루살렘으로 돌아온 사람이 4만 2천명이 넘는 것으로 기록되었지요. 에스라 2장에 누락된 명단들이 느헤미야 7장에 좀 더 나타나지요.

그런데 느헤미야 7장 25절에는 기브온 사람들 95명이 예루살렘으로 돌아왔다고 적혀있습니다. 이때는 기브온 사람들이 이스라엘화 한 지 약 900년이 지난 후의 일이지요. 즉 유다 왕국이 멸망할 때 많은 사람들이 바벨론으로 잡혀갔는데 그 포로 중에 기브온 사람들도 있었던 것이지요. 그래서 하나님께서 미리 예언하신대로 포로 생활 70년 만에 예루살렘으로 돌아올 때 기브온 사람들도 함께 돌아온 거지요. 이렇게 돌아온 기브온 사람들은 스룹바벨 총독의 지휘 하에 하나님의 성전을 재건하는 일을 함께 하였겠지요. 그뿐만 아니라 느헤미야 총독의 지휘 하에 무너진 예루살렘 성벽을 재건하는데도 함께 일한 것으로 느헤미야 3장 7절에 기록되어 있지요.

이런 사실들은 이스라엘이 멸망한 후에도 기브온 사람들은 하나님의 백성으로서 이스라엘 사람으로 살아왔다는 증거지요.

하나님께서 반드시 멸망시켜야 할 가나안 땅의 원주민으로 지목한 아모리 족속 출신인 기브온 사람들을 하나님께서 흔쾌히 받아주시고 그들을 기뻐하셨다는 것은 성경 곳곳에 나타납니다. 그런데 이 기브온 사람들이 처음에 이스라엘화 된 여호수아 당시에는 그 인구가 이스라엘 민족에서 약 10% 정도를 차지한 것으로 추산되지요. 그런데 사울이 기브온 사람들을 얼마나 많이 학살하였는지 가늠할 수 있는 것이 느헤미야 7장입니다. 예루살렘으로 돌아온 포로들의 숫자가 4만 2천명이 넘었는데 기브온 사람들의 수는 95명에 불과해서 그 비율이 0.3%에도 못 미치지요. 물론 포로로 잡아갈 때 인구비율로 잡아간 것은 아니기 때문에 이 단순한 수치로 정확하게 비교할 수는 없지만 어느 정도 참고는 되겠지요.

사울이 학살한 기브온 사람들을 하나님께서는 너무너무 사랑하셨던 증거로 인하여 라합이 감격한 이상으로 저도 감격하지요. 왜냐하면 저도 라합처럼 유태인의 눈에는 선택받지 못한 이방인 출신 아닙니까?

이 기브온 사람들을 보면 구약성경이 이스라엘만의 이야기가 아니라 하나님께서 당신을 섬기는 사람들을 사랑하시는 이야기인 것이 분명하지요. 즉 이스라엘은 하나님의 존재와 사랑을 보여주기 위한 샘플로 사용된 것뿐이지요. 그런데 이 샘플로 사용된 유태인들이 너무 교만하여 오히려 하나님께 버림받은 사실을 너무 안타까워하는 사도 바울의 심정이 로마서 9~11장에 나타나지요. 바울은 유태인들이 다시 하나님 앞에 바로 서게 될 날을 소망하며 하나님의 사랑을 받은 이방인들이 겸손히 바로 서서 유태인처럼 버림받지 않도록 늘 조심할 것을 부탁 겸 경고하였지요. 저는 라합처럼 하나님의 사랑을 받은 이방인으로서 바울의 경고를 늘 가슴에 새기며, 저희 가정이 가지치기를 당하지 않는 믿음의 명가로 이어지기를 간절히 소망합니다.

이방인 갈렙을 지도자로 쓰신 하나님

두 번째로 라합이 큰 위로를 받은 것은 갈렙을 하나님께서 지도자로 세우신 사건입니다.

갈렙은 이스라엘 사람이라면 여호수아 다음으로 누구나 존경하는 지도자였지요. 그런데 이 갈렙이 이방인 출신이라는 것입니다. 순수 이스라엘 사람이 아닌 그니스 지방의 이방인 출신으로서 이스라엘의 유다 지파를 대표하는 사람이 되었던 것이지요.

유다 지파는 이스라엘 지파 중에서 가장 인구가 많은 지파였습니다. 그 지파의 수장이 된 사람이 이방인이었으니까 라합은 자기에게도 소망이 있다고 생각하지 않았겠습니까?

갈렙은 그니스 사람으로 여호수아서 14장에 나옵니다.

그런데 갈렙이 모세 당시에 가나안 땅을 정탐하는 유다 지파의 대표로 뽑힐 때에 갈렙을 소개한 민수기 13장에는 그니스 사람이란 표현이 없습니다. 그래서 갈렙이 원래부터 유다 지파의 사람이라고 주장하는 사람이 있는데, 그 근거는 가나안 정복과 땅을 각 지파별로 배분한 후에 갈렙이 차지한 지역이 그니스였기 때문에 갈렙이 자기 소유로 하기도 전에 미리 여호수아 14장에 그니스 사람으로 표현했다는 것이지요.

그러나 이 주장은 잘못된 주장이라고 생각합니다. 그 이유는 갈렙이 차지한 지역은 헤브론 땅이었기 때문에 굳이 미리부터 말한다고 하면 헤브론 사람으로 표현해야 하기 때문입니다. 그니스는 헤브론 남쪽에 있는 지역이므로 넓은 의미로 말해 헤브론까지 포함하는 지역이라는 주장에 저는 동의하기가 힘듭니다. 그리고 헤브론은 유다지파의 중심 성읍으로서 가장 번성한 도시였습니다. 그래서 유다지파의 지도자들은 이 헤브론에 모여 살았습니다. 또 다윗이 최초로 왕이 된 곳도 바로 이 헤브론입니다. 그래서 이 헤브론은 이스라엘 역사에서 거룩한 성읍으로 분류되기도 합니다. 이런 헤브론이 그니스에 포함되었다는 것은 쉽게 수긍이 가지 않습니다. 그리고 헤브론 북쪽에 예루살렘이 있었지요.

무엇보다도 중요한 것은 역대상 4장에 나타난 유다지파의 족보입니다. 이 족보에 의하면 갈렙을 소개할 때에는 아버지 이름만 나오지, 그 이전의 조상은 전혀 언급이 없다는 점입니다. 하나님에게 벌 받아 이스라엘 백성들에게 돌에 맞아 비참하게 죽은 아간을 소개할 때에도 유다로부터 아간에 이르기까지 4대를 다 소개하였지요. 그뿐만 아니라 대부분의 사람들을 소개할 때마다 그 조상들의 이름이 상세하게 나옵니다. 그런데 갈렙의 경우에는 오로지 아버지 이름인 여분네만 나옵니다.

역대상 1~9장에는 구약의 족보에 관하여 상세하게 나옵니다. 아간 같은 죄인도 상세하게 나오는데, 갈렙과 같이 위대한 지도자의 족보에 그 조상대가 상세하게 나오지 않는 것은 갈렙이 원래부터 유다지파 사람이 아니었다는 가장 확실한 증거 아니겠습니까? 그런데 갈렙이 어떻게 이스라엘에 귀화하였는지는 정확하게 알 수는 없습니다. 그니스는 가나안에 있는 지명인데 그곳에서 어떻게 이집트의 고센지역에 살고 있는 이스라엘에 귀화하였는지 정확히 알 수는 없습니다.

그러나 갈렙이 유다지파의 대표로 뽑힌 것을 보면 유다지파의 여인과 결혼하였기에 유다지파에 속할 수 있었던 것으로 보이지요. 그리고 갈렙이 귀화한 것도 아마 아버지 여분네 때에 이루어진 것으로 보아야겠지요. 왜냐하면 이스라엘에 귀화하자마자 유다지파의 대표로 뽑힌다는 것은 너무 힘든 일 아닙니까? 그러므로 아버지 여분네 때에 이스라엘에 귀화한 이후 갈렙은 그 누구보다도 하나님을 잘 섬겨왔다고 보아야겠지요. 갈렙이 하나님에 대한 신앙심이 얼마나 좋았던가는 민수기 13장과 14장에 하나님께서 인정하시는 말씀으로 알 수 있지요.

이 이방인 갈렙이 이스라엘의 대표적인 지도자였으니 라합이 얼마나 감개무량하며 자기 자식들도 갈렙처럼 되기를 소망했겠습니까?

가나안 정복 5년 동안의 전쟁이 끝난 후 모든 이스라엘 지파들에게 가나안 땅을 배분할 때, 85세의 갈렙이 여호수아에게 헤브론 땅을 달라고 요청하는 것을 듣고, 라합은 같은 이방인으로서 갈렙의 그 용기와 하나님에 대한 믿음과 신뢰, 그리고 하나님께서 갈렙에게 약속하신 것을 지키시는 과정을 보면서 얼마나 힘이 났겠습니까?

민수기의 저자인 모세는 민수기 13장에 유다지파를 대표하는 정탐꾼으로 갈렙을 소개할 때에 왜 그니스 사람이라는 것을 빼버렸을까요? 이는 모세 자신이 이스라엘 본토박이와 귀화한 사람들을 차별하지 않겠다는 뜻이겠지요.

이스라엘 민족만 이집트에서 탈출한 게 아니지요. 이집트에 열 가지 재앙이 내리는 것을 직접 겪은 많은 이방인들이 모세와 이스라엘을 따라 나선 것이지요. 그 수가 만 명 이상 되는 것으로 보입니다.

그리고 모세의 아내는 두 명이 있었는데 둘 다 이방인 출신이지요. 모세가 자기 아내들도 이방인인데 갈렙을 이방인이라고 굳이 표현하기가 싫었겠지요.

모세의 두 번째 아내가 된 흑인 여성

민수기 12장 1절에 의하면, 모세는 구스 여인을 취하였다고 하였지요. 저는 이 구절을 오랫동안 오해를 했습니다. 즉 모세가 아내 십보라를 두고 또 다른 여인을 첩으로 맞이한 것으로 알았지요. 그래서 모세의 누나인 미리암과 형 아론이 모세를 비난하며 대든 것에 대하여 심정적으로 그들의 마음을 이해할 수 있었지요. 그런데 NIV를 보니 모세가 취한 구스 여인은 첩이 아니라 'wife', 즉 아내인 것으로 기록되어 있습니다. 그뿐만 아니라 모세가 이 구스 여인과 정식으로 결혼하였다는 것을 NIV를 통해 알게 되었지요. 그래서 저는 모세가 그 첫 번째 아내를 두고 또 다른 여인을 정식 아내로 맞이한 것으로 또 오해하였지요.

하나님께서 아담에게 한 여자만 아내로 허락하신 것을 모세는 잘 알고 있었지요. 그뿐만 아니라 하나님께로부터 율법을 받을 때 그 율법의 정신이 일부일처제임을 누구보다도 잘 알고 있었지요. 그런 모세가 두 아내를 동시에 둔다는 것은 하나님의 뜻에 맞지 않다는 것을 누구보다도 잘 알지 않았겠습니까? 그래서 자세히 성경을 보고, 모세가 구스 여인과 결혼한 것은 첫 번째 아내인 십보라가 죽었기 때문이라는 것을 알았지요. 모세의 두 번의 결혼을 통하여 저는 엄청나게 큰 위로를 받았지요. 왜냐하면 저도 이방인이기 때문입니다. 아마 라합은 저보다 더 큰 위로를 받았을 것입니다.

모세는 나이 약 40세 즈음에 첫 번째 결혼을 하였지요. 그런데 그 상황이 아주 나빴습니다.

이집트의 왕궁에서 이집트 공주의 양자로 자란 모세는 자기 민족인 히브리 사람을 괴롭히는 이집트인을 보고 격분하여 때려죽인 사건이 있었지요. 이 사건이 들통 나서 이집트의 파라오가 모세를 죽이겠다고 하니 모세는 이집트에서 멀리 떠나 도망자의 신세가 되어 미디안 광야까지 이르렀지요. 그 곳에서 양을 치는 십보라를 괴롭히는 불량배들을 막아주고 그녀를 보호한 것이 계기가 되어 모세는 이드로 집안의 데릴사위가 되었지요. 한마디로 말해서 도망자인 모세는 아내를 구함에 있어서 이것저것 따질 여유가 없었지요. 도망자이기에 상대방이 좋다고 하면 결혼에 응해야 하는 처지였지요.

이렇게 결혼한 모세는 80세에 하나님의 부르심을 받아 이스라엘 민족을 이집트에서 구출하기 위하여 이집트로 떠났지요. 모세가 이집트로 갈 때에 아내 십보라와 두 아들을 데리고 갔지요. 그런데 아내 십보라를 친정으로 돌려보냈지요. 모세가 왜 십보라를 친정으로 돌려보냈는지 성경에는 그 이유가 나오지 않습니다. 애당초 아내와 두 아들을 데리고 출발한 모세가 갑자기 아내와 두 아들을 친정으로 돌려보낸 것은 아내의 건강에 문제가 있었기 때문이 아닐까요?

어떤 분들은 모세가 돌려보낸 것이 아내의 건강보다는 이집트로 가는 도중에 두 아들이 할례를 받았기 때문에 더 이상 여행을 할 수 없는 상태라서 돌려보냈다고 생각하기도 하지요. 그러나 이것은 좀 어색합니다. 왜냐하면 할례를 받은 두 아들이 여행을 할 수 있을 때까지 모세가 한 장소에서 머무를 수도 있지 않았겠습니까? 그리고 할례를 받은 두 아들이 이집트로 가는 것이 힘들다면 외가로 되돌아가는 것도 힘들지 않았을까요? 그러니까 아들 때문에 돌려보낸 것이 아니라 아내의 건강에 문제가 발생했다고 보아야겠지요.

출애굽기 18장에 의하면 모세의 장인 이드로는 자기 딸 십보라와 외손자 두 명을 데리고 모세에게로 찾아왔지요. 이때는 모세가 이스라엘 민족을 이끌고 이집트에서 탈출하여 홍해를 건너 시나이반도에 이르렀을 때입니다. 시내산 인근의 광야에 이스라엘 민족이 진을 치고 있을 때 장인이 아내와 두 아들을 데리고 사위 모세에게 찾아온 것입니다. 아내와 두 아들을 모세에게 인계한 장인은 다시 자기 집으로 돌아갔지요.

그 이후 약 1년 가까이 지나 민수기 10장에 의하면 장인이 또 다시 모세를 찾아 왔지요. 그런데 민수기 10장에는 모세의 아내는 전혀 언급되지 않고 있습니다. 모세를 만난 장인은 모세가 이스라엘 민족과 함께 있어 줄 것을 간곡히 부탁함에도 불구하고 이를 뿌리치고, 자기 고향 자기 친척에게로 돌아가겠다고 고집을 하지요. 모세가 장인을 잘 모시겠다고 간곡히 부탁함에도 불구하고 사양한 이유가 무엇일까요? 모세의 아내인 십보라가 죽었기 때문이 아닐까요? 자기 딸도 없는데 장인이 사위와 함께 사는 것이 그 당시 풍속으로는 매우 힘든 일이었겠지요. 그래서 장인은 돌아가겠다고 계속 고집하는 것을 모세가 끝까지 설득하여 잠시 동안은 모세와 함께 있었던 것으로 보이지요. 그러나 자기 딸이 없었기에 사위 모세와 계속 함께 사는 것이 장인에게는 오히려 거북하였겠지요. 그래서 장인은 자기 고향으로 결국은 돌아간 것으로 보입니다.

그래서 모세는 재혼을 할 수밖에 없는 처지가 되었지요. 그런데 모세의 재혼 상대가 구스 여인이라는 것이 너무도 신기하지 않습니까? 왜냐하면 구스는 아프리카의 에티오피아에 해당되는 나라로서 흑인 민족이지요. 예레미야 13장 23절에 의하면 구스사람이 자기 피부색깔을 바꿀 수 있느냐고 하나님께서 반문하시지요? 이 말씀으로 보아 구스인은 흑인임이 분명합니다. 그리고 많은 성경 번역본이 구스 대신에 에티오피아로 기록하고 있지요.

그런데 이 구스 여인이 도대체 어떻게 해서 이스라엘 사람들과 섞여 살았을까요? 제가 앞서 말했듯이 이집트를 탈출할 때 이스라엘 민족만 나온 것이 아닙니다. 이집트에 열 가지 재앙을 내리는 것을 직접 경험한 많은 사람들이 이집트의 많은 신들과 모세가 말하는 하나님을 비교할 수밖에 없었지요. 그 결과 하나님이 참 신임을 깨달은 많은 이방인들이 하나님을 섬기겠다고 자기 고향을 버리고 친척을 떠나서 심지어는 가족들과도 생이별을 하면서까지 하나님을 따라 나선 거지요. 구스 여인도 이런 부류 중 한 사람이었겠지요.

모세가 재혼할 당시 상황은 첫 번째 결혼할 때와는 완전히 바뀌었지요. 40년 전에는 모세가 도망자 신세였으므로 자기를 좋아하기만 하면 결혼해야 하는 처지였지만, 40년이 지난 후에는 모세의 위치가 이스라엘에서 왕 같은 신분이었지요. 이스라엘의 최고 지도자가 된 모세는 재혼할 상대를 얼마든지 고를 수 있는 위치가 아닙니까? 이스라엘 민족 중에서 젊고 예쁘고 지혜로운 아가씨를 얼마든지 고를 수 있는 상황 아닙니까? 비록 모세의 나이가 81세가 되어 많긴 하지만 이 것은 문제가 되지 않았지요. 왜냐하면 그 당시에 이스라엘 사람들은 다들 장수했으니까요. 모세는 120세까지 살지 않았습니까? 모세뿐만 아니라 많은 사람들이 100세 넘게 살았지요. 그렇기에 그 당시의 81세는 요즘 우리 한국 나이로 환산하면 50대 중반 정도로 봐야겠지요.

나이가 좀 많긴 해도 모세의 위치가 왕 같은 신분이었기에 별 문제가 되지 않았겠지요.

그런데 모세는 이스라엘 사람 중에서 재혼 상대를 선택한 것이 아니라 이방인과 결혼하였지요. 이방인 중에서도 흑인과 결혼하였다는 것이 너무 신기하지 않습니까? 왜 그랬을까요?

저는 하나님께서 모세를 흑인 여성과 결혼시켰다고 생각합니다. 모세의 마음속에 흑인 여성을 사랑하는 마음이 생기도록 한 것이지요. 흑인은 예나 지금이나 자기 고향인 아프리카를 떠나서 다른 민족들과 어울려 살 때에는 환영받지 못하는 형편 아닙니까? 미국의 오바마 대통령이 흑인으로서 8년이나 대통령의 자리에 있었지만 미국 사회에서 흑인 대통령 덕분에 흑인들의 처우가 달라졌습니까? 여전히 흑인들은 차별받는다고 생각하지 않습니까?

이럼에도 불구하고 모세가 허다히 많은 사람 중에 흑인 여성과 결혼한 것은 하나님께서 모세에게 그 흑인 여성을 불쌍히 여기고 사랑하는 마음을 주었기 때문이라고 밖에는 설명할 길이 없습니다. 하나님께서 왜 그렇게 했을까요?

하나님께서는 이스라엘 민족들에게 특별히 불쌍히 여겨야 할 세 부류의 사람으로 '고아와 과부와 이방인'을 꼽았지요. 그런데 하나님께서 이 세 부류의 사람들을 불쌍히 여기라고 율법 조항에도 많이 강조하였지만, 이스라엘 사람들이 과연 이 세 부류의 사람들에게 잘 해 주었나요? 만약 이스라엘 사람들이 이 세 부류의 사람들에게 하나님께서 기대하는 대로 잘 해 주었다면 하나님께서 이런 율법을 주셨겠습니까? 오히려 이스라엘 사람들을 칭찬하고 격려하면서 더 잘 하라는 말씀을 하시지 않았겠습니까?

그러나 그들은 그렇게 하지 못했기에 하나님께서 "너희는 이집트에서 이방인이었던 것을 기억하라" 는 말씀을 여러 번 하신 것으로 성경 곳곳에 나타나지요. 하나님께서는 차별하지 말라고 하시는데도 불구하고 이스라엘 사람들은 이 세 부류의 사람들을 무시하고 차별하였지요. 구스 여인은 흑인이기 때문에 이스라엘 사회에서 더욱 차별을 받았겠지요. 하나님만 섬기겠다고 모든 것을 버리고 어디로 가는지도 모르는 이스라엘을 따라 왔는데, 하나님을 섬기는 현실은 녹록치 않았겠지요. 하나님을 섬기는 것은 좋은데 하나님을 섬긴다는 사람들 때문에 구스 여인은 많이 힘들었겠지요. 그러나 이 구스 여인은 이집트로 되돌아가지 않았습니다. 현실이 힘드니 자기 고향으로 친척과 가족이 있는 곳으로 돌아가고 싶은 마음도 많이 있지 않았겠습니까? 그러나 이 여인은 1년 넘게 모든 것을 참으며 오로지 하나님만 바라보고 이스라엘 공동체에서 함께 하였지요.

하나님께서는 이방인이라 할지라도 하나님을 섬기겠다는 사람은 누구든지 받아 주셨지요. 그리고 하나님께서는 그들을 조금도 차별하지 않으셨지요. 그래서 그 이방인들에게 힘내라고 위안을 주시는 상징으로 이 구스 흑인 여성을 모세의 두 번째 아내로 허락하신 것이 아니겠습니까?

그런데 이 흑인 여성이 모세에게 쉽게 접근할 수 있었을까요? 모세가 이끄는 이스라엘 민족은 전쟁에 나갈 만한 남자 장정만 해도 60만 명이었습니다. 이 60만 명은 20세 이상 60세 이하의 남자들이지요. 그러면 20세 이하의 남자, 60세 이상의 남자, 모든 여자들, 이 숫자에 포함되지 않은 레위지파 사람들, 이스라엘을 따라 나온 이방인들까지 모두 합하면 어림잡아 250만 명 이상은 되었을 것입니다.

그 많은 사람들 가운데서 이 흑인 여성이 모세의 눈에 띄기가 쉬웠겠습니까? 흑인이어서 다른 사람들에 비해 눈에 띄게 보였겠지만 너무나 많은 사람들을 이끄는 모세의 눈에 이방인이 접근하기가 쉬웠겠습니까? 더군다나 모세는 하나님을 만나기 위하여 시내산에 세 번이나 올라갔지요. 한 번 갈 때마다 40일이 걸렸으니 120일 동안 이스라엘 진영을 비웠는데, 모세가 이 흑인 여성을 가까이 보는 것이 쉬웠겠습니까? 이 흑인 여성이 모세의 눈에 띄도록 상황을 만든 것은 전적으로 하나님께서 하신 일이라고 생각됩니다. 그렇지 않고서야 어떻게 이 흑인 여성이 모세의 눈에 띄어 사랑을 할 수 있었겠습니까?

이 흑인 여성이 모세의 눈에 띈 방법이 무엇이었겠습니까? 하나님을 섬기겠다고 따라 왔지만 현실이 녹록치 않아서 이 흑인 여성은 너무 괴로웠겠지요. 너무 힘들어서 자기가 섬기는 하나님께 하소연하고 싶었겠지요? 그래서 이 흑인 여성은 하나님의 성막에 가까이 갔겠지요.

하나님의 성막은 모세가 하나님께로부터 명령을 받아 직사각형 형태로 만든 천막이지요. 하나님이 계시는 거룩한 천막이라 하여 성막으로 불렀지요. 이 성막은 성소와 지성소로 이루어져 있는데, 성막 바깥마당에는 하나님께 제사 드리는 제단이 있었지요. 이 제단이 있는 마당을 둘러싼 울타리를 직사각형 형태로 만들었지요. 이 울타리의 정문은 동쪽에 있었지요. 이 동쪽에 있는 정문을 회막문이라고 불렀지요. 회막문이라는 것은 '하나님을 만나는 장소'라는 뜻이지요. 회막문 가장 가까운 곳에 캠프를 친 사람이 바로 모세와 아론이었지요. 그런데 이스라엘의 여성들은 이 회막문까지 갈 수 있었지만 회막문 안쪽으로 들어가지는 못했습니다. 그래서 여인들은 회막문 밖에서 하나님께 기도를 드릴 수밖에 없었지요.

이 흑인 여성도 하나님께 기도하기 위해 회막문으로 자주 가지 않았겠습니까? 회막문에서 자주 기도하는 흑인 여성을 모세는 쉽게 발견할 수 있었겠지요. 한마디로 말해서 이 흑인 여성은 하나님을 만나기 위하여 회막문으로 나아갔는데, 그 결과가 하나님께서 모세와 맺어 준 계기가 되었지요. 기도한 여인은 자기가 꿈에도 생각하지 못한 모세와의 결혼이란 선물을 받은 것이지요. 제가 이렇게 이야기하면 구스 여인이 기도했다는 것이 성경 어디에 나오느냐고 반문하는 분들도 있지요. 그런데 제가 "모세가 하나님을 사랑하지 않는 여인과 결혼하는 것이 있을 수 있는 일입니까?"라고 물으면 말이 없었지요.

40년 전에 모세가 도망자 신세이었을 때에는 하나님과의 관계도 별로 좋지 않았지요. 하나님을 잊어버린 상태였지요. 그러나 40년이 흐른 후, 하나님의 부르심을 받아 민족의 지도자가 된 이후에는 모세의 신분만 달라진 것이 아니라 하나님과의 관계도 180도 달라졌지요. 모세가 이스라엘 민족을 이끌고 시내 광야에 진을 쳤을 때에는 하나님을 날마다 대면하는 관계였지요. 그리고 하나님의 명령을 따라 성막을 만든 이후에는 날마다 성막 출입을 하며 하나님과 교제를 하였지요. 이런 모세가 하나님을 사랑하지 않는 여인과 재혼할 수 있었겠습니까?

구스 여인이 하나님을 사랑한다는 것을 나타낼 수 있는 방법은 성막으로 찾아가는 길 밖에 없지 않겠습니까? 하나님을 사랑하기에 또 하나님께 어려움을 하소연하고 싶어서 성막을 찾아갈 수밖에 없지 않습니까? 성막을 찾아간 구스 여인이 성막을 구경만 하고 돌아갔겠습니까? 성막 바깥 회막문까지 와서는 반드시 기도를 하고 가지 않았겠습니까? 이런 모습을 하루만 보인 것이 아니라 자주 보였기에 모세의 눈에 띈 것 아니겠습니까?

이 흑인 여성을 모세가 알게 된 또 다른 방법도 있겠지요. 이 흑인 여성을 불쌍히 여겨서 사랑을 베푼 어떤 사람이 모세에게 이 여인을 소개했을 수도 있었겠지요. 어떤 방법이었든지 간에 하나님만 섬기겠다고 이스라엘을 따라 나온 모든 이방인들에게 힘을 주시기 위하여 하나님께서 그렇게 하신 것 아니겠습니까?

그런데 모세의 형과 누나가 하나님의 뜻을 모르고 모세를 비난하며 대들었으니 하나님께서 얼마나 섭섭했겠습니까? 모세의 형과 누나조차 이방인들을 차별대우하고 있으니 다른 사람들은 더욱 그렇지 않았겠습니까? 모세를 비난한 누나 미리암은 나병 환자가 되어 이스라엘 사회에서 격리되었지요. 모세의 형 아론도 마땅히 벌을 받아야 했겠지만 제사장이라는 신분 때문에 하나님께서 봐 주신 것 같지요. 누나 미리암이 나병 환자가 된 것을 보고 형 아론도 얼른 자기 잘못을 회개하며 모세에게 무릎을 꿇었지요. 모세는 누나의 병을 고쳐 줄 것을 하나님께 간절히 기도하였고, 하나님께서는 모세의 기도를 들어서 7일 후에 회복시켜 주셨지요.

모세와 결혼한 흑인 여성은 모세보다 먼저 죽지 않았다면 39년을 같이 부부로 살았겠지요. 39년 부부생활을 하였다면 결코 짧은 세월이 아니지 않습니까?

라합은 모세의 아내였던 이 흑인 여성을 보았을 가능성이 많지요. 라합이 이 흑인 여성을 보면서 얼마나 큰 힘을 얻었겠습니까? 민족의 지도자 모세는 이 세상을 떠났어도 모세의 아내였던 이 흑인 여성을 보면서 이 흑인 여성과 똑같이 되기를 바라지는 않았겠지만, 자기에게도 얼마든지 꿈과 희망이 있음을 알았을 것이고, 하나님께서 이 흑인 여성을 차별하지 않은 것처럼 창녀 출신인 자신도 차별하지 않을 것이라고 확신하지 않았겠습니까? 이 흑인 여성은 모든 이방인들에게 힘을 주는 상징이 되었겠지요. 하나님께서는 그 어느 누구도 차별하시지 않습니다.

이방인 옷니엘을 초대 사사로 쓰신 하나님

세 번째로 라합이 위안을 받은 것은 옷니엘 때문이었습니다.

옷니엘은 갈렙의 동생 그나스의 아들입니다. 그리고 유다 지파가 배정 받은 지역을 완전히 정복할 때 기럇 세벨을 점령한 옷니엘은 그 대가로 갈렙의 딸 악사와 결혼했지요.

그러니 옷니엘도 이방인 출신이지요. 그런데 이방인 출신인 이 옷니엘이 이스라엘의 첫 번째 사사가 되었다는 사실은 라합으로 하여금 또 다시 소망이 넘치게 하지 않았겠습니까?

갈렙은 나이가 너무 많아서 갈렙 시대는 빨리 끝났을 뿐만 아니라 갈렙은 유다 지파만의 지도자였지요. 그러나 조카인 옷니엘은 이스라엘의 사사로서 40년 동안 이스라엘을 이끌었지요.

사사는 재판관을 뜻합니다. 평소엔 이스라엘의 최고 재판관 역할을 하지요. 그러나 전시엔 군사 징집 명령을 내리고 군의 최고 통수권을 갖지요. 왕 같은 존재지만 세습이 안 되고 왕궁과 수많은 신하들이 없다는 차이 정도지요.

옷니엘이 초대 사사가 된 시기는 정확히 알 수 없지만 사사기 2장, 3장을 검토해보면 가나안 정복 전쟁 후 약 30년 후로 보이지요. 이때 즈음이면 라합도 50대에 접어들었겠지요. 그런데 그때까지 라합이 보아스를 낳지 못한 것으로 보입니다. 아마 옷니엘의 통치 후반기에 낳은 것 같지요. 한마디로 보아스는 라합이 노년에 얻은 기적 같은 아들이라는 것이지요.

그 근거는 이렇습니다. 다윗은 살몬과 라합의 4대손이지요. 그리고 가나안 정복 전쟁 후 다윗의 왕 즉위까지는 약 400년 정도 걸리는 것으로 NIV 연대기는 밝히지요.

그런데 사사기에는 모두 12명의 사사가 약 299년 다스린 것으로 계산이 됩니다. 그 이후 다윗의 즉위까지는 엘리 40년, 사무엘(성경에 사무엘이 사사로 활동한 기간이 나타나지 않음), 사울 40년의 기간이 있지요. 그 외 타민족들에게 시달린 기간을 더하면 총 450년을 훨씬 웃돌지요.

성경을 근거로 합산한 것은 실제보다 늘 많아 저는 의아스러웠지요. 그래서 성경의 기간은 정확하게 년, 월, 일을 따져 계산한 게 아니란 결론에 도달했지요. 해당되는 기간의 시작 년도와 마지막 끝나는 년도의 한두 달만 있어도 1년으로 인정하는 이상한 풍습을 저는 발견했지요. 그 구체적인 사례를 이 글 마지막 7편에서 보여 드리겠습니다. 그러니 40년의 통치 기간도 실제로는 38년 몇 개월 정도에 그치는 게 허다함을 느끼지요. 그러나 이것이 성경의 본질을 손상시킬 정도는 아닙니다. 이런 식의 기간 계산은 성경을 기록한 이스라엘 민족만의 특징이 아닌 것으로 보이지요. 우리나라를 비롯한 동서양의 과거 기록을 자세히 보면 이런 식의 기록이 허다하지요. 그리고 인구수 등의 수량 기록도 대략적인 것으로 보이지요. 이 역시 동서양의 과거 기록이 다 그렇지요.

그러나 복잡한 계산을 해야만 성경을 좀 더 정확하게 그리고 풍성하게 이해할 수 있습니다. 그래서 이런 근거로 계산하면 라합이 젊은 시절에 보아스를 낳은 게 아님이 확실하지요. 오히려 아이를 낳기 힘든 나이에 낳은 것으로 보이지요. 라합이 보아스를 막둥이로 낳은 건지는 알 수 없지만 보아스에 대한 애정은 짐작되지 않나요?

라합은 늘그막에 낳은 아들로 인해 얼마나 하나님께 감사하고 또 감사했겠습니까? 그리고 노년에 이방인 출신 초대 사사 옷니엘을 보며 얼마나 소망이 넘쳤겠습니까?

4. 라합의 남편 살몬

라합은 살몬과 결혼하였는데 이 또한 얼마나 감사했겠습니까?

라합이 기브온 전투를 통해 엄청난 위로를 받고 힘을 낼 수 있었다면, 그 전투에 직접 참전했을 가능성이 높은 살몬은 어떤 생각을 했을까요?

이스라엘을 교묘히 속이고 화친 조약을 체결한 기브온 사람들을 보호하고자 이스라엘이 생명을 건 전쟁에 뛰어들게 하신 하나님께서 태양이 멈추는 기적까지 베푸시며 이기게 하시지 않았습니까? 그렇다면 아무리 창녀였다고 해도 이스라엘을 도운 라합은 더욱 보살피는게 하나님의 뜻이고 이스라엘의 도리 아니겠습니까?

살몬은 이런 정신으로 라합을 진정 사랑하며 결혼했겠지요. 살몬과 라합이 언제 결혼했는지는 전혀 모르지요. 만약 기브온 전투 이후였다면 살몬은 이 전투에 참전하면서 이 정신을 더 강하게 가지며 결혼을 추진했었겠지요. 또 율법상 신혼부부에게 주어진 1년간의 군대 징집 면제기간에 전투가 발생해 참전 못했다고 해도 이 정신을 가지고 라합을 더 보호하고자 했겠지요.

저는 살몬이 5년의 가나안 정복 전쟁 후 결혼했다고 봅니다. 이 기간엔 계속 크고 작은 전쟁을 하거나 준비 중이었기에 전우들의 눈치를 보며 결혼할 여유 내기가 쉽지 않았을 것 아닌가요?

어쨌든 살몬이 아무리 이런 정신으로 결혼을 추진했다고 한들 순탄하기만 했을까요? 살몬은 라합과의 결혼을 위해 어떤 어려움을 극복했을까요?

유다 지파 베레스의 후손 살몬

살몬이 속한 유다 지파는 이스라엘의 으뜸가는 지파였습니다.

출애굽한 후 시내산에 머물 때 한 인구 조사와 40년 후에 한 인구 조사에서 두 번 다 7만 명을 웃돌며 가장 많은 인구를 거느린 지파입니다. 인구가 가장 적은 레위 지파에 비하면 3배를 웃돌았지요.

레위 지파는 병역이 면제되어 12지파의 계수에서 빠졌지요. 대신 요셉 지파를 두 몫으로 계산했습니다. 즉 요셉의 두 아들 므낫세와 에브라임을 각각 한 지파의 수로 계산한 거지요. 그런데 므낫세 지파와 에브라임 지파를 합쳐도 유다 지파보다는 적었지요.

이스라엘의 최대 지파인 유다 지파는 이스라엘의 맏형 역할을 했지요. 하나님의 성막이 이동할 때는 유다 지파가 선봉에 서서 호위대를 이끌었지요.

또 성막이 정착해 진을 치면 성막의 동쪽에 진을 쳤지요. 동쪽에서 해가 떠서 하루가 시작되기에 모세와 아론을 위시한 지도자들은 동문에 진을 쳤지요. 그런데 유다 지파가 이 지휘 본부 바로 곁에 진을 친 것이지요. 나머지는 성막을 중심으로 동서남북에 각각 3지파씩 진을 쳤지요.

살몬은 이런 막강한 유다 지파 사람인 동시에 축복의 상징인 베레스의 5대손이었지요. 베레스는 400년 전의 조상이라 베레스의 후광이 약해졌다 해도 형편없는 집으로 몰락하진 않았겠지요.

이런 좋은 가문의 살몬은 얼마든지 이스라엘의 좋은 여자를 아내로 구할 수 있지 않았을까요?

이방인, 더구나 창녀를 선택한 사랑과 용기

살몬은 여리고 성을 정탐한 두 명 중 한 사람일 가능성이 상당히 높습니다. 만약 그렇다면 자신의 생명을 보호해준 것에 대한 고마움이 매우 컸겠지요. 그러나 그 대가로 라합은 10배가 넘는 가족들이 살았으니 그것 때문에 결혼까지 하기에는 가족과 주변의 만류가 대단했겠지요.

하나님께서 모세를 통해 주신 율법에는 이방인과 통혼하지 말라는 것이 있지요. 이 율법을 받은 지 얼마 안 되는데 살몬이 망설이지 않았을까요? 사실 라합을 통혼 금지 대상인 이방인으로 보는 것은 오늘날엔 합당치 않지만 당시엔 충분히 논란거리가 되었겠지요. 살몬의 가족들 입장에서는 이 결혼을 막아야 하는 더 큰 이유가 많았겠지요.

첫째, 창녀란 사실이 가장 큰 걸림돌이었겠죠. "집안 망신이다. 다른 남자들이 네 아내를 쉽게 보고 유혹의 접근을 너 몰래 할 거다." 등 별의별 소리를 다 했겠지요.

둘째, 살몬이 신경 써야만 하는 라합의 가족이 너무 많았다는 것이죠. 여리고 성에서 살아 이스라엘에 귀화한 라합의 가족은 스무 명이 넘었지요.

셋째, 말이 잘 통하지 않는 게 골치였겠지요. 이스라엘은 아브라함이 메소포타미아에서 사용하던 아람어가 근간이지요. 이 언어는 예수님 당시에도 근간을 이루었지요. 출애굽한 세대는 이집트의 고센 지역에서 살다 나왔기에 가나안 사람들의 언어는 잘 몰랐지요. 그런데 그 언어를 잘 모르는 살몬이 라합뿐만 아니라 그 가족들까지 신경 써야 하니 부담이 컸겠지요.

넷째, 이런 이방인들끼리 살도록 내버려 두라는 거지요. 이집트에 내린 열 가지 재앙을 통해 하나님의 존재와 능력을 체험한 많은 이집트인과 이방인들이 이스라엘을 따라 나섰지요. 하나님께서는 이들의 귀화를 받아주셔서 이들을 보호하는 율법까지 주셨지요. 그러므로 살몬이 아니더라도 라합을 책임질 사람들이 있다는 논리로 설득했겠지요.

그러나 살몬은 이 모든 것을 감수하고 유다 지파 베레스의 5대손이란 좋은 가문의 체면을 잠시 뒤로 하고 라합과 결혼했지요. 라합의 믿음, 결단력, 가족사랑, 지혜로움을 높이 평가하며 라합을 진정으로 사랑했기에 가능한 결혼이 아니었을까요?

저는 같은 남자로서 창녀 라합의 내면을 진정으로 사랑한 무명의 용사 살몬을 정말 존경합니다.

베들레헴 생활과 완성된 모세 오경

가나안 정복전쟁이 끝난 후, 여호수아는 이스라엘의 열두 지파에게 그들이 살 땅을 할당해 주었습니다. 아직도 가나안 땅에는 많은 가나안 지역 사람들이 살고 있었지만 그 남은 사람들은 이스라엘의 모든 군사가 대항해야 할 정도로 큰 집단들이 아니었지요. 그래서 각 지파만의 힘으로 그들을 몰아낼 수 있다고 판단하여 열두 지파에게 땅을 할당한 것이지요.

가장 먼저 할당받은 지파는 유다 지파였습니다. 유다 지파는 갈렙의 지휘 하에 이스라엘의 가장 남쪽을 할당받아 가서 그곳에 살고 있는 아낙(거인족) 자손들과 그 외의 사람들을 몰아내었지요. 그리고 각 족속별로, 또 각 가문별로 유다 지파의 땅을 각 사람들에게 나누어 주었지요.

살몬은 베들레헴을 배정받아 라합과 함께 베들레헴에 정착하며 목축업과 농사를 시작하였겠지요. 살몬과 라합의 자녀들이 몇 명인지는 알 수 없지만 앞서 말했듯이 늘그막에 낳은 보아스를 너무 너무 소중히 여기며 보아스의 교육에 심혈을 기울이지 않았겠습니까?

라합은 여리고 성에서 살던 것과는 달리 농사와 목축업이라는 과거에 해보지 않은 일을 하면서 많이 힘들었겠지요. 또한 과거 창녀였던 자기를 보는 주변 사람들의 곱지 않은 시선과 쑥덕거림도 느꼈겠지요. 자기도 힘든데 친정 식구들까지 신경 써야 하니 정말 고단했겠지요.

하나님께서 여호수아를 통하여 이스라엘 백성들에게 땅을 배분할 때 이스라엘 12지파에게는 각각 고유의 영토를 주었는데, 이 땅 배분에서 제외된 그룹이 있었지요. 레위 지파입니다. 그래서 레위 지파는 이스라엘 12지파에 섞여 살았지요. 그런데 땅을 배분받지 못한 또 한 그룹이 있었지요. 바로 이방인들입니다. 이 이방인들에게 땅을 배분하지 않은 이유가 무엇일까요? 만약 이방인들에게 땅을 배분했다면 무슨 일이 벌어졌을까요? 이방인들에게 땅을 배분하지 않은 것은 이스라엘 사회에 완전히 섞여서 완전한 하나님의 백성이 되기를 하나님께서 바라신 것이겠지요. 만약 이들에게 땅을 주었다면 완전한 하나님의 백성이 되기에는 오히려 걸림돌이 되지 않았겠습니까?

그래서 이방인들은 혼인을 통하여 완전한 이스라엘 사람으로 변화되어야만 했지요. 혼인한 배우자가 배분받은 땅을 이 이방인들도 함께 누린 것이지요. 그런데 라합의 경우에는 이미 결혼한 부모와 형제들이 있었기에 이들이 또 다시 결혼할 수는 없지 않습니까? 이미 결혼한 라합의 형제들은 자신의 자녀들이 결혼하기까지는 라합의 신세를 질 수밖에 없었겠지요. 그러니 라합은 친정 식구들까지 신경 쓰느라 많이 힘들었겠지요. 그러나 하나님을 섬기게 되고 자기를 끔찍이도 사랑하는 남편을 맞이하여 이 모든 것을 이겨 내었겠지요.

그리고 라합은 남편 살몬에게서 성경을 배웠겠지요.

이 당시에 모세가 죽음으로 인하여 비로소 이스라엘 민족에게 모세 오경이란 성경이 드디어 완성되었지요. 모세 오경은 천지 창조부터 요셉까지의 이야기를 다룬 창세기, 이스라엘 민족의 이집트 탈출을 다룬 출애굽기, 하나님으로부터 제사 제도와 각종 생활 규범에 관한 명령을 받아 기록한 레위기, 이스라엘의 40년 광야 생활을 다룬 민수기, 가나안 땅 입성을 바로 눈앞에 두고 모세가 죽기 전에 고별 설교한 것을 중심으로 한 신명기로 이루어져 있지요.

그런데 출애굽기는 20장부터는 각종 율법과 성막에 관련하여 하나님께서 내리신 명령으로 구성되어 있지요. 이 성경은 모세가 죽기 전에 기록한 것으로 신명기의 마지막 부분은 모세의 비서였던 여호수아가 완성했지요.

그런데 이 성경은 이스라엘에 딱 한 권밖에 없었지요. 이 원본 성경은 하나님의 성전인 성막에 보관되어 있었지요. 그리고 각 지역별로 이 원본을 보고 베낀 필사본들이 있었지요.

그러나 필사본도 없는 지역이 많았기 때문에 이스라엘 백성들은 이 모세 오경 중 율법에 관련되는 것들은 아예 암송해버렸지요. 이 성경은 양피지 두루마리 책에 기록이 되었는데, 이 성경의 필사본도 구하기가 힘드니 외울 수밖에 없었지요.

살몬도 외운 성경을 라합에게 가르쳤고, 라합도 이 외운 성경을 늘그막에 얻은 보아스에게 가르치며 암송시켰겠지요. 늘그막에 얻은 보아스와 라합이 얼마나 오랫동안 함께 살았는지는 알 수가 없지요. 그렇게 오랜 기간 함께 하지 못할 것이라고 생각한 라합은 늘그막에 낳은 보아스에게 성경 암송만 시킨 것이 아니었겠지요.

라합이 이스라엘 사람이 된 후 처음 겪었던 아이 성 점령 당시의 그 무시무시했던 교훈을 아들에게 분명히 가르쳤겠지요. 그리고 보아스가 비록 창녀 출신의 이방인에게서 태어났지만 하나님께서 그 이방민족인 기브온 사람들을 위하여 이스라엘 군인들이 생명을 걸고 싸우게 하신 것을 알려주며 아들을 위로하고 용기를 내도록 했겠지요. 더군다나 라합과 보아스가 속한 유다 지파의 지도자가 이방인 출신이었고, 보아스가 태어날 무렵 이스라엘 전체를 다스린 초대 사사도 이방인 출신임을 가르치고 힘을 북돋아 주었겠지요.

이렇게 하여 살몬과 라합은 다윗의 고조부모가 되었고, 예수님의 족보에 10대 조상으로 이름을 올리는 영광도 누리고 있지요.

3편

망한 시댁을 끝까지 따른 룻

3편에서는 룻기를 나누며 믿음의 명가 구축에 도움이 되기를 소망합니다. 룻기는 많이 알려진 내용이기에 평소 깊이 생각하지 못한 부분들을 중심으로 다말, 라합보다 짧게 다루려고 합니다.

룻기는 예수님이 탄생한 베들레헴에 사는 나오미 가정이 기근을 피해 이웃 나라인 모압으로 이주하면서 시작합니다. 모압에서 남편을 잃고 두 며느리를 맞이하였지만 10년 후 두 아들도 죽어 3명의 과부만 남았지요. 이런 상태에서 나오미는 고향 베들레헴으로 돌아갔는데, 이때 시어머니를 따라간 며느리가 룻이었지요. 베들레헴에서 룻은 이삭을 주워 생계를 유지하다가 보아스를 만나 결혼하여 행복한 가정을 이룬다는 것이 그 줄거리입니다.

룻의 결혼 동기와 시어머니 나오미를 따라 굳이 힘든 이민에 나선 배경을 살펴봅니다.

그러기 위해 이 사건이 사사시대 중 언제인지, 또 룻의 민족은 어떤 민족인지를 알아야겠지요.

이 스토리는 언제 발생하였을까?

발생 시기를 계산해 조사하면 다윗의 조상들은 평균 100세를 훌쩍 넘긴 장수 가문임이 드러납니다. NIV에 수록된 연대기에 의하면 모세 사후부터 다윗이 왕이 되기까지는 400년이 걸립니다. 제가 사사기와 사무엘상에 나타난 기간만 계산해서 합해도 약 440년이 되고 명확하지 않은 사무엘의 통치기간을 더하면 그 기간은 더 길어집니다. 이러한 차이가 나는 이유는 제가 지난 2편 라합을 다룬 글에서 설명하였기에 그 글을 참고하시기 바랍니다.

그런데 다윗 가문의 경우, 라합의 남편인 고조부 살몬부터 30세 다윗까지 고작 5대에 불과합니다. NIV 연대기에 따르든지 또는 성경에 나타난 기간의 합산에 따르든지, 어떤 경우든지 이 사건의 최초 발생 시기는 사사로서 이스라엘을 가장 길게 80년을 다스린 2대 사사 에훗 말기에 일어난 것으로 추산되지요. 그리고 룻은 3대 드보라 시대에 아들 오벳을 낳아 키운 것으로 보입니다. 2대 에훗은 룻의 조국인 모압의 통치에서 이스라엘을 해방시킨 지도자이지요.

룻의 동족, 모압은 어떤 민족인가?

룻의 민족 모압을 살펴보지요.

모압은 아브라함의 조카 롯의 첫째 아들입니다. 롯은 하나님의 심판으로 소돔성이 멸망당할 때에 천사의 지시에 의하여 소돔성에서 멀리 떨어진 산으로 피신했지요. 그런데 피신 도중 롯의 아내는 뒤를 돌아보지 말라는 천사의 말을 어기고 뒤에서 들려오는 큰 소리에 호기심으로 뒤를 돌아보다가 소금기둥이 되었지요. 그래서 롯과 두 딸은 너무 무서워 산 속으로 들어가서 외부와 접촉을 끊고 자기들끼리만 살았지요. 롯의 딸들과 약혼했던 두 남자들은 소돔성 멸망 당시 죽고 두 딸은 외부와의 접촉을 끊고 사니 결혼할 사람이 없었지요. 그러나 두 딸은 아이를 낳고 싶었지요. 그래서 두 딸이 아버지를 술에 취해 잠들게 한 후 아버지와 성관계를 하지요. 자신이 동성애자임을 공공연히 드러내며 동성애를 요구하는 소돔에서 오래 살았기에 개념이 없어진 거지요. 그래서 첫째 딸이 얻은 아들은 모압 민족의 조상이 되었고, 둘째 딸이 낳은 아들은 암몬 민족의 조상이 되었지요.

이런 음란 속에서 탄생한 모압과 암몬이지만, 하나님께선 모세에게 이스라엘의 형제국이니 싸우지 말 것을 명하셨지요. 그러나 모압과 암몬이 이스라엘에게 시비를 걸어 이들 간의 전쟁이 자손대대로 여러 번 되풀이되며 관계 변동이 늘 심하였지요.

룻이 태어나기 전에 모압의 에글론 왕이 이스라엘을 18년간 통치하며 학대했기에 모압에 대한 이스라엘의 감정은 나빴지요. 그러다가 2대 사사 에훗에 의해 해방되었으나 악감정은 여전히 남았겠지요. 그리고 모압은 다신교 국가로 그모스 신을 주로 섬겼는데 결혼 안한 자식을 제물로 바치는 끔찍한 짓을 했지요.

1. 가난한 과부의 아들과 결혼한 룻, 그 이유는?

나오미의 남편 엘리멜렉이 고향 베들레헴에 기근이 들었다고 이런 가증한 나라인 모압으로 간 것은 분명 실수입니다. 또 남편이 죽은 후 곧장 두 아들을 데리고 고향으로 되돌아오지 않은 나오미도 그런 점에선 실수를 한 거지요. 가난한 외국인 과부의 아들에게 자신의 딸을 시집보내려고 하는 부모님은 없겠지요. 룻이 나오미의 아들과 결혼한 것은 부모님의 뜻이라기보다는 자신의 의지였겠지요.

그럼 룻은 왜 이렇게 가난한 과부의 아들과 결혼했을까요?

소문으로 들은 하나님을 동경한 룻

그 아들 말론의 인물이 좋아서일까요?

저는 룻의 결혼 동기를 아무리 생각해보아도 말론의 인물보다는 룻이 이스라엘에 대한 동경심이 있었기 때문이라고 봅니다. 그 이유는 룻이 나오미를 따라 나설 때 한 말에서 알 수가 있지요. 나오미를 따라 나설 때 룻은 이렇게 말했습니다.

"어머니의 하나님이 나의 하나님이 되고, 그리고 하나님의 이름으로 맹세를 하며 어머니와 헤어지지 않겠다."라는 뜻을 밝히지요.

이런 사실로 보아 룻은 결혼하기 전부터 하나님에 대한 동경심이 있었다고 봐야 되겠지요. 결혼 후 하나님에 대하여 나오미에게서 교육을 받았다고도 할 수 있지만, 저는 나오미의 교육은 별로 큰 영향을 미치지 않았다고 봅니다. 또 나오미가 며느리들에게 하나님을 제대로 알게 교육시키지 못했다고 봅니다. 왜냐하면 남편이 죽은 후에 나오미가 곧장 고향으로 돌아가지 않은 것으로 보아 하나님에 대한 신앙심이 그렇게 깊었다고 보기 힘들기 때문이지요. 그 외에도 나오미의 신앙은 여러 가지로 문제가 많았다고 생각됩니다. 이 부분은 잠시 후에 설명 드리겠습니다.

그럼 룻이 결혼 전에 들은 하나님에 대한 소문은 무엇일까요? 라합처럼 룻도 하나님에 대하여 여러 가지 소문을 들었겠지요. 그러나 룻은 라합보다 백몇십 년 후의 사람이므로 라합이 들은 것처럼 하나님에 대한 생생한 소문을 듣지는 못했겠지요. 그러나 백몇십 년 전에 이집트에서 그리고 가나안 땅에서 이스라엘을 통하여 하나님께서 일으키신 기적에 관하여 어느 정도는 들었겠지요. 과거에 하나님께서 일으킨 기적의 소문 외에도 현실적인 소문도 두 가지나 들었을 것입니다.

왕이 없지만 잘 사는 이상한 나라 이스라엘

첫째는 이스라엘에는 왕이 없고 하나님께서 '사사'라는 사람을 통하여 직접 다스린다는 것이지요.

그 당시 이스라엘처럼 수백만의 인구를 거느린 민족들 중에 왕이 없는 나라는 없었지요. 인구가 100만 명이 안 되는 나라조차도 왕이 있었지요. 그런데 이 당시 이스라엘의 인구는 약 250만 명이 넘는 것으로 추산되지요. 이만한 인구는 이집트와 맞먹는 인구로서 당시로서는 거대 민족이지요. 이때보다 천 년이 더 지난 후 지중해 세계를 지배한 로마의 전성기의 인구가 150만 정도에도 미치지 못한다고 《로마인 이야기》의 저자 시오노 나나미는 밝히고 있지요.

이 당시에는 도시국가 형태였기 때문에 인구가 적은 도시도 왕이 있었지요. 이스라엘의 가나안 정복 전쟁 당시 두 번째로 점령한 아이 성의 경우는 인구가 10만 명도 채 되지 않는 것으로 보이지요. 그래서 이스라엘이 정복한 가나안 땅의 면적은 우리나라보다도 훨씬 작지만, 이스라엘이 정복한 왕들의 수가 무려 31명이나 된다고 여호수아 12장 24절에 기록하고 있지요.

이렇게 많은 인구의 민족이지만 왕이 없이 평화롭게 산다는 것을 이웃 나라인 모압에서 룻이 들은 거지요. 참으로 이해하기 힘든 현실이었지요. 그것이 가능한 것은 하나님께서 살아계셔서 이스라엘을 직접 다스리시며 그때그때 필요에 따라 사사라는 사람을 세워 이스라엘을 어려움에서 구해낸다는 것이지요. 그리고 룻이 태어나기 전에 룻의 조국 모압이 이스라엘을 지배하고 있었는데 이스라엘의 에훗이라는 사사가 자기 나라 왕인 에글론을 죽여서 이스라엘을 해방시켰다는 것을 들었겠지요. 룻은 자기 왕을 죽인 그 에훗이 아직도 살아서 이스라엘을 이끌어간다는 소문을 들었지요. 그때 룻의 마음이 어땠을까요? 자기 왕을 죽여서 기분 나빴을까요? 저는 자기 왕을 죽인 분노보다 오히려 아직도 살아서 이스라엘을 이끈다는 에훗에 대한 호기심이 더 많았을 것으로 생각됩니다.

장수 국가 이스라엘

둘째로 이스라엘은 장수 민족이라는 것을 룻이 들었지요.

다윗의 가문만 장수 가문이 아니라 이스라엘 전체가 장수 민족이었음을 저는 성경을 보며 확실하게 깨달았지요. 창세기 15장에 하나님께서 아브라함에게 말씀하시기를 "너희 후손이 이방 땅에서 400년 동안 괴롭힘을 당하다가 4대만에 돌아올 것이다"라고 예언하셨지요. 그런데 이스라엘은 이집트에서 430년을 살았고 하나님의 말씀대로 4대 만에 돌아왔지요. 그러니 평균 연령이 100살이 훨씬 넘지요. 4대만에 돌아온 것에 대해서는 성경 곳곳에서 밝히고 있지요. 다윗의 가문도 6대 조상 헤스론이 이집트에 갔는데 되돌아올 때에는 9대 조상 나손과 10대 조상 살몬 때였지요.

출애굽 후에도 다윗이 왕이 되기까지는 이스라엘이 장수 민족이었다는 것을 이스라엘 족보를 계산해보면 알 수 있습니다. 사사기에 나타난 사사들의 수명은 1대 옷니엘과 2대 에훗은 100세 넘은 게 확실해 보이고 3대 드보라부터 100세 이하로 보이지요.

그 당시 이집트의 평균 수명이 40세가 채 안 되었는데, 이스라엘은 100세 시대였으니 이스라엘만 받은 축복이지요. 제가 고대사 이집트 서적을 찾아본 결과, 이집트의 평균 수명이 40세가 채 안 된 가장 큰 이유는 잦은 전쟁이고, 그 다음은 질병이었습니다.

그런데 하나님께서는 이스라엘을 직접 다스리시면서 전쟁에 있어서도 이스라엘 민족이 다른 민족들처럼 크게 살육당하지 않도록 도와주셨고, 하나님께서 여러 율법 조항들로 전염병과 각종 질병에 대하여 격리 조치를 취함으로써, 보건위생도 다른 민족들보다 훨씬 나았지요.

그리고 하나님께서 이스라엘이 민족을 이루기 훨씬 전에, 즉 아브라함 당시에 하나님께서 최초로 주신 명령인 할례가 이스라엘의 성병 예방에 큰 도움이 되며 건강에 유익했지요. 그 외에도 하나님께서 이스라엘을 특별히 축복하시니 이스라엘이 장수 국가가 된 거지요.

모세가 시편 90편에 '인생이 강건하여도 칠, 팔십'이라고 한 것은 이스라엘에 해당되는 소리가 아니고 자신이 이집트와 미디안 광야에서 80년 동안 살며 본 경험에서 나온 말이지요.

그러므로 유달리 장수한 이스라엘 민족의 현실이 룻의 관심을 끌기에 충분했겠지요. 이웃 나라 이스라엘은 노인이 대단히 많으며 오래 산다는 것이 룻에게는 부럽기도 했지요. 인간은 누구나 오래 살고 싶어 하지 않겠습니까? 그러니 룻도 이스라엘 사람처럼 오래 살았으면 좋겠다는 생각을 당연히 가졌겠지요. 그런데 이스라엘 민족의 장수 비결이 그들이 섬기는 하나님으로부터 시작한다니 룻은 놀랐겠지요.

도대체 하나님이라는 분은 어떤 신이야?

왕이 없으면서 오래 산다는 이웃 나라 이스라엘은 자기들이 섬기는 신들과는 완전히 다른 신, 하나님을 섬긴다고 하는데, 룻은 아주 지혜로운 여자였기에 자기들이 섬기는 신들과 하나님의 차이점을 쉽게 발견할 수 있었을 것입니다.

첫째, 이스라엘이 섬기는 하나님은 신상이 없다는 것이었습니다. 즉 하나님은 전혀 눈에 안 보인다는 것이지요.

룻은 늘 눈에 보이는 신들만 알았지요. 눈에 보이지 않는 신이 존재한다는 것은 생각할 수도 없었지요. 눈에 보이고 손으로 만져볼 수 있는 신상에 익숙했던 룻은 이스라엘 백성들을 그렇게 오래 살도록 해주면서 직접 이스라엘을 이끌어 가는 신을 눈으로 볼 수 없다는 소문을 듣고 처음에는 이해가 안 되었지요. 어떻게 그런 신이 존재할 수 있는가 의문을 품었지만 점점 더 눈에 보이지 않는다는 하나님께 관심을 가지게 되었지요.

그리고 눈에 보이는 신상들은 생명이 없는 것으로서 금속 조각, 돌 조각, 나무 조각에 불과하다고 이스라엘 사람들이 말한다니 처음에는 아주 불쾌했지만 룻은 그 말이 맞는 것 같다고 생각이 바뀌게 되었지요.

눈에 보이는 신들은 이스라엘 사람들의 말에 의하면 사람들이 만들어낸 것이라는 거지요. 신상만 만든 것이 아니고 그 신들의 존재에 관한 모든 이야기도 사람들이 만들어낸 것이라는 거지요. 이런 이야기를 들었을 때도 룻은 처음에는 기분 나빴어도 후에는 눈에 보이지 않는 하나님에게 점점 마음이 끌려갔겠지요.

둘째, 이스라엘의 하나님은 초라한 천막으로 된 신전에 계신다는 이상한 소리를 들었지요.

어떻게 이스라엘 민족 모두가 섬긴다는 그 하나님의 신전이 천막으로 지어질 수 있는지 룻은 이해가 안 갔지요. 그리고 그 천막은 분해와 조립이 가능하도록 되어 있어 신전을 옮길 수 있다는 것도 이해가 되지 않았지요.

당시 고대 사람들은 모든 민족들이 섬기는 신을 위해 아주 웅장하고 화려한 신전을 건축하였지요. 이런 사실들은 고고학자들의 유물 발굴에 의해 그 흔적과 신전의 일부 모습이 많이 발견되고 있지요. 과거 우리나라의 절을 보더라도 왕의 명령으로 건축되는 사찰은 얼마나 크고 화려하게 지었는지 그 절에 들어서는 사람들은 그 분위기에 압도당하고 있지 않습니까? 그런데 하나님의 신전은 천막으로 만들고 그 울타리도 모두 천막이라니 아무리 눈에 보이지 않는 신이라 해도 룻이 듣기에는 이해가 되지 않았겠지요.

셋째, 모든 신들은 가짜고 참 신은 오로지 하나님 한 분뿐이라는 것이 룻에게는 생소했습니다. 게다가 그 하나님이 전지전능하다는 것이 정말 생소했지요.

이 세상에는 매우 많은 신들이 있지요. 로마가 섬기는 신은 약 30만 개나 된다고 《로마인 이야기》의 저자 시오노 나나미는 밝히지요. 그런데 이 로마의 신들은 모두 그리스의 신들을 그대로 자기들의 신으로 만들었다는 것이지요. 이름만 그리스어에서 로마어로 바꾸었을 뿐이지요. 예를 들어 그리스의 제우스신이 로마에서는 주피터로 바뀌는 거지요. 그래서 후대에 우리들은 그리스와 로마의 신을 동일시하여 한 묶음으로 보며 그리스 로마 신화라고 부르고 있지요. 그런데 이 그리스 신들의 모태는 메소포타미아에서 발생한 바벨론 신화라는 것이 역사학자들의 일반적인 견해입니다. 심지어 이집트의 파라오(왕)들은 인간임에도 불구하고 자신이 죽으면 신이 된다고 생각했지요. 그래서 죽은 후 자신이 거처할 신전으로 피라미드와 스핑크스를 만드는 데 심혈을 기울였지요.

이렇게 인간이 만들어낸 신들은 인간처럼 사랑하고 결혼하고 아기를 낳고, 그리고 전쟁도 한다고 하지요. 그래서 신임에도 불구하고 전쟁에서 지는 신은 인간처럼 죽기도 하지요. 그리고 이런 신들은 그 역할이 다 달라서 사랑의 신, 전쟁의 신, 농사의 신, 질병 치료의 신 등등으로 나누어지며, 신이지만 모든 것을 할 수 있는 것이 아니고 한두 가지만 특별히 잘 한다는 거지요. 따라서 신들 사이에도 서열이 존재하지요. 대부분의 민족들이 신 중의 신, 즉 최고신이라고 여기는 신은 태양신이지요.

신들이 모든 것을 다 할 수 없기에 사람들은 이 신에게서 부족한 것을 다른 신에게서 찾고자 여러 신들을 섬기게 되는 거지요. 그래서 가나안 땅의 사람들은 풍년이 들도록 해준다는 남신 바알과 여신 아세라를 동시에 섬기는 것이 아주 자연스럽게 된 것이지요.

룻의 민족들도 이런 풍토에서 여러 신들을 섬기고 있었는데, 이스라엘 사람들은 그 모든 신이 가짜라고 하는 것이에요. 그리고 참 신은 오로지 하나님 한 분뿐이라는 것이지요. 그 참 신 하나님께서는 모든 것을 다 아시고 모든 것을 하실 수 있다고 믿는 것이지요.

룻이 이런 하나님의 유일성과 전지전능하심을 들었을 때에 처음에는 많은 의문을 품었지요. 그러나 그 유일신이라는 하나님께서 일으키셨다는 능력을 들어보니 자기 신들에게서는 도저히 들을 수 없는 내용이었지요. 즉 이집트에서 하나님께서 내리셨다는 10가지 재앙의 기적, 홍해를 가르고 이스라엘 민족이 두 발로 걸어서 건너게 하셨다는 기적, 광야에서 매일 새벽마다 이스라엘 백성이 먹을 만나를 하늘에서 40년이나 내리게 하셨다는 기적, 광야에서 목말라하는 이스라엘 백성에게 바위에서 엄청난 물이 터져 나오도록 만드셨다는 기적, 그리고 룻의 조국 모압 인근의 범람하는 요단강을 이스라엘 백성들이 두 발로 걸어 건너게 하셨다는 기적, 가나안의 큰 여리고 성을 공격하지도 않고 빙빙 돌다가 고함만 질렀는데도 성벽이 무너졌다는 기적 등등과 같은 일들은 자신들이 섬기는 신들에게서는 도저히 들어볼 수 없는 놀라운 일들이었지요. 그러니 이런 기적을 일으키셨다는 유일신 하나님께서 지금도 이스라엘 사람들을 왕이 없는 가운데에서도 이끌어 가시며 장수하게 하신다니 룻의 마음이 유일신 하나님에게 끌리지 않았겠습니까?

그래서 가난한 과부의 아들이라도 이스라엘 사람이라고 하니 하나님을 섬기기 위하여 온 집안의 반대를 무릅쓰고 결혼하지 않았겠습니까?

2. 나오미를 따라 이민 간 룻, 그 이유는?

이스라엘의 참 신 하나님께서 자기에게 복 주시기를 기대하고 온갖 반대를 물리치고 어렵게 결혼했지만 그 결과는 기대와는 완전히 달랐지요. 결혼 생활 10년 만에 룻의 남편도 죽고, 룻의 동서인 오르바의 남편도 죽어 그 집에는 세 명의 과부만 남았지요. 그런데 룻도 오르바도 자식이 없었지요. 결혼 생활 10년의 결과가 자식 없는 과부가 된 것인데, 이때 갑자기 시어머니 나오미가 자기 조국의 고향으로 돌아가겠다는 것이었지요. 그러자 룻과 오르바도 시어머니와 함께 베들레헴으로 가겠다고 따라나섰지요.

인간적인 사랑으로 따라나선 오르바

나오미는 자기 고향으로 돌아가는 것이지만, 룻과 오르바는 반대로 외국으로 이민 가는 것 아닙니까? 룻과 오르바가 시어머니를 따라나설 때에 룻과 오르바의 친정 식구들은 상당히 걱정하며 반대를 했겠지요. 그럼에도 두 며느리가 시어머니를 따라나선 이유는 무엇일까요?

과부가 된 나오미는 자신의 며느리 룻과 오르바에게 대단히 감사하는 마음을 가졌을 것입니다. 자신은 가난한 과부인데다가 이곳 모압 땅은 나오미와 두 아들에게는 외국 땅이지 않습니까? 그럼에도 불구하고 자신의 며느리가 되어준 두 사람을 나오미가 얼마나 사랑하며 잘해주었겠습니까?

그러므로 집은 비록 가난해도 시어머니의 진심어린 극진한 사랑을 받은 두 며느리는 늙은 시어머니를 홀로 내버려둘 수 없어서 젊은 자기들이 힘들어도 모시겠다고 따라 나선 거지요. 그리고 죽은 남편들도 생전에 아내에게 고마워하며 시어머니처럼 자기들을 진심으로 사랑해주었기 때문에 시어머니를 홀로 가게 내버려둘 수 없었겠지요.

세 과부가 나란히 길을 가는 도중에 나오미는 생각하였지요. 아무리 생각해봐도 두 며느리를 함께 데리고 가는 것은 두 며느리에게 너무 큰 부담을 지운다는 판단이 들었지요. 그래서 나오미는 발길을 멈추고 두 며느리에게 친정으로 돌아가서 좋은 남편을 만나 새 출발할 것을 강권하며 설득했습니다. 뜻하지 않은 나오미의 돌아가라는 말에 두 며느리는 울면서 계속 따라가겠다고 하였지만, 나오미가 더 강력하게 설득하지요. 하나님의 손이 나를 치셨기 때문에 내가 이런 고난을 당하는데 이 늙은 내가 너희들의 남편이 될 아들을 더 이상 낳아줄 수도 없고, 설령 낳는다 한들 그 아들이 결혼할 수 있을 때까지 성장하는 것을 너희들이 마냥 기다리고만 있어야 한다는 것은 나에게는 너무 큰 고통이라며 돌아갈 것을 강력하게 권하였지요.

그러자 오르바는 자기도 시어머니께 할 만큼 다했는데 시어머니가 저렇게 권하시니 마음을 바꾸었지요. 그리고 자기 생각에도 내 인생을 그렇게 고생스럽게 살 필요가 있겠느냐는 인간적인 생각을 하였겠지요. 결국 오르바는 눈물로 시어머니에게 작별 인사를 하고 발길을 돌렸지요.

하나님께 모든 것을 맡기고 이민 길에 따라나선 룻

동서 오르바가 되돌아갈 때에, 룻은 정반대로 나오미에게 달라붙으며 말하였지요.

"어머니의 백성이 나의 백성이 될 것이고, 어머니의 하나님이 나의 하나님이 될 것이고, 어머니가 죽어 묻히는 곳에 나도 묻힐 것입니다. 그리고 죽음 외에 어머니와 내가 갈라서는 일이 있다면 여호와께서 나에게 벌을 내리시고 더 내리시기를 원합니다."

룻이 말한 이것이 도대체 무슨 뜻인가요? 나오미의 하나님이 나오미에게 무엇을 해주었습니까? 또 룻이 하나님을 섬기고자 결혼하였는데, 룻이 섬기는 하나님은 결혼 생활 10년 동안 룻에게 무엇을 해주었습니까? 기대와는 달리 고생만 하고 있고, 또 앞으로도 언제 끝날지 모르는 고난의 가시밭길이 눈앞에 훤히 보이지 않습니까?

나오미가 말했듯이 하나님이 나오미의 인생을 쳐서 고통스럽게 하셨는데, 그 하나님이 자기의 하나님이 되면 도대체 어떻게 되는 것입니까? 안 그래도 고생길이 눈에 선하게 보이는데 나오미를 치신 하나님이 자기 하나님이 될 것이라는 말은 지금보다 더 어려운 상황도 얼마든지 감수하겠다는 신앙고백이 아닙니까? 한마디로 앞으로 어떻게 되든지 모든 것을 하나님께 맡기겠다는 뜻이 아닙니까?

어머니의 하나님이 나의 하나님이 될 것이라고 미래 시제를 썼다 하여, 이제부터 하나님을 섬기겠다는 뜻으로 봐도 될까요? 지금까지 하나님을 안 섬기고 살았는데 쫄딱 망했으니 이제 하나님을 한번 섬겨보겠다는 뜻인가요?

절대 아니지요. 오히려 하나님을 여태껏 잘 모르고 잘못 섬긴 것을 반성하는 말 아닐까요? 무조건 복 주시는 분으로만 알았던 것을 반성했겠지요. 또 하나님께서 시어머니를 치신 이유도 시어머니에게 하나님을 잘못 섬긴 과오가 있음을 깨달았겠지요. 그래서 자신이 잘못 할 경우에도 시어머니를 벌하신 하나님에게 벌을 달게 받겠다는 각오 아닌가요? 그리고 이제는 바로 섬길 테니 보살펴 달라는 소망도 함께 담긴 고백으로 봐야 하지 않을까요?

그러면서 자신의 결심과 신앙고백을 변치 않게 하려고 이 결심을 어길 경우 하나님의 이름으로 벌을 받겠다는 맹세까지 하였으니 얼마나 놀랍습니까?

완전히 망해버린 집안에서 오히려 더 하나님을 찾는 룻의 신앙고백에 대하여 저는 탄복하고 또 탄복하며 제 자신을 돌아보게 됩니다. 룻은 결혼할 때 참 신이라는 하나님으로부터 복 받기만을 갈망하였던 자신의 욕심을 돌아보며 분명히 반성한 것 같지 않습니까? 룻의 이런 신앙고백은 룻기 전체의 핵심이라고 저는 생각합니다. 깊은 자기 성찰 없이는 이런 신앙고백이 나올 수가 없지요.

저도 과거에 하나님을 이용하여 제 욕심을 채우려는 기도와 생각을 많이 하였기에 10여 년 전부터 계속 반성하고 있지만 아직도 그 못된 습성이 조금 남아있는 것 같아 하나님께 죄송한 마음뿐이지요. 룻은 참 신을 진정으로 모시고 섬기고자 이런 고백을 하면서 시어머니 나오미를 따라 처음 가보는 낯선 땅 베들레헴으로 간 것이지요.

3. 시어머니 나오미

앞서 말했듯이 나오미는 두 며느리가 자신의 아들과 결혼해준 것에 대하여 감사하며 두 며느리를 진정으로 사랑하였지요. 그러나 하나님을 섬기는 신앙 면에서는 많은 문제점을 보여줍니다.

첫째, 약속의 땅 가나안을 떠나서 이웃 나라로 간 것부터가 잘못이지요. 남편이 가자고 하더라도 아내인 나오미가 말렸어야 했지요. 아무리 가뭄으로 힘들어도 하나님께서 약속하셔서 여호수아를 통하여 또 갈렙을 통하여 자기 남편의 아버지에게 할당해준 땅을 버리고 떠난 것은 큰 잘못이지요. 고향사람들이 못 견디겠다고 다 떠난 것도 아닌데, 나오미가 남편을 따라 모압으로 간 것은 남편뿐 아니라 나오미 자신도 하나님을 신뢰하지 못한 잘못이 있는 거지요.

그리고 외국에서 남편이 죽었을 때 두 아들을 데리고 빨리 돌아오지 못한 것은 나오미의 전적인 잘못이지요.

또 율법에 의하면 이방 여인을 아내로 맞이하지 말라는 규정이 있음에도 불구하고, 나오미가 이방 여인을 두 며느리로 맞이하겠다는 생각 그 자체가 큰 잘못이었지요. 빨리 고향으로 돌아와 이스라엘 민족 가운데서 며느리감을 찾았어야 했지요.

둘째, 나오미가 두 며느리에게 말했듯이 하나님의 손이 자기를 치신 것으로 진정 깨달았다면, 나오미가 두 며느리에게 친정으로 돌아가 새 출발하라고 해서는 안 되지요. 하나님께서 자신에게 벌을 내리신 것을 진정 깨달았다면, 자신의 잘못을 돌아보고 하나님께 진심으로 회개부터 했어야 했지요. 그리고 하나님께 두 며느리에 대하여 어떻게 해야 할지를 물어보았어야 하지요. 단순하게 인간적인 생각으로 돌려보내는 것은 어떻게 보면 맞는 것 같지만, 그것은 하나님을 믿지 못하는 불신앙에서 나온 무책임한 말이지요.

나오미가 자기는 더 이상 아이를 낳을 수 없다고 며느리들에게 설득한 것으로 보아 나오미는 계대결혼에 관하여 잘 알고 있었지요. 그리고 계대결혼의 의무가 있는 자는 반드시 자기가 낳은 아들이 아니어도 된다는 것을 알고 있었지요. 이것은 베들레헴에 돌아간 후 죽은 아들의 친형제가 아닌 보아스를 놓고서 자기 가문의 기업 무를 자(계대결혼의 의무가 있는 자에 대한 호칭)임을 대번에 알아차린 것을 보면 알 수 있지요.

그러므로 나오미는 두 며느리의 남편 될 사람을 자기 시댁의 친척 가운데에서 찾았어야 하지요. 그런데 그런 생각은 조금도 하지 않고 두 며느리에게 돌아가라고 하였으니 자신의 의무를 생각하지도 못한 거지요.

셋째, 두 며느리들에게 친정으로 돌아가라고 한 말은 인간적으로 생각하면 맞는 말인 것 같습니다. 그러나 친정으로 돌아가는 오르바를 보고서 나오미가 그의 신들에게로 가고 있다고 말한 것으로 보아 신앙적으로는 굉장히 잘못된 것이지요.

모압의 신들 중에는 사람을 제물로 바치는 그모스 신이 있었는데, 그런 우상들에게로 돌아가는 것을 알면서도 나오미가 방치하였다는 것은 생각해 볼 문제지요. 어떻게 자신이 그렇게 사랑하였던 며느리가 하나님을 등지고 우상을 섬기는 민족에게로 돌아가도록 강력하게 권할 수 있습니까? 한마디로 하나님께서 자기들을 보살펴 주신다는 믿음이 없었기 때문 아닙니까? 그 당시에 이스라엘에는 이미 많은 이방인들이 있어서 하나님께서 이들 이방인들을 배려하는 율법도 모세를 통하여 주셨는데, 하나님의 마음을 나오미가 헤아리지 못한 까닭에 며느리들에게 돌아가라고 한 것이지요.

제가 어떤 목사님의 설교를 통해 들은 바에 의하면, 오르바를 연구한 신학자가 이런 말을 하였답니다. 그렇게 돌아간 오르바의 후손 가운데에서 블레셋의 대장 골리앗이 나왔다는 것입니다. 성경에 없는 민족의 족보 연구인지라 신빙성이 매우 희박하지만, 만의 하나 이 주장이 맞는다면 얼마나 큰 비극입니까? 오르바의 후손인 골리앗이 룻의 후손인 다윗과 맞붙어 비참하게 죽었으니 도대체 이런 사건이 벌어진 것은 누구의 잘못이 되겠습니까?

뒤늦게라도 고향으로 되돌아온 나오미는 역시 인간적으로 사랑을 베풀며 자기를 따라온 룻에게 최대한 진심으로 돕고자 하였지요.

그래서 자기들의 생계를 위하여 이삭줍기에 나선 룻에게 보아스의 밭에서만 이삭을 줍도록 말하였지요. 보아스의 밭에서만 줍는 것이 좋겠다고 한 이유는 우리 개역개정 성경에는 그 이유가 명확하지 않지만, NIV에는 그 이유가 명확하게 나타나 있지요. "because you might be harmed"(룻 2:22)라고 했지요.

이 뜻은, 룻이 보아스가 아닌 다른 사람의 밭에서 일하다가는 해로움을 당할 수도 있다는 것이지요. 무슨 해로움인지는 공동 번역에서는 남자들에 의하여 능욕당할 수도 있다는 것으로 번역해 놓았지요. 모압 사람에 대한 감정이 아직도 안 좋은데다가 룻은 젊은 여인이기에 다른 낯선 사람의 밭에서는 얼마든지 이상한 일을 당할 수도 있기에 그렇게 부탁한 것이지요. 룻은 나오미보다 베들레헴과 이스라엘 민족의 감정과 사정에 어두웠기 때문에 나오미가 신경 쓰는 것은 당연하였겠지요.

그리고 나오미는 룻에게 호의를 베푸는 보아스가 죽은 남편의 가까운 친족임을 알았지요. 즉 룻에게 계대결혼을 해 줄 기업 무를 자의 자격이 보아스에게 있다는 것을 안 것이지요. 그래서 나오미는 보아스를 룻과 맺어주기 위하여 골똘히 생각했지요.

보아스가 룻을 책임져야 할 기업 무를 자임을 일깨워주기 위하여 룻을 통해 추수하는 밭에서 보아스에게 직접 이야기하든지, 보아스를 만나지 못하면 추수 일꾼을 감독하는 십장에게 간접적으로 말을 해야 할 터인데 나오미는 그렇게 하지 않았지요. 이상한 방법을 생각한 거지요. 룻으로 하여금 아무도 몰래 한밤중에 보아스가 자는 곳으로 가서 그의 발치에 누우라는 것입니다. 그렇게 하기 위하여 목욕도 하고 향수도 바르고 가장 좋은 옷을 입고 가라는 것이지요.

아무리 여자가 바깥 남자를 쉽게 만날 수 없는 당시의 풍습과 상황이라고 하여도 이것은 너무 이상하고 도발적인 행동 아닙니까? 만약에 보아스가 자기 발로 찾아와 발치에 누운 룻을 마음대로 범하고 나 몰라라 하면 도대체 룻은 어떻게 되는 겁니까? 나오미는 보아스의 인격을 잘 알고 있었기에 룻에게 창녀 같은 이상한 짓을 시킨 거지요.

그런데 나오미는 보아스보다 더 가까운 친척으로서 기업 무를 자격이 되는 사람이 있었다는 것을 몰랐을까요? 저는 나오미가 분명히 알고 있었다고 생각합니다. 보아스가 알고 있는 사실을 당사자인 나오미가 몰랐다는 것은 말이 안 되는 것이지요. 그런데 나오미는 그 사람과의 접촉을 시도해보지 않았을까요?

나오미가 더 가까운 친척이 있는 것을 알고도 보아스에게 계대결혼을 시도한 것으로 보아 더 가깝고 먼 순서의 차이는 큰 문제가 안 되는 것으로 보이지요. 그래서 나오미는 룻에게 관심이 많고 호의적인 보아스를 택한 것이지요.

그런데 보아스의 나이가 좀 문제가 되지 않겠습니까?

보아스의 나이는 정확하게 알 수는 없지만 상당히 늙었다는 것은 확실하지요. 그러나 앞서 밝혔듯이 당시 이스라엘은 장수 민족이었기에 비록 늙었어도 보아스와 룻이 함께 살아갈 기간이 어느 정도는 된다고 나오미가 판단하였겠지요. 자기 남편과 두 아들이 일찍 죽은 것은 하나님께서 나오미를 치셨기 때문이고, 보아스는 하나님께서 복을 주신 사람으로 생각되었으니 충분히 장수하리라고 판단한 것이지요.

그리하여 룻을 통하여 얻은 아들 오벳은 나오미의 손에 의해 양육되는 기쁨을 누렸지요. 룻이 오벳을 낳았음에도 불구하고 동네 여인들은 나오미가 아기를 낳았다고 말하였지요. 그 당시의 계대결혼의 풍습이 이런 말을 가능하게 한 것이지요.

4. 베들레헴의 유지 보아스

어린 시절의 보아스

2편에 말했듯이 보아스는 살몬과 라합이 늙은 나이에 낳은 아들입니다. 그래서 보아스는 어머니와 오랫동안 함께 살지 못했을 것입니다. 그러나 부모님의 각별한 사랑을 받으며 신앙교육을 아주 잘 받았다고 보아야겠지요. 왜냐하면 하나님의 말씀을 잘 실천하는 모습을 장성해서 보여주었기 때문이지요. 믿음의 사람으로 자라기 위하여 어린 시절의 보아스는 반드시 극복해야만 할 두 가지 약점이 있었지요.

첫째는 어머니 라합이 창녀 출신이었다는 것이지요. 이로 인해 보아스는 어릴 때 자기 어머니를 떳떳하게 밝히지 못하는 어려움도 겪었겠지요. 그리고 생각이 없는 나쁜 친구들로부터 놀림감이 되었을 수도 있지요. 또 이웃 어른들이 보아스를 보며 쑥덕거리는 사람도 있었겠지요. 그래서 보아스는 외롭게 자랐을 가능성도 있지요. 보아스가 철이 들기까지는 왜 자신이 창녀의 아들로 태어났는지 원망했을 수도 있지요. 이방인 창녀의 아들이란 꼬리표를 달고 떳떳하게 자신을 드러내 놓지 못하는 어려움이 분명히 있었겠지요.

둘째는 앞서 말했듯이 어머니가 일찍 돌아가셔서 더 외로웠겠지요. 이 당시 이스라엘에서는 오늘날과 달리 남자가 여자보다 더 오래 산 사례가 많이 있지요. 아브라함이 아내 사라보다 43년을 더 살았지요. 야곱은 자기보다 훨씬 연하의 아내 라헬이 죽은 후에도 약 45년 이상 더 살았지요. 역시 야곱보다 훨씬 연하의 아내 레아가 죽은 후에도 20년 이상은 더 살았던 것으로 계산되지요. 그리고 모세의 누나 미리암도 모세보다 훨씬 빨리 죽은 것으로 추정됩니다.

보아스는 어머니가 돌아가신 후 많이 외로웠겠지만 어머니가 창녀 출신이라는 그런 입방아에 더 이상 시달리지 않게 되어 오히려 감사했을지도 모르지요.

어쨌든 보아스는 이런 약점을 극복하기 위하여 하나님을 더 간절히 찾았겠지요. 그리고 그는 하나님께서 사회적 약자인 고아, 과부, 이방인, 가난한 자, 아픈 자들을 배려한 율법 정신을 확실히 배우며 하나님의 위안 속에서 자랐겠지요.

사회적 약자를 돌보는 데 힘쓴 보아스

하나님의 율법을 암송하며 자란 보아스는 그 말씀을 잘 실천하였지요. 율법에는 추수할 때에 농토의 모서리와 가에 심어져 있는 이삭은 베지 말라고 하였지요. 그리고 벤 이삭을 운반하다가 도중에 땅에 떨어진 것은 줍지 말 것을 명하였지요. 이런 이삭들은 고아와 과부와 이방인들의 몫으로 남겨두라는 것이지요.

또 이스라엘 백성들이 바치는 십일조는 제사장과 레위인들 뿐만 아니라 이런 사회적 약자들을 위해서도 사용하라고 하나님께서 명하셨지요. 또 배가 고픈 사람은 비록 남의 포도원 밭이라도 마음대로 들어가 포도를 따먹을 수 있다는 규정도 있지요. 그러나 이 경우에는 포도밭에서 먹는 것은 허용되어도 따서 바구니에 담아 자기 집으로 가져가지는 못하게 했지요. 이런 하나님의 말씀을 보아스는 잘 실천하였지요. 그렇기 때문에 보아스가 룻을 만나게 된 것이지요.

보아스는 추수 일꾼을 감독하는 십장에게 사회적 약자를 배려하는 율법을 잘 지켜 그들에게 은혜를 베푸는 데 인색하지 않도록 지시하였지요. 이러한 교육을 받은 십장이 룻에게 은혜를 베풀어 보아스와 룻의 첫 만남은 보아스 소유의 농토에서 이루어진 것이지요.

그리고 보아스는 자기 밑에서 일하는 사람들에게도 남다른 배려를 하였지요. 일하는 사람들의 현장을 찾아 하나님의 이름으로 축복하고 격려하는 것이 몸에 밴 습관이었지요. 아무리 룻이 보아스의 농토에서 이삭을 주워도 보아스가 자기 사람들을 사랑하는 마음이 없어서 현장을 찾지 않았다면 룻을 만날 일도 없었겠지요.

한마디로 말해서 보아스와 룻의 만남은 하나님의 마음에서 출발하여 이루어진 것이지요. 이렇게 룻을 만난 보아스가 처음 보는 젊은 여인 룻을 발견하고 어떤 사람인지를 십장을 통해 확인한 후, 보아스는 나오미와 같은 마음으로 룻에게 당부합니다. 즉 룻을 보호하기 위하여 다른 사람의 밭에서는 일하지 말라는 것이지요. 오로지 자기 밭에서만 이삭줍기를 하라는 것은 룻에 대한 배려심도 크지만 룻을 보호하기 위하여 그렇게 시킨 것이지요.

그리고 보아스는 룻에게 하나님께서 룻이 그동안 해왔던 모든 일들에 대하여 보답해주실 것을 바라면서, 하나님의 보상이 '온전한 상'으로 내려지기를 축복하였지요. 개역개정 성경에는 '온전한 상'으로 번역되었는데, NIV에는 "May you be richly rewarded by the LORD"로 번역되어 있지요. 즉 하나님께서 굉장히 많이 풍부하게 보상해주기를 원한다는 뜻이지요.

보아스의 이런 축복은 룻기의 또 다른 핵심으로서, 보아스는 이런 정신을 가지고 산 것이지요. 한마디로 말해서 내가 살아온 대로 하나님께서 보응하신다는 믿음을 가지고 살아온 것이 처음 보는 룻에 대하여 그대로 나타난 것이지요.

절제하며 지혜롭게 처신한 보아스

보아스는 추수한 이삭을 가지고 타작마당에서 즐겁게 타작을 한 후 기분 좋게 포도주를 마시고 창고에서 잠이 들었지요. 이때 창고에서 홀로 잠자는 것을 확인한 룻이 한밤중에 보아스의 발치에 누우며 보아스가 덮고 있는 거죽을 같이 덮었지요. 시간이 좀 지나 보아스가 무엇인가에 놀라 잠을 깨어 보니 웬 사람이 자기 발치에 누워있는 것을 발견하였지요. 룻은 잠 못 이루며 보아스가 깨기를 기다리다가 마침내 보아스가 깨니 자기 신분을 밝히며 보아스의 옷자락으로 자신의 몸을 덮어줄 것을 부탁하였지요. 그리고 보아스가 자신을 책임질 기업 무를 자임을 말하였지요.

이런 상황에서 보아스는 너무나도 절제된 모습을 보여주었습니다. 룻의 몸에 손 하나 대지 않고 자신의 욕망을 충분히 다스리는 모습을 보여준 거지요. 보아스의 이런 행동에 존경심이 저절로 우러나옵니다. 보아스가 도대체 어떻게 젊은 여인을 눈앞에 두고도 이렇게 절제된 모습을 보여줄 수 있었을까요?

어머니 라합에게서 어릴 때부터 이런 절제 교육을 받은 것이 분명하지요. 라합은 창녀였기에 수많은 남자들을 상대하면서 남자들의 절제되지 못한 욕망을 누구보다 잘 알았지요. 그래서 늘그막에 얻은 아들에게 이런 절제의 교육을 분명히 시켰다고 봐야 되겠지요. 그리고 라합 자신도 창녀 생활을 하면서 절제되지 못한 모습을 보여주었겠지요. 이런 절제되지 못한 행실의 결과가 어떻다는 것을 라합이 경험을 통하여 잘 알고 있었겠지요.

그러나 많은 자식들이 부모의 잘못된 행동을 결코 따라하지 않겠다고 다짐을 하면서도 부모의 나쁜 모습을 따라하는 것이 일반적이라는 것은 잘 알려진 사실이지요. 그런데 보아스는 어머니 라합의 소망대로 잘 참고 이긴 거지요. 이런 상황에서 보아스가 룻을 범했다 한들 그 누가 보아스에게 손가락질 하겠습니까? 오히려 이런 상황을 만든 룻을 나무라지 않겠습니까?

보아스가 늙었기 때문에 절제할 수 있었나요? 물론 인생의 경륜이 많은 나이가 되면 절제에 도움은 되겠지요. 그러나 평소에 호감을 갖던 젊은 여인이 향기를 풍기며 자기를 책임져 달라고 하는데 아무도 없는 상황에서 나이가 많다는 이유 하나만으로 절제가 된다는 것은 쉽게 수긍하기 어렵지요. 보아스의 절제는 하나님을 의식하였기 때문에 가능한 것으로 봐야 할 것입니다.

보아스는 이런 행동을 한 룻을 오히려 칭찬했습니다. 이 행동을 많은 성경번역본들이 표현하기를 '인애, 갸륵한 마음, 효성, 친절, kindness'로 기록하였지요.

룻의 이런 행동을 보아스가 왜 칭찬했을까요? 룻은 낮에는 아주 정숙한 여인으로 소문나 있지만 밤에는 이렇게 은밀히 남자를 유혹하는 나쁜 여인으로 보지 않았기 때문이지요. 룻이 보아스에게 당신이 나를 책임질 기업 무를 자라고 말한 것을 보아스에 대한 청혼으로 받아들인 것이지요.

그리고 룻이 이런 행동을 하는 것은 시어머니 나오미에 대한 효심과 죽은 남편 말론에 대한 사랑으로 시댁의 가문을 이어주고자 하는 거룩한 부담감을 가지고 한 것으로 보아스가 받아들인 거지요. 사실 아무리 거룩한 부담감이 있다 할지라도 이렇게까지 시어머니에게 순종하는 것을 크게 칭찬한 거지요. 이런 대담한 행동은 룻의 생각이라기보다는 시어머니 나오미가 시킨 것이라고 보아스가 판단하였기에 룻이 한 행동을 더 크게 칭찬한 것입니다.

새벽에 동이 트기 전에 룻에게 많은 곡식을 주어 남들 눈에 띄지 않게 돌려보낸 보아스는 자기 할 일을 하겠다고 룻에게 약속하였지요.

나오미는 자기 시댁에 보아스보다 더 가까운 친척으로 기업 무를 자의 1 순위 자격이 있는 사람이 있다는 것을 알고도 이를 무시하고 룻을 보아스와 맺어주려고 하였지요. 그러나 보아스의 생각은 달랐습니다.

이른 아침에 베들레헴 성의 10명 장로들을 청하여 성문 근처에서 1 순위자가 지나가기를 기다렸지요. 마침내 나타난 1 순위자를 보아스는 불렀지요. 1 순위자에게 나오미가 땅을 팔려고 내놓았으니 그 땅을 살 의향이 있느냐고 물었지요. 1 순위자는 땅을 사겠다고 하였지요. 그러자 보아스는 당신이 기업 무를 자의 자격으로서 땅을 사는 것인데, 땅만 사면 되는 것이 아니라 룻과 함께 결혼하여 기업 무를 자의 의무를 다해야 한다고 강조하였지요.

그때 1 순위자는 그렇게는 못하겠다고 했습니다. 왜냐하면 룻과의 사이에서 낳은 첫 아들을 룻의 죽은 남편인 말론의 아들로 호적에 올려야 하고, 그 아들이 다 자란 후에는 자기가 산 땅을 그 아들에게 되돌려주어야 하기에 자기는 이래저래 손해만 본다고 생각한 것이지요. 그러자 보아스는 그 1 순위자의 기업 무를 의무 포기 사실을 모든 장로들에게 확인시키고, 1 순위자의 샌들 한 짝을 받아 증거물로 삼았지요.

신명기 25장에 의하면 기업 무를 자의 자격을 포기하는 친형제에게는 과부가 된 형수가 장로들이 보는 가운데에서 그 시동생의 샌들 한 짝을 빼앗고 시동생의 얼굴에다가 침을 뱉으며 의무를 다하지 않은 나쁜 놈이라고 욕을 해도 무방하도록 되어 있지요. 그러나 보아스가 상대한 1 순위자는 룻이 이 회의를 소집한 것도 아니고 또 자신은 죽은 말론의 친형제도 아니기에 샌들만 빼앗기고 얼굴에 침 뱉음을 당하는 모욕은 피할 수 있었지요.

보아스는 1순위자가 손해 볼 행동을 하지 않는다는 성향을 잘 알고 있었기에 1순위자를 불러 담판을 지은 것입니다. 그래서 1순위자와는 상의도 없이 룻을 가로챘다는 비난거리를 만들지 않고자 한 거지요. 이런 점에서도 보아스의 절제력은 유감없이 발휘된 것입니다.

룻과 결혼한 보아스

보아스가 나이 많아 늙도록 왜 장가를 안 갔을까요?

이 문제를 골똘히 생각해본 결과, 순전히 룻에 대한 하나님의 뜻이라고 생각되지요. 베들레헴의 유지인 보아스가 룻을 만나기까지 결혼을 안 한 것은 야곱이 77세에 결혼한 것과는 경우가 다르지요.

야곱은 부모님들이 가나안 땅에서 며느리를 맞이하는 것을 싫어했기 때문에 70세이 되기까지 결혼도 못하다가 외삼촌 집에 가서야 70세에 약혼을 하게 되었지요.

그러나 보아스는 비록 이방인 창녀의 아들이었지만 베들레헴의 유지로 성장하였음에도 불구하고 결혼을 하지 않고 있었던 것은 납득하기 힘들지요. 어떤 사람들은 보아스가 룻을 첩으로 맞이한 것으로 생각하는데, 기업 무를 자는 첩으로 맞이하는 것이 아니고 아내로 맞이하는 것이지요. 그러기에 보아스는 룻을 재처로 맞이한 것이 아닙니다.

이런 보아스가 자기 아내가 된 룻에게 어머니 라합의 이야기를 들려주며 성경 교육을 철저히 시키지 않았겠습니까? 젊은 남편과 10년을 살아도 태의 열매를 닫으신 하나님께서, 험난하지만 믿음의 길을 선택한 룻에게 늙은 남편을 통하여 바로 아들을 얻게 하신 것이 얼마나 놀랍습니까?

보아스가 아주 늙은 나이에 아들 오벳을 낳았습니다. 그런데 예수님의 족보를 보면 늙은 나이에 아들을 낳은 경우가 초창기에는 너무 많이 나타나지요. 1대 조상 아브라함은 100세에 이삭을 낳았고, 2대 조상 이삭은 60세에 야곱을 낳았지요. 3대 조상 야곱은 유다를 80대 초반에 낳았지요. 4대 조상 유다는 30대 후반에 베레스를 낳았고, 5대 조상 베레스는 십대에 들어서자마자 헤스론을 낳았지요.

6대 조상 헤스론이 이집트로 간 시기부터 14대 조상 다윗이 태어난 시점까지의 역사적인 기간이 약 840년 정도입니다. 그러니 약 840년 동안 8대밖에 걸리지 않았으니 6대 헤스론부터 13대 이새까지는 모두가 평균 100세 정도에 낳은 아들이 예수님의 조상으로 된 거지요.

6대 조상 헤스론이 할머니 다말과 함께 이집트에 갔을 때의 나이는 불과 한 살 정도로 보이지요. 그러니 예수님의 조상들은 부모님이 늙은 나이에 태어난 사람들이 너무 많지요. 그리고 이 사람들이 장남이 아닌 경우가 훨씬 많았겠지요. 장남이기보다는 오히려 막내인 경우가 더 많았겠지요. 다윗도 이새의 아들 중 막내였지요.

하나님께서는 장남의 권리를 인정하셨지만 믿음의 가문에는 반드시 장남이 하나님으로부터 더 많은 복을 받은 것이 아님을 성경은 많이 보여주는데 예수님의 족보에서도 이런 현상이 두드러지게 나타나지요. 저는 이런 부분에 대하여 많이 생각하면서 하나님의 복은 자신이 하기에 달렸다는 생각을 많이 해보았습니다.

5. 베들레헴의 룻

a woman of noble character
(현숙한 여인)으로 소문난 룻

나오미가 베들레헴에 돌아왔을 때 성내의 모든 사람들이 나오미의 초라한 귀향을 보고 놀라서 소동이 벌어졌다고 할 정도로 베들레헴은 작은 성읍이었습니다. 시어머니를 따라 낯선 땅 베들레헴에 온 룻은 베들레헴에서 유난히 확 드러나는 존재였습니다. 첫째, 말씨가 베들레헴 본토박이들과 많이 달랐겠지요. 그리고 젊은 나이에 과부가 되어 베들레헴으로 온 이방인이었기 때문에 소문이 많이 났겠지요.

이런 가운데 마침 이때가 추수기였기에 룻은 막막한 생계유지를 위해 추수하고 있는 들판에 나가 이삭줍기에 나섰지요. 시어머니까지 봉양해야 하는 룻은 보아스의 밭에서 별로 쉬지도 않고 악착같이 이삭줍기에 나섰기에 추수 일꾼을 감독하는 십장의 눈에 두드러지게 보였지요.

이런 룻을 평가하기를 베들레헴 사람들은 '현숙한 여인'으로 불렀다고 개역개정 성경에서 밝히고 있지요. 표준새번역에서는 '정숙한 여인'으로 표현하였지요. 그런데 NIV에서는 'a woman of noble character'로 표현하였지요. 'noble'이라는 단어를 사용함으로 룻에게서 귀족적인 기풍이 배어 나옴을 말한 거지요. 한마디로 말해서 룻은 귀부인이라는 것입니다.

도대체 먹을 것이 없어서 땅에 떨어진 이삭을 줍는 여인에게 이런 평가의 소문이 나돌았으니 룻이 얼마나 행동을 조심하면서 처신을 잘

했을까요? 땅에 떨어진 것을 줍는다 해도 주변 사람들이 룻을 가볍게 보지 못하도록 자세를 흐트러뜨리지 않고 단정하게 옷차림을 하고 용모도 깨끗하게 했다는 증거 아니겠습니까?

땅에 떨어진 것을 줍는 불쌍한 여인이지만 남들의 눈에 전혀 불쌍하게 보이지 않도록 마음과 몸가짐을 단단히 한 결과이겠지요. 머나먼 이국땅에서 가난한 과부가 이런 평가를 듣기는 참으로 쉽지 않은 일이지만 룻은 남달랐지요.

시어머니에게 철저히 순종한 룻

나오미가 룻에게 호의를 베푸는 보아스를 룻과 맺어주고자 할 때에 룻은 얼마든지 이의를 달 수 있었겠지만 무조건 순종하였지요. 어머니가 시키는 대로 무엇이든지 하겠다면서 일절 토를 달지 않았지요.

보통 사람이었다면 먼저 보아스의 나이를 문제 삼았겠지요. 보아스가 룻의 도발적인 행동을 오히려 칭찬하면서 그 칭찬의 이유를 밝힌 것이 있지요. 즉 부자이든지 가난한 사람이든지간에 룻이 젊은 사람을 선택하지 않고 늙은 보아스를 선택한 것에 대하여 말한 것이지요. 이 말은 칭찬이라기보다는 오히려 늙은 보아스가 자신을 선택한 룻에게 고마움을 표시하는 말이겠지요.

보아스 자신이 많이 늙었다고 생각하는데, 나오미가 이 늙은 보아스를 룻에게 맺어 주려는데 룻은 일절 거절 의사를 보이지 않지요. 이것은 보아스가 말했듯이 룻이 얼마든지 젊은 남자를 만나 훨씬 더 좋은 생활을 할 수 있었음에도 불구하고 나오미의 뜻을 따랐으니 룻의 순종이 참으로 대단한 것이지요.

그리고 보아스에게 기업 무를 자의 자격이 됨을 알리고 자신을 책임겨 달라는 구혼을 하는 방식이 너무 이상하지만 룻은 그것마저도 그대로 순종하였지요.

목욕하고 향수 바르고 가장 좋은 옷을 입고 몰래 보아스 발아래에 누우라는 너무 위험한 행동까지 순종한 이유가 무엇일까요? 죽은 남편 가문의 대가 끊어지지 않게 하겠다는 거룩한 부담감으로 시어머니의 마음을 기쁘게 하고자 하는 효심에서 순종한 것이지요. 룻이 가진 거룩한 부담감은 시댁 나라 이스라엘의 율법을 충분히 인식하고 그에 따른 행동으로 다말과는 좀 대비가 됩니다.

다말의 경우엔 거룩한 부담감보다는 자신의 아들을 갖고자 하는 욕구가 더 강하게 풍기는 복합적인 동기에서 저지른 일이지만, 룻의 경우는 오로지 거룩한 부담감이 절대적이지요. 아무리 거룩한 부담감으로 충만하였다 하더라도 방법이 너무 도발적이고 위험하기에 얼마든지 이의를 달 수 있었지만, 나오미가 보아스의 인격을 믿었듯이 룻도 보아스의 인격을 믿었기에 순종하기가 더 쉬웠겠지요.

결혼한 보아스와 룻은 아들 오벳을 3대 사사 드보라가 다스리는 시대에 낳은 것으로 보입니다. 그리고 룻은 보아스로부터 성경을 들으며 하나님을 알려고 무척 노력하지 않았겠습니까?

그리고 룻은 드보라 사사가 이스라엘을 다스리는 것을 보면서 같은 여인으로서 얼마나 큰 위로가 되었으며 소망을 가지고서 자기 아들 오벳을 하나님의 말씀으로 양육하지 않았겠습니까?

처녀시절부터 들은 하나님에 대하여 이제는 하나님을 직접 경험하면서 진정 하나님의 딸로 자리를 잡으며 마침내 다윗의 증조할머니가 되지 않았습니까?

룻과 나오미에게 하나님의 사랑을 베푼 보아스의 이름은 후손 솔로몬이 세운 성전 앞의 두 기둥 중 하나의 이름이 되어 성전을 드나드는 모든 이스라엘 백성들에게 계속 기억되었지요. 이리하여 보아스와 룻은 예수님의 11대 조상이 되었지요.

4편

멸망한 가문을 일으킨 한나

보아스는 초혼이었는가?

보아스가 이미 아내가 있는 상태에서 룻과 결혼했다고 생각하는 이들이 많습니다. 사실 보아스의 아내가 있었든지 없었든지 그것은 룻기를 이해하는데 본질적인 문제는 아닙니다. 그렇지만 이왕 그런 견해가 있고 또 앞에서 제 소견을 밝혔기 때문에 두 가지에 대하여 그 근거를 제시하고자 합니다.

먼저, 보아스가 이미 아내가 있다고 생각하는 이들의 근거는 이렇습니다.

첫째, 보아스가 덕망 있는 유지이기 때문에 주변 사람들이 보아스가 늙도록 혼자 살게 내버려두지 않았을 것이라는 주장입니다.

둘째, 이스라엘의 당시 현실이 일부다처제였다는 것입니다. 일부다처제가 아주 자연스럽게 사람들에게 받아들여지며, 비난의 대상이 아니었다는 현실 때문이라는 것입니다.

셋째, 이런 현실로 인하여 기업 무를 자의 자격이 총각이 아니어도 된다는 것입니다.

이런 이유로 인하여 보아스는 이미 결혼하여 아내가 있었고, 룻을 또 다른 아내로 맞이했다는 주장입니다.

이런 의견이 많음에도 불구하고 제 소견의 근거를 또한 밝힙니다.

첫째, 보아스가 한 말에서 무언가를 찾아볼 수 있습니다. 보아스는 한밤중에 자신에게 몰래 들어와 자신이 룻의 기업을 무를 자임을 일깨워 준 룻에게 보아스는 그 효심을 칭찬하였습니다. 칭찬한 이유가 룻이 보아스보다 더 젊은 사람을 찾지 않고 늙은 보아스를 찾았기 때문이라고 했습니다.

그런데 '젊은 남자' 라는 이 표현이 한글 성경에는 단수로 처리되어 있지만, NIV에서는 'the younger men', KJV에서는 'the young men'으로서 영어로는 둘 다 복수로 처리되어 있습니다. 복수로 표현된 것으로 보아 룻이 기업 무를 자의 자격을 가진 대상을 찾음에 있어서 보아스보다 더 젊은 사람들이 여러 명 있었다는 것을 나타내는 말이지요. 즉 젊은 총각으로서 룻을 책임질 사람이 있었을 법도 한데, 나오미가 굳이 룻을 늙은 보아스에게 보낸 이유가 무엇일까요?

보아스가 덕망 있는 유지라는 그 한 가지 이유만으로 룻을 보냈다는 것이기보다는 보아스가 그 나이에도 불구하고 싱글로 살고 있었다는 것을 나타내는 단서가 되지는 않을까요? 많은 젊은 사람들을 제치고 늙은 보아스를 찾은 것은 보아스가 싱글이었다는 것을 나타내지 않을까요?

둘째, 보아스가 덕망 있는 유지가 된 것이 언제부터인지 알 수가 없기에 보아스의 어머니 라합이 창녀 출신이라는 점에서 보아스가 젊은 시절에 여성들의 결혼 기피 대상이 될 수도 있다는 것입니다.

창녀의 아들로 태어난 또 다른 사람의 사례가 있지요. 사사기 11장에 8대 사사로 등장하는 입다는 어머니가 창녀였지요. 그래서 정실부인의 아들들이 성장한 후에는 입다가 고향에서 쫓겨나긴 했지만, 입다는 워낙 뛰어난 사람이어서 따르는 사람들이 많았지요.

입다는 자기를 따르는 잡류(雜類)들의 우두머리가 되어 생활하고 있었지요. 그런데 이웃한 암몬에서 이스라엘의 길르앗을 침공하니 길르앗의 지도자들이 입다를 찾아와 자기들을 이끌어 줄 지도자로 활약해 줄 것을 간절히 요청하게 되지요. 입다는 그 요청을 받아들여 이스라엘의 8대 사사가 되었지만, 6년이라는 짧은 기간 동안 이스라엘을 다스렸을 뿐이지요.

입다의 경우를 볼 때에 보아스가 아무리 좋은 사람이라고 할지라도 보아스의 어머니가 창녀 출신이라는 점에서 보아스의 젊은 시절에 결혼은 쉽지 않았을 것으로 생각됩니다.

셋째, 제가 보아스가 초혼 또는 사별 후 싱글 상태에서 재혼한 것으로 보는 이유는 모세의 율법이 일부일처제의 정신으로 한다는 판단 때문입니다. 사실 모세의 율법이 일부일처제라는 점에서는 많은 분들이 명확한 지지를 못하고 있지요. 율법에 일부일처제가 명확하게 표현되고 있지 않기 때문입니다.

그럼에도 불구하고 모세의 율법이 일부일처제라고 판단하는 근거는 레위기 18장 18절의 규정 때문입니다.

"아내가 살아있을 동안에는 아내의 자매와 동침해서는 안 된다"는 규정인데, 한글 성경에는 그렇게 간단하게만 되어있지만, NIV와 KJV에서는 아내의 자매를 아내로 맞이하는 것이 안 된다고 표현하고 있지요. NIV에서는 "as a rival wife", KJV에서는 "Neither shalt thou take a wife to her sister, to vex her"라고 표현하고 있습니다.

그렇다면 아내의 동생은 안 되지만 다른 여인은 될 수 있다고 생각할 수 있겠지요. 그러나 레위기 18장 전체를 통틀어 볼 때 여러 가지 문맥상 다른 여인도 안 된다고 볼 수 있지요.

또 다른 근거는 신명기 17장 17절입니다. 나중에 이스라엘이 왕을 세울 때에 왕이라 할지라도 많은 아내를 두어서는 안 된다고 분명히 못을 박고 있습니다. 왕도 여러 아내를 둘 수 없건만 일반인들이 일부다처를 한다는 것은 모세의 율법정신에 위배된다고 봐야 되겠지요.

그럼에도 불구하고 이스라엘 백성들은 현실 세계에서 일부다처의 생활을 하였습니다. 하나님께서 가장 좋아했던 다윗 왕의 경우에도 모세의 율법은 완전히 잊어버린 채 상당히 많은 아내를 두고 있었지요. 그러니 그 후손들은 다윗을 따라서 덩달아 일부다처의 생활을 하였지요. 그뿐만 아니라 거룩하게 살아야 할 제사장들과 레위인조차도 일부다처의 생활을 한 사람들이 쉽게 발견되지요.

현실을 감안해 약자를 보호하는 율법 규정

그리고 신명기 21장에는 이런 현실을 반영하는 율법 규정까지 있습니다. 15-17절을 보면 두 아내를 두었는데, 미움 받는 아내의 아들이 장자이면 사랑받는 아내의 아들을 장자로 만들지 말라고 미움 받는 아내의 아들에 대한 장자의 권리를 보호하는 규정입니다. 그런데 이 규정은 일부일처제의 정신을 무너뜨리는 규정이라기보다는 전쟁으로 인하여 여자가 더 많고 남자가 적은 현실이 많이 발생하는 상황에서 어쩔 수 없이 빚어진 약자를 보호하는 규정으로 봐야겠지요.

그리고 하나님의 근본적인 생각과는 달리 현실을 반영한 율법규정은 또 있습니다. 신명기 24장 1절부터 나오는 이혼증서에 관한 율법규정입니다.

마태복음 19장에 보면, 이 이혼규정을 이용하여 바리새인들이 예수님에게 함정을 파는 질문을 하고 있지요. 이혼을 해도 되느냐라는 바리새인들의 질문에 주님은 하나님의 창조정신을 말씀하시면서 이혼은 안 된다고 대답하지요.

그러자 바리새인들은 그럼 왜 모세가 이혼증서를 주라고 했느냐라는 질문에 예수님은 인간들의 마음이 완악하기 때문이라고 말씀하셨지요. 예수님의 이 말씀은 인간들의 마음이 완악하여 어느 한쪽으로 인하여 약한 사람이 피해를 보기 때문에 그 피해방지 차원에서 이혼을 했을 뿐이라는 뜻이지요. 원래는 그렇지 않다고 하나님의 이혼 불가 방침을 예수님은 다시 강조하셨지요.

예수님의 답변을 들은 제자들은 이혼이 이렇게 어렵다면 아예 결혼을 하지 않는 것이 낫겠다고 말하고 있지요.

이혼이 안 된다는 것도 하나님의 창조 정신에서 나온 것과 같이 일부일처제도 하나님의 창조 정신에서 나왔지요. 일부일처제가 하나님의 창조 정신이라는 것은 그 어느 누구도 부인하지 않지요. 그런데 그 하나님의 창조 정신이 모세의 율법에서 흐려질 수 있습니까?

절대로 그럴 수는 없지요. 그럼에도 불구하고 모세의 율법 규정에 현실세계를 감안한 보호 규정으로 두 아내를 둔 것은 약자를 보호하자는 차원에서 둔 규정일 뿐이지요.

모세의 율법이 일부일처제의 정신을 지향하고 있다고 판단하기에 기업 무를 자의 자격도 당연히 미혼인 남자여야 한다고 생각했지요. 그런데 기업 무를 자의 자격은 현실세계를 반영하여 미혼이 아니어도 친족의 가까운 범위를 따져서 결정된다는 것이 많은 분들의 견해입니다.

기업 무를 자의 자격은 미혼이 아니어도 된다는 것이 현실이라고 할지라도, 저는 첫 번째와 두 번째의 이유로 보아스는 싱글이었을 가능성이 훨씬 많다고 생각합니다.

그리고 성경은 이렇게 보아스와 룻 사이에서 태어난 오벳을 기업 무를 자의 규정을 적용하여 말론의 아들로 표현하고 있지 않습니다. 당장 룻기 4장 21절에도 보아스의 아들로 표현하였지요.

그리고 역대상 2장에도 오벳을 보아스의 아들로 기록하였지요. 그뿐만 아니라 마태복음 1장에도 오벳을 말론의 아들이 아닌 보아스의 아들로 기록하고 있습니다.

기업 무를 자의 규정이 있음에도 불구하고 그 정신에 의거하여 오벳의 이름을 말론으로 짓지 않고 나오미와 그 여인들이 지은 오벳으로 그대로 결정된 것도 무언가 시사하는 바가 있지요. 신명기 25장의 기업 무를 자, 즉 계대결혼의 규정에 의하면 이렇게 해서 태어난 아이의 이름은 자식이 없이 죽은 사람의 이름을 따르도록 되어 있지요. 그래서 규정대로 하면 오벳이 아닌 말론이 되어야 하지요. 성경은 한마디로 말해서 사실 관계를 더 중요시하여 족보를 나타냄에 있어서 보아스의 아들로 기록한 것입니다.

이제 4편의 주제를 다루게 되는데, 이를 통해 믿음의 명가 구축에 도움 되기를 소망합니다. 총 7편 중 반을 넘기는데 4편에서는 패망해 별 볼일 없던 가문을 일으킨 한나를 중심으로 고찰하고자 합니다. 줄거리는 이렇습니다.

사사기의 열두 사사가 약 300년간 다스린 시기가 끝나고 엘리 제사장이 13대 사사로 이스라엘을 40년 이끌던 시기에 발생한 사건입니다. 레위인 엘가나는 두 아내와 결혼해 살았지요. 자식이 없는 한나를 더 사랑했지만, 아들 딸이 많은 브닌나가 한나를 괴롭히는 것을 막지는 못했지요.

해마다 엘가나는 전 가족을 이끌고 하나님의 성전인 성막으로 올라가 제사를 드렸지요. 또 브닌나에게 시달린 한나는 하나님의 성막 앞에서 자신의 비통한 심정을 하나님께 쏟아내는 간절한 기도를 하였지요. 근처 의자에 앉아 있던 엘리에게 술 취했다는 오해를 받을 정도로 한나는 간절히 기도하며 아들을 주시면 그 아들을 하나님께 바치겠다고 서원했습니다.

그래서 한나는 사무엘을 낳아 젖을 떼자 어린 사무엘을 엘리 제사장에게 맡겼지요. 사무엘은 청년 시절부터 이스라엘의 마지막 14대 사사로 활동하였고, 노년에는 사울과 다윗에게 기름을 부어 이스라엘의 왕으로 세우지요.

1. 엘가나의 조상 고라

한나의 남편 엘가나는 에브라임 지파입니까? 레위 지파입니까? 이는 매우 중요한 부분으로 사무엘을 보는 시각이 달라질 수도 있습니다. 그런데 사무엘상 1장 1절과 역대상 6장의 내용이 서로 상충하고 있어서 헷갈리지요. 저도 사무엘상 1장 1절만 가지고 생각할 때에는 오랫동안 엘가나를 에브라임 지파 사람으로 오해하였지요. 그러나 역대상 6장을 자세히 보면서 많은 의문을 가졌고, 많은 번역본 성경을 통하여 엘가나가 레위 지파 사람인 것으로 결론 내렸습니다.

표준새번역은 사무엘상 1장 1절을 '에브라임 지파 사람'으로 번역하였지요. 그러나 나머지 번역본들은 '에브라임 사람'으로 번역하였지요. 그리고 KJV는 'Ephraithie'(에브라 사람), NIV는 'Ephraimite' (에브라임 지파, 에브라임 사람)로 번역하였지요. 그런데 NIV의 Ephraimite는 에브라임 지파로 해석해서는 안 되고, 에브라임 사람으로 해석하는 것이 맞겠지요. 에브라임 지파는 요셉의 둘째 아들인 에브라임의 후손이라는 뜻이고, 에브라임 사람은 '에브라임'이라는 곳에 살고 있는 사람이라는 뜻이지요.

그런데 엘가나는 레위인이었기 때문에 고유의 영토가 없었지요. 이스라엘의 모든 지파가 고유의 영토가 있었는데, 오로지 레위 지파만 고유의 영토가 없이 이스라엘 전역에 흩어져 살았지요. 모든 지파로부터 레위 지파 사람들이 살 수 있는 공간을 제공받은 것이지요. 그래서 엘가나는 레위인으로서 에브라임 산악지역의 '라마다임'이라는 곳에 살고 있었던 것이지요. 엘가나는 역대상 6장 33, 34절에 의하면, 레위 지파 중 고핫의 자손인 것으로 나타나지요. 엘가나를 에브라임 지파로 번역한 표준새번역이 잘못된 것이지요. 엘가나는 레위인이라는 것이 확실합니다.

한나가 시집간 엘가나의 가문은 레위 지파 중 고핫의 손자인 고라 자손이지요. 고라는 모세의 사촌 형제로 아론이 맡은 제사장 역할을 시샘했지요. 자기도 제사장의 일을 할 수 있다고 모세와 아론에게 대들었다가 하나님의 심판으로 땅이 갈라져 그 아래로 떨어지니 다시 땅이 붙어 형체도 없이 사라진 사람이지요.

야곱의 셋째 아들 레위에겐 고핫, 게르손, 므라리 세 아들이 있었지요. 모세, 아론, 고라는 고핫의 손자들이지요. 그런데 제사장은 오직 아론의 직계 자손들만 하도록 하나님께서 정하셨지요. 모세의 아들들도 제사장을 하지 못했지요. 그러므로 후손을 보면 모세의 가문보다는 아론의 가문이 훨씬 축복을 받은 거지요. 아론의 자손이 아닌 레위인들은 제사장들의 지도하에 성막 운반과 제사를 돕는 역할을 했지요.

고라가 속한 고핫 자손들의 고유 업무는 성막 안, 즉 성소와 지성소의 아주 진귀한 성물들을 보자기에 싸서 어깨에 둘러메고 운반하는 것이었습니다. 그 성물들은 다 금으로 만들거나 금으로 도금한 매우 귀한 것들이지요.

게르손 자손들은 성막, 즉 텐트를 분해, 운반하여 조립하는 일을 맡았죠. 또 마당에 있는 제단과 제사에 필요한 기물도 맡았지요.

므라리 자손들은 성막 밖 마당의 울타리를 분해, 운반 조립하는 일을 맡았죠. 게르손 자손과 므라리 자손은 매우 무겁고 부피가 큰 물건들을 운반해야 했기에 소가 끄는 수레를 지급받았지요. 그러나 고핫 자손은 수레를 사용하지 못하고 어깨에 짊어지고 운반해야 했지요. 그래서 레위인 중에서는 고핫 자손의 임무가 가장 소중했지요. 민수기에는 하나님께서 고핫 자손의 대가 끊어지지 않도록 하라고 모세에게 특별한 명령을 내렸지요. 게르손과 므라리의 경우에는 하나님께서 이런 명령을 하지 않았지만, 고핫의 경우에는 하나님께서 특별한 관심을 나타낸 것이지요.

제사장을 비롯한 모든 레위인들은 병역의 의무를 면제 받았을 뿐만 아니라 경제 활동도 금지되었지요. 오직 하나님을 섬기는 직무만 하면서도 충분히 살 수 있도록 하나님께서 제도를 만드시며 선택한 지파가 레위인이지요.

비록 모세의 아들이라 해도 이런 고유 업무에 예외가 없었지요. 고라는 제사장 같은 사람이 되고 싶어서 항명을 하였지만 하나님께서 레위인 중에서도 특별히 관심을 나타낸 고핫 자손임에도 불구하고 고라가 만족하지 못하였다는 것은 너무도 안타깝지요. 고라가 일으킨 항명은 가문의 몰락을 불러왔지요. 아버지 고라를 따라 나선 아들들은 다 아버지와 함께 땅속에 생매장되었지요. 겨우 살아남은 아들로 인해 가문은 이어졌지만 단명한 가문이 되었지요.

한나의 남편 엘가나는 고라의 16대손이지요. 같은 기간 다윗의 가문은 불과 4, 5대밖에 안되니 너무 대조되지 않습니까?

모세 때부터 다윗 왕 때까지 세대수를 역대상 6장에 의하면 고라 자손은 19대, 게르손은 12대, 므라리는 11대, 같은 기간 다윗은 6대에 불과하지요.

대수가 많으면 가문이 번성했다고 보나요? 일반적으로 그렇겠지요. 그러나 저는 고라 자손은 젊은 나이에 자식을 적게 낳고 일찍 죽은 결과로 인해 대수가 월등히 많아졌다고 생각합니다.

그 근거는 역대상 15장 5-7절입니다.

다윗이 기브온 산당에 있던 하나님의 언약궤를 자기 왕궁으로 모시고자 했지요. 1차 시도가 실패한 원인이 레위인에게 이 임무를 맡기지 않았음을 알고 2차 시도를 위해 레위인 지도자들을 다 소집했지요. 이때 모인 수가 고핫 자손이 121명, 므라리 자손이 221명, 게르손 자손이 131명이었지요. 대수가 아무리 많아도 적게 낳고 단명하면 번성은 힘들었겠지요.

시편에 고라 자손의 시가 제법 많지요. 이 시들은 사무엘의 손자와 증손자들이 지은 시지요.

비슷한 수의 시를 지은 아삽처럼 자기 이름을 드러내지 않고, 굳이 나쁜 인식이 박힌 조상 고라의 이름을 드러내며 그 후손임을 밝히는 이유가 무엇일까요? 이왕 조상을 드러낼 바엔 사무엘이란 엄청 존경받는 할아버지가 있는데 왜 사무엘의 후손임을 숨긴 거지요?

고라의 반역으로 고라는 물론 그 후손들까지 오랫동안 겪은 고통을 잊지 않기 위해 겸손해지고자 하는 몸부림이 아닐까요?

사실 시편을 지은 사무엘의 후손들은 요샛말로 잘 나갔거든요. 잘 되고 있는 자기 가문의 가장 어두운 상징 인물을 내세운 심정이 이해가 되나요? 대수가 많다고 축복받은 게 아님을 나타내는 표현 아닙니까?

고라 가문을 향한 하나님의 징벌이 한나에게도 그대로 이어지는 듯, 한나는 무자식으로 온갖 서러움을 겪었지요. 남편 엘가나는 한나를 무척 사랑한다 하면서도 다른 여인 브닌나를 통해 자식을 두고 있었죠.

2. 한나의 남편 엘가나

두 아내를 둔 레위인 엘가나

하나님 섬기는 일만 하며 살도록 선택 받은 레위인이기에 누구보다도 거룩하게 살며 또 하나님의 뜻을 잘 헤아려야 하는 엘가나가 왜 두 아내를 두었지요? 사랑하는 한나가 아기를 못 낳기 때문인가요? 두 아내를 소개할 때 첫째, 둘째로 구분하지 않았기에 한나의 이름이 먼저 소개되었다는 이유만으로 한나와 먼저 결혼했다고 단정 지을 수 있을까요? 사무엘상의 저자가 사무엘로 생각되기에 자기 어머니가 첫째 부인이라면 그 사실을 명확히 밝히지 않았을까요? 첫째, 둘째로 적지 않고 애매하게 '한 사람의 이름은 한나이고, 한 사람의 이름은 브닌나'라고 적은 이유가 무엇일까요?

한나가 첫째 부인이라고 가정해도 아기를 못 낳는 것이 두 번째 결혼을 정당화 시키나요? 그리고 한나가 얼마나 오래 불임이었기에 브닌나를 맞이했나요? 사무엘상 1장을 자세히 보면 브닌나가 많은 자녀를 낳은 후 한나를 괴롭힌 것으로 표현되었고, 괴롭힌 기간이 한두 해가 아니고 오랜 기간으로 보이지요. 그럼에도 한나는 아직 아기를 낳을 수 있는 나이였지요. 이 사실들을 종합하면 엘가나가 두 아내를 얻는데 시간차가 10년 정도의 장기간이 아님을 알 수 있지요. 오히려 한 아내를 둔 후 이내 또 다른 아내를 얻은 것으로 보이지 않나요?

엘가나의 이런 결혼은 레위인으로선 참 곤란한 것 아닌가요? 한나와 먼저 결혼 후 장기간 아기를 기다리다가 브닌나와 결혼했다 해도 하나님께서 흔쾌히 용납하셨을까요?

앞서 설명 드렸듯이 하나님의 결혼관은 일부일처입니다. 율법에도 그 정신이 베어 있다고 근거를 제가 설명 드렸지요. 그런데 하나님의 이 마음을 사람들이 헤아리고 지키지 않는 것이 현실이기에 이런 현실 속에서 억울하게 약자가 당하는 것을 막기 위하여 보호 규정을 두었다는 것을 말씀드렸습니다.

신명기 21장에 두 아내를 둔 보호 규정이 있지요. 이 규정에 의하면 남편에게 미움 받는 아내의 아들이 장남이면 그 장남을 보호하는 것이지요. 사랑받는 아내의 아들이 장남이 아님에도 불구하고 사랑하는 아내의 아들이라 하여 장자의 축복을 줄 수 없다는 규정이지요.

이 규정에 의하면 엘가나의 입장은 얼마나 곤란하였겠습니까? 사랑하는 아내 한나가 낳은 아들은 브닌나의 아들보다 훨씬 뒤에 태어났지요. 엘가나의 마음은 한나의 아들에게 장자의 상속권을 물려주고 싶지만 이 율법 규정이 그렇게 못하도록 막고 있지 않습니까?

하나님의 마음을 헤아리지 못하고 자기 정욕에 이끌려 두 아내를 둔 엘가나는 하나님께서 만드신 율법의 현실적인 규정 때문에 마음대로 할 수 없었겠지요.

두 아내의 불화를 전혀 해결하지 못한 엘가나

브닌나는 자식이 많음에도 불구하고 남편 엘가나가 자기를 더 사랑하지 않고 자식이 없는 한나를 더 사랑하는 것이 못마땅하였지요. 그런데 엘가나는 드러내놓고 한나를 더 사랑하는 것을 보여주니 브닌나의 마음이 한나에 대한 미움으로 불타올랐지요. 브닌나의 감정이 폭발한 것은 성경을 자세히 보면 하나님의 성전에 갔을 때입니다.

엘가나가 전 가족을 이끌고 하나님께 제사 드리기 위하여 성전에 갔지요. 제사를 드린 후 그 고기를 나누어 먹을 때 엘가나는 자식도 없이 홀로 먹는 한나에게 자식이 많은 브닌나보다 배나 더 많은 고기를 주었지요. 자기 자식이 보는 가운데에서 이런 일을 당하니 브닌나의 감정이 폭발할 수밖에 없었겠지요.

하나님께 제사 드리러 갔는데 그런 일을 당하니 브닌나의 감정이 상해 그 곳이 집이 아닌 성전이라는 것도 망각한 채 브닌나는 한나를 괴롭혔지요. 성경을 자세히 보면, 브닌나가 한나를 괴롭힌 장소는 모두 성전에서 발생한 것으로 기록되어 있지요.

하나님을 만나기 위해 성전에 갔는데 남편 엘가나의 잘못된 사랑 표현 때문에 브닌나의 마음도 상했고, 브닌나로 인해 한나의 마음은 더욱 상처를 받아 많은 고기를 얻고도 하나도 먹지 않고 울기만 하였지요. 제사 드린 후 기분 좋게 식사하기는커녕 울기만 하는 한나에게 엘가나는 눈치도 없이 "왜 우느냐 왜 식사를 안 하느냐 내가 당신을 사랑하니 내가 열 명의 아들보다 더 낫지 않소?"라는 말을 해마다 성전에 갈 때마다 반복하여 말하였다고 성경에 기록되어 있지요. 성전에서 발생한 두 아내의 불화는 집에 오면 화해되었을까요? 브닌나는 집에서도 교묘하게 한나를 괴롭히지 않았을까요?

그런데 두 아내의 불화 가운데 엘가나는 아무 역할도 하지 못하였지요. 엘가나가 브닌나에게 꾸짖었다거나 경고했다는 기록은 성경에 전혀 없지요. 한나에게는 자식이 없는데 브닌나에게는 아들딸들이 많으니 엘가나가 브닌나를 무시하지 못한 것 같지요. 두 아내를 두었기 때문에 이런 가정불화는 엘가나가 감당해야 하는 무거운 짐이었지요. 단명하는 고라의 자손이면서도 자기 사후에 자식이 없는 한나가 겪을 어려움을 헤아리지 못하였기에 열 아들보다 내가 더 낫지 않느냐고 말할 수 있었겠지요.

예배는 안 빠뜨린 엘가나

사무엘상 1장 3절에 당시 엘리의 두 아들 홉니와 비느하스가 성전에서 제사장직을 수행한 것으로 보아 레위인의 역할이 거의 유명무실화된 것으로 보입니다. 홉니와 비느하스는 자기 마음대로 일하는 사람이었지요. 그러니 성전에서 제대로 일하려는 신실한 레위인들과는 관계가 안 좋았겠지요. 레위인을 지도하는 제사장으로서 이들은 신실한 레위인들을 성전에서 쫓아버렸겠지요. 또 신실한 제사장들도 아버지 엘리 사사의 힘을 이용해 쫓아 버린 것 같습니다.

당시는 300년이 지나도록 하나님의 성막이 실로에 머물면서 이동하지 않았지요. 그래서 성막 운반의 특별한 임무를 띤 레위인들의 역할이 거의 없어지다시피 했지요. 그러니 홉니와 비느하스는 성가신 레위인들을 불러들일 이유가 없었겠지요.

엘가나는 1년 중 자기 제사를 드릴 때에만 성전을 찾은 것으로 보아 엘가나도 홉니와 비느하스에게 비위를 맞추는 레위인은 아니었지요. 하나님의 성전에서 홉니와 비느하스가 저지르는 악행을 알고도 엘가나가 성전을 찾아 제사를 빠지지 않고 드렸으니 이것은 엘가나를 긍정적으로 평가할 만한 일이지요.

그런데 엘가나가 드리는 제사를 하나님께서는 얼마나 기쁘게 받으셨을까요? 제사 드리려고 가족들이 실로에 갈 때마다 가족들의 마음은 어땠을까요?

엘가나의 마음은 기뻤을지 몰라도 한나와 브닌나의 마음은 복잡했겠지요. 남편이 가자니 의무감으로 따라나섰지만 한나는 또 브닌나에게 당할 괴로움을 생각하며 마냥 기뻐할 수는 없었겠지요. 또 브닌나도 남편이 제사 드린 후 한나에게 보란 듯이 고기를 더 많이 줄 것을 생각하니 마음이 상했겠지요. 이런 가운데 드리는 제사를 하나님이 흔쾌히 받으셨을까요?

엘가나의 제사를 생각하면 빠지지 않고 예배드리는 것도 중요하지만 가족 모두의 마음이 하나가 되는 것이 더 중요한 것 같습니다.

아내의 의견을 존중한 엘가나

드디어 한나가 아들을 낳았을 때 그 아들의 이름을 지어준 사람은 아버지 엘가나가 아니고 어머니 한나였습니다. 한나는 하나님께 구하여 얻은 아들이라는 뜻으로 이름을 사무엘로 지었지요. 그런데 아버지 엘가나는 그 이름을 그대로 받아들였고 아무런 이의를 달지 않았지요. 마치 야곱의 아내들인 레아와 라헬이 자기 아들들의 이름을 지은 것을 남편 야곱이 그대로 인정한 것과 똑같지요.

한나가 자기 아들의 이름을 자기가 지은 것은 브닌나가 자기 자녀들의 이름을 브닌나가 지었기 때문이 아닐까요? 브닌나의 자녀들에 대하여 엘가나가 이름을 지어 주었다면 그것을 보고서도 한나가 자기 마음대로 이름을 짓는다는 것은 좀 의아스럽지 않나요?

그밖에도 엘가나는 한나에게 또 다른 재량권을 인정했습니다. 해마다 드리는 제사가 다가오면 성전에 가야 하는데 한나가 거부한 거지요. 한나는 사무엘이 젖을 떼기까지는 제사 드리러 성전에 가지 않겠다고 하였지요. 한나가 하나님께 간절히 소원 기도하여 얻은 아들이기에 아무리 먼 길이라도 하나님께 감사하는 마음으로 아기를 업고 가는 것이 더 낫지 않겠습니까?

그러나 한나는 아기가 어리니 아예 안 가겠다고 한 거지요. 젖을 떼기까지는 3, 4년 정도 걸리겠지요. 그 기간 동안에 성전에 가지 않겠다는데 엘가나는 한나의 그 요구도 충분히 받아들이며 좋을 대로 하라고 하였지요. 이 경우도 한나만 누린 특권일까요? 브닌나가 아기를 낳았을 때에도 엘가나는 브닌나에게 성전에 가지 않아도 좋다는 재량권을 인정하지 않았을까요?

이 두 가지 사실을 볼 때에 엘가나는 자기 아내들의 의견을 존중하였다는 것을 알 수 있지요. 그리고 아내의 의견 중에서도 한나가 하나님께 서원한 것을 그대로 인정하였다는 것은 대단히 놀라운 일이지요.

율법에 의하면 아내가 하나님께 서원하였어도 그 서원 내용을 남편이 받아들이지 않으면 아내의 서원은 무효가 된다는 규정이 있습니다. 반면에 남편이 아내의 서원을 받아들이면 남편도 그 서원을 하나님 앞에서 충실히 이행해야할 의무가 주어지지요.

한나의 서원이 아들을 하나님께 바치겠다는 뜻 아닙니까? 한나의 남편인 엘가나는 자신의 아들을 하나님께 바치는 것에 대하여 어떻게 생각하였을까요?

한나가 처음 서원할 때 엘가나는 여태껏 아들을 못 낳았는데 서원한다고 아들을 낳을 수 있겠는가 하며 의심이 들었을 수도 있지요. 그래서 한나의 서원에 대하여 아무런 이의를 달지 않은 것인지도 모르지요. 그리고 자신이 레위인이기 때문에 어차피 레위인은 하나님을 섬기는 생활만 하도록 되어 있기에 한나의 서원을 쉽게 받아들였는지도 모르지요.

어쨌든 엘가나는 한나의 서원을 받아들였기에 사무엘상 1장 21절에는 서원 제물까지 드리는 것으로 나타나지요. 사무엘을 낳은 후 한나는 성전에 따라가지도 않았는데, 엘가나 혼자 서원 제물을 드리는 그 마음이 어떠했을까요? 한나의 서원대로 사무엘을 바칠 터이니 하나님께서 사무엘을 책임져 주시기를 소망하지 않았을까요?

한나의 서원을 존중한 엘가나는 모든 가정생활에서 두 아내의 의견을 존중한 것으로 보이지 않나요?

3. 가문을 일으킨 한나

매년 성전에서 기도하고도 응답받지 못한 한나

엘가나는 해마다 성전에 갔다고 했습니다. 그때마다 한나는 따라갔지요. 그리고 제사가 끝난 후 한나는 브닌나에게 괴롭힘을 당하는 일이 반복되었지요. 그런데 성경에는 한나가 실컷 괴롭힘을 당한 후에 서원기도를 한 것으로 기록되어 있지요. 그러면 한나가 서원기도를 하기 전에는 기도를 하지 않았을까요?

저는 절대 그렇지 않다고 생각합니다. 브닌나에게 수모를 당해 밥도 못 먹고 눈물을 흘릴 지경인데 하나님의 성전까지 가서 기도도 하지 않고 그냥 돌아올 수 있습니까?

성경에는 그런 사실이 기록되어 있지 않지만 여러 가지 정황으로볼 때 한나는 마음이 괴로워서 분명히 하나님 성전 앞에서 기도하였다고 보아야겠지요.

그런데 한나가 매년 기도한 내용은 분명히 자기에게도 아들을 달라는 것이었겠지요. 그러나 그 기도는 원통하고 분해서 브닌나에 대한 적개심으로 불타올라 하나님께 자신의 신세를 한탄하는 수준이었겠지요. 한나는 매년 기도하였음에도 불구하고 응답이 없는 가운데 자신의 기도를 하나님께서 꼭 들어주신다는 믿음이 약했겠지요. 그리고 아들을 낳고 싶은 소망은 간절했지만 자신은 기도하면서도 아들에 대하여 포기하였는지도 모르지요. 매년 기도는 드렸지만 하나님께서 한나의 기도를 귀담아 들으실만한 기도가 아니었던 것 같지요.

서원하며 혼을 쏟아 부은 한나

응답받지 못하였던 기도를 해마다 습관적으로 반복했던 한나는 마침내 자신의 기도가 무엇이 잘못 되었는지를 깨달은 것 같습니다. 깨달은 후 엘가나의 가족들이 또 성전을 찾았을 때 한나의 모습은 완전히 바뀌었지요. 여태까지는 브닌나의 괴롭힘 때문에 식사도 못하고 울기만 하면서 적개심에 불탄 흥분된 마음을 가지고 신세타령조로 기도하였지요. 그러나 브닌나의 괴롭힘에 더 이상 얽매여서는 안 된다는 것을 깨달은 후 과거와는 달리 식사를 하였지요.

식사를 다 마친 후 한나가 기도하는 내용도 바뀌었습니다. 여태껏 브닌나를 의식하여 시기와 질투심으로 드렸던 기도의 습관을 완전히 버렸지요. 아들을 달라고 기도한 것은 똑같지만 이제는 낳을 아들이 자신의 처량한 신세를 바꾸어줄 아들이 아닌 하나님께서 원하시는 아들을 달라고 기도한 것이지요.

한나의 가정도 브닌나와의 라이벌 관계에서 편할 날이 없었지만 그당시 이스라엘의 상황은 너무도 암울하였지요. 하나님의 성전에서 드려지는 제사를 우롱하는 제사장 홉니와 비느하스로 인하여 백성들의 원망은 컸지요. 한나는 매년 남편을 따라 성전을 찾으며 이런 현실을 두 눈으로 똑똑히 보았지만 전혀 무관심했지요. 자신이 나설 일이 아니라고 생각하였겠지요. 그러면서 하나님께서 이스라엘에게 무엇을 요구하시는가에 대해서는 전혀 관심이 없으면서 한나는 오로지 자신의 욕심만으로 기도한 것이지요.

이런 잘못을 깨닫고 나니 한나는 똑같이 아들을 달라고 기도하였지만 그 아들이 해야 할 일은 엄마만 기쁘게 해드리는 것이 아니라 하나님을 기쁘게 해드리는 아들이 되어야 함을 깨달은 거지요.

그래서 한나는 중요한 서원을 두 가지 했습니다.

첫째, 아들을 주시면 그 아들의 평생을 하나님께 바칠 것을 서원하였지요. 사실 자기가 낳을 아들은 레위인이기 때문에 어차피 다른 직업 없이 하나님만 섬기는 일을 하도록 되어 있지 않습니까? 그럼에도 불구하고 하나님께 굳이 아들을 바치겠다는 것은 무슨 의미일까요?

하나님께서 제사장과 레위인들은 오로지 하나님 섬기는 일만 하도록 선택하셨지요. 그렇다고 이들이 쉬는 날도 없이 성전에서 일했나요? 절대 아니지요. 일할 사람은 많으니 당번을 정해 돌아가며 봉사했지요. 비번일 때는 집에서 생활했지요. 당번보다는 비번인 경우가 많았겠지요. 특히 성막 이동이 없는 경우 레위인들은 대다수가 비번이었겠지요.

그런데 레위 지파만 자기들이 거주할 지역을 분배받지 못했지요. 레위 지파는 이스라엘의 열두 지파들이 차지한 성읍 중 이들이 각 지파별로 내놓은 일부 지역에서 거주할 장소를 배정 받았지요. 그래서 레위 지파는 이스라엘 전역에 골고루 흩어져 살게 되었지요.

엘가나는 에브라임 지파의 영토인 라마에 사는 고로 에브라임 사람으로 사무엘상 1장 1절에 소개되어 레위인이 아닌 에브라임 지파로 오해 받을 수 있지요.

하나님께서 왜 유독 레위 지파에게만 특정 지역을 주지 않아 한 곳에 모여 살지 못하고 이스라엘 전역에 흩어져 살게 했을까요? 하나님을 자기 기업으로 삼은 레위인과 제사장들이 모든 이스라엘 백성들의 본이 되기를 바라시는 숨은 뜻이 있는 것이 아닐까요?

그런데 과연 본이 되는 제사장과 레위인들이 얼마나 있었을까요? 지탄의 대상인 홉니와 비느하스를 제외하면 다 괜찮았을까요? 이 두 제사장의 악행을 아무도 못 막은 것으로 보아 이들을 욕하는 다른 사람들도 일반 백성들에게 본이 안 되기는 마찬가지였겠지요. 약간의 정도 차이만 있었을 뿐 아니겠습니까?

이런 현실이 남편 엘가나에게도 나타나 두 아내를 거느린 구별되지 못한 본이 안 되는 생활로 인해 한나뿐 아니라 브닌나도 마음에 상처를 입고 있지 않습니까? 그래서 한나는 아들을 주시면 당번 때만이 아니라 전 생애를 당번의 자세로 살도록 하겠다는 뜻으로 서원한 것이 아닐까요? 자기 아들이 제사장이 되든지 민족의 지도자가 되기를 바라는 마음은 절대 아니지요. 그것은 내가 원해서 되는 게 아님을 한나 본인이 잘 알고 있었지요.

한나의 서원은 당시의 암울한 시대적 상황 속에서 정말 하나님이 기뻐하시는 거룩한 생활로 본이 되는 사람으로 키우겠다는 뜻 아닐까요?

둘째, 아들을 주시면 머리에 삭도를 대지 않겠다고 서원했지요. 즉 머리를 깎지 않는 거룩한 나실인으로 키우겠다는 것입니다.

나실인은 외형적으로 두드러진 특징이 있지요. 나실인으로 서원한 기간만큼 머리를 깎지 않기 때문에 긴 머리를 땋아 다니므로 단번에 두드러지지요. 이 나실인은 술도 마시지 않고 여자도 아내 외에는 가까이 해서는 안 되지요. 그래서 나실인은 다른 사람들과 구별된 거룩한 삶을 살아가는 것이지요. 그런데 한나가 사무엘을 나실인으로 키우겠다는 것은 아들의 전 생애를 하나님께 바치겠다는 것과 같은 맥락이지요. 즉 정말 이 암울한 세계에서 다른 사람에게 본이 되는 사람으로 살아가도록 만들겠다는 것이지요.

그런데 불과 얼마 전에 이스라엘에는 나실인으로서 사사가 된 삼손의 비극적인 삶이 있었지요. 삼손은 12대 사사로서 나실인으로서는 금지된 행동을 많이 하였지요. 술도 마음껏 마시고 부정한 것을 마음대로 만지고 또 심지어는 창녀와도 어울릴 정도로 정말 본이 되지 않는 생활을 하였지요. 그 결과 삼손은 두 눈이 뽑히고 블레셋 사람들의 조롱거리와 구경거리가 되었지만 마지막 순간에 하나님께 회개함으로써 다시 한 번 잃어버렸던 힘을 되찾아 자신을 구경하러 온 블레셋 사람들과 함께 죽는 최후를 맞이하였지요.

삼손의 실패를 잘 알고 있었을 한나는 정말 사무엘을 거룩한 나실인으로 키우겠다는 각오를 서원으로 나타낸 것입니다. 삼손과는 달리 주변의 모든 사람들에게 귀감이 되는 나실인으로 키우겠다는 뜻이었지요.

이렇게 서원하는 한나는 엘리 제사장이 보기에 술 취한 여인으로 보일 정도로 간절히 기도하였지요. 엘리가 볼 때 한나의 입술은 움직이는데 말소리가 들리지 않으니 술에 취했다고 나무라면서 더 이상 술을 마시지 말라는 경고까지 하였지요. 엘리의 이 말에 한나는 자신의 비참한 심경을 토로하면서 해명하였지요. 사무엘상 1장 15절에 한나의 대답이 적혀 있습니다. 개역개정 성경에는 자신의 마음을 하나님께 통하였다고 표현했지요. 그런데 NIV에는 "I was pouring out my soul to the LORD"로 표현했지요. 자신이 기도한 것을 '내 혼을 하나님께 쏟아놓았다'고 표현한 거지요. 한글 성경에는 마음 또는 심정으로 표현했지만 NIV에서는 'soul'로 표현한 것이지요. soul은 단순한 심정이 아니고 생명을 뜻하는 '혼'의 의미가 있지요. 그만큼 내모든 것을 하나님께 쏟아 부었다는 것으로 내 생명을 다해 하나님께 기도 드렸다는 강한 의미가 담겨있지요.

이렇게 모든 힘을 다하여 하나님의 뜻에 일치하는 기도를 드린 한나는 마음이 평안해졌지요. 엘리의 오해까지 다 풀고 난 한나의 마음은 조금도 근심하는 빛이 없이 되돌아왔다고 하였지요.

이렇게 기도한 한나를 기억하여 하나님께서는 드디어 한나에게 임신을 허락하셨지요. 많은 사람들이 생각하기를 한나는 서원기도를 잘하여 아들을 낳은 것으로 보지요. 그러나 저는 그렇게 생각하지 않습니다. 서원 기도 한 번만으로 한나가 사무엘을 낳았다는 것은 잘못된 견해라고 생각합니다. 한나의 기도 응답은 가장 큰 원인이 그동안 자신의 잘못된 기도 습관을 버리고 하나님의 뜻에 합당한 기도를 드렸기 때문이라고 생각합니다. 한나의 서원은 하나님의 뜻을 찾는 자세로 하나님의 뜻을 이루겠다는 의지와 각오를 나타낸 것으로 보아야겠지요.

모든 것을 하나님께 맡기고 약속을 이행한 한나

브닌나에게 온갖 모욕을 당하고 늦게 겨우 낳은 아들이 얼마나 귀했겠습니까?

'도대체 아들의 전 생애를 어떻게 바쳐야 하나? 내가 언제까지 데리고 있어야 하나? 서원을 이루는 방법이 아들을 성전에 데려다 놓는 길밖에 없나? 과연 늙은 엘리 제사장이 내 아들을 잘 맡아 양육할까?…'

한나는 이런 고민에 휩싸이지 않았지요. 남편이 성전에 갈 때 한나가 "아들이 젖을 떼기까지는 안 가고 젖을 떼면 사무엘을 데리고 가겠다"고 말한 것을 보면, 이미 약속 이행 방법까지 마음속으로 결정한 것을 느낄 수 있지 않나요? 이런 결심에 남편은 전혀 관여하지 않았지요. 엘가나에게도 소중한 아들임에도 불구하고 이 중대한 일을 한나에게 전적으로 맡긴 것은 평소 한나가 보여 준 품행과 생각을 믿었기 때문에 존중한 것이겠지요.

한나의 망설임 없는 행동으로 보아 이 결심은 임신 초기에 이루어졌을 가능성도 크지요. 한나는 이미 결심한 대로 사무엘을 하나님께 바쳤습니다. 즉 엘리 제사장에게 맡긴 거지요. 젖을 떼기까지 3, 4년간 한나는 자기가 할 수 있는 최선을 다해 사무엘을 교육시켰겠지요. 이 시기의 교육이 인생에 가장 큰 영향을 끼친다는 연구 발표가 교육계에선 공감대를 이루지요.

한나는 당시의 소문을 몰랐을까요? 레위인의 아내이기에 그 당시 하나님의 성막에서 벌어지는 해괴한 일들을 다 알았겠지요.

당시 민족의 지도자 13대 사사인 엘리 제사장은 늙어 눈이 잘 보이지 않았지요. 게다가 그 두 아들들은 아버지의 경고도 무시하며 제멋대로 악행을 일삼았지요. 이들은 하나님을 우습게 여기며 아버지의 지위를 이용해 아직 제사도 안 드린 고기를 마음대로 가져가 술판을 벌였지요. 또 회막문에서 시중드는 처녀들을 욕보이며 온갖 음란한 짓거리를 즐겼지요.

이런 환경에서 어린 사무엘이 부모도 없이 혼자 자라며 무엇을 배울 수 있었을까요? 사무엘을 맡아야 할 엘리는 앞도 잘 못 봐 오히려 도움을 받아야 할 처지 아닙니까?

이런 저런 핑계로 환경이 좋아지면 약속대로 아들을 바치겠다고 미룰 수 있지 않았겠습니까?

그러나 한나는 모든 것을 하나님께 맡기는 절대적인 믿음으로 주저 없이 약속을 이행하였지요. 그 결과 사무엘 가문과 엘리 가문은 매우 상반된 결과를 낳았죠.

사실 엘리는 하나님께 직접 경고를 받았음에도 두 아들의 악행을 점잖게 타이르는데 그쳤지요. 아무리 앞을 보지 못해도 두 아들의 지위를 빼앗아 더 이상의 악행을 막을 수 있는 힘의 지위에 있음에도 그렇게 하지 않았죠. 결국 몰락의 길을 걸으며 겨우 남은 후손은 단명하는 가문이 되었죠.

뻔히 알고도 그렇게 하지 못한 엘리와 달리 모든 것을 하나님께 맡긴 한나로 인해 어린 사무엘은 영적으로 열악한 환경에 물들지 않고 너무 잘 자랐지요.

서원 기도를 한다고 해서 하나님께서 무조건 다 기뻐하실까요? 하나님의 마음을 헤아리지 않고 서원 기도하며 뭔가를 구할 때 과연 하나님께서 기뻐 응답하실까요?

하나님 마음과 동떨어진 서원 기도는 하나님을 모독하는 것입니다. 서원 기도가 하나님 마음과 동떨어질 수 있나요? 얼마든지 있고 우리가 그렇게 많이 하고 있습니다.

한나의 이 기도를 오도하는 한국 교회의 현실이 너무 안타깝습니다. 많은 분들이 하나님의 마음에 초점을 맞춘 한나의 기도를 생각하지 않고 서원 기도를 마치 모든 문제를 푸는 최후의 만능열쇠로 생각하는 듯합니다.

건축헌금, 선교헌금 등과 연계하여 한나의 서원을 이용해 작정 서원을 유도하는 것은 큰 잘못이라고 생각합니다. 한나의 서원은 앞서 말씀 드렸듯이, 자신의 잘못된 기도 습관의 반성에서 출발해 하나님의 마음에 초점을 맞추어 결심할 것을 실천하겠다는 강력한 각오의 표시일 뿐입니다. 하나님의 마음에 맞는 내용이 중요하지 서원 그 자체가 해결 수단이 아닌 것입니다. 그런데 우리는 작정(서원)을 하나님께 복 받기 위한 미끼로 이용하고 있으니 얼마나 잘못된 일입니까?

누구를 나무랄 것 없지요. 제 자신이 이런 풍토에 젖어 '작정' 이란 서원의 미끼로 대어를 낚아채려고 하나님을 이용하려 했던 과거의 잘못들을 깊이 반성합니다. 요즘은 진정 저의 기도 생활의 잘못된 습관을 버리고 하나님의 마음을 헤아리고자 노력하고 있습니다. 하나님은 얄팍한 서원의 미끼에 걸려드는 분이 결코 아닌 창조주이신데, 제가 하나님을 제 수준으로 격하시켜 대했던 과오를 정말 뼈저리게 회개했습니다.

감사와 찬양의 기도를 드린 한나

한나는 어린 사무엘을 엘리에게 맡긴 후 성전에서 또 기도하였습니다. 어린 아들을 하나님께 바쳤으니 또 다른 아들을 달라는 기도가 아니었지요. 한나의 신앙관이 너무도 잘 나타나 있는 감사와 찬양의 기도였지요.

사무엘상 2장 1-10절의 기도문은 음미할수록 감탄이 저절로 나옵니다. 특히 하나님 때문에 자기 마음이 즐겁다고 시작하는 기도의 고백 앞에, 저는 놀라지 않을 수 없습니다. 이때 자신의 처지가 도대체 어떤 상황인데 "즐겁다"고 할 수 있습니까? 그리고 한 걸음 더 나아가 "여호와처럼 거룩한 이는 없고 주님밖에 없고 하나님 같은 반석은 없다." 하며 하나님께 영광 돌리며 찬양까지 하고 있으니 믿기 어려운 사실이지요.

이제 겨우 젖을 떼고 말이 조금 통하는 어린 아이는 성전에 처음 왔기에 모든 것이 낯설지 않겠습니까? 많은 사람들이 드나들며 이들이 제물로 바치기 위해 양, 염소, 송아지, 황소, 비둘기 등등을 끌고 와 도살하는 풍경 등을 보며 어린 사무엘은 호기심보다는 잔뜩 겁을 먹고 엄마의 옷자락을 붙잡고 보채지 않았을까요? 뒤늦게 낳은 유일한 어린 이 아들과 잠시 후 헤어지면 1년 후에나 잠깐 볼 수 있을 뿐 자기 품을 완전히 떠나는데 "즐겁다", "하나님 같은 분은 없다"는 감사와 찬양이 쉽게 나올 수 있습니까?

더군다나 어린 아들을 맡을 엘리는 어떤 상태입니까? 너무 늙고 힘이 없어 늘 의자에 앉아 있기를 좋아하는 눈이 잘 보이지 않는 어른 아닙니까? 몇 년 전 한나가 서원 기도할 때 입술의 움직임까지 살피던 그의 눈은 이젠 사물도 분간 못 하는 눈이 되어 오히려 다른 사람의 도움을 받아야 할 처지가 아닙니까?

기쁘기는커녕 아들의 내일을 걱정하며 하나님께 눈물 흘리며 간절히 호소해야 하는 상황이 아닙니까? 그러나 아무리 성경을 봐도 아들을 부탁하는 호소는 없어요. 오로지 감사와 하나님의 주권을 찬양하는 것뿐이에요.

저도 시각 장애인으로서 엘리의 고충을 충분히 헤아립니다. 엘리는 사무엘을 맡기에 너무 힘든 상태였지요. 물론 엘리가 직접 어린 사무엘을 먹이고 입히고 재우고 글까지 가르치며 교육하지는 않았겠지만 양육 책임자의 역할은 해야 하지 않습니까? 건강한 두 아들 홉니와 비느하스가 사무엘 돌보기를 도와주었겠습니까?

이런 상황에서 한나가 기뻐할 수 있는 이유는 전적으로 하나님 때문입니다. 하나님에 대한 무한한 신뢰가 있었기에 즐거워하며 하나님을 찬양했지요. 그 믿음이 하나님의 절대적인 주권을 찬양하게 했지요.

하나님의 절대적 주권 앞에 인생은 겸손해져야 함을 고백하며 하나님을 찬양했습니다. 강한 자를 약하게 하시고, 약한 자를 강하게 하시고, 아이 못 낳는 자를 다산하게 하시고, 부하게도 하시고 가난하게도 하시고, 죽이기도 하시고 살리기도 하시고, 낮은 자를 존귀하게 하시는 분이 하나님이라고 고백했지요. 인간 세계의 모든 것을 주관하시는 하나님의 주권이 우주만물도 다스리심을 찬양하니 얼마나 놀랍습니까? 그 하나님께서 자기의 거룩한 자 곧 성도들을 지키시고 악인은 벌하신다는 고백에 이르면 한나의 숨은 소망을 엿볼 수 있지 않습니까? 인간의 생사화복과 우주 만물의 모든 것을 주관하시는 하나님께서 어린 아들을 책임져 주실 것을 믿는다는 고백 아닌가요?

울고불고 떼쓰는 기도보다 한나의 이런 기도는 너무 멋지지 않습니까? 이 상황에서 어떻게 이런 기도가 가능했을까요? 무턱대고 하나님을 믿는 맹신이 아니고 서원 때처럼 진정 하나님의 마음을 헤아려 하나님과 한마음이 되었기 때문이 아닐까요?

하나님께서 세우신 왕에게 힘을 주시고 기름 부으신 자를 높이신다고 마무리한 것은 어린 아들을 맡을 엘리에게 복을 비는 기도가 아닌가요? 당시 이스라엘은 왕이 없었는데 왕으로 부른 것은 사사로서 40년 가까이 민족을 지도한 엘리를 왕 같은 존재로 한나가 생각한 것 아닌가요?

이렇게 기도한 한나가 마침내 아들과 헤어질 때 그 심정은 어땠을까요? 분명히 아들은 울며 엄마를 애타게 불렀을 것 아닙니까? 아이들이 집에서 생활하다가 처음으로 어린이집에 가면 다 울지 않습니까? 저의 아이들도 일주일 정도 매일 처절하게 울어댔지요.

기를 쓰고 우는 아들을 뒤로 한 채 한나의 마음도 찢어지는 아픔을 느꼈겠지만 그 아픔에 계속 사로잡히진 않았지요. 서원한 후 근심이 없어진 것처럼 하나님께서 주시는 기쁨을 누렸지요. 그 기쁨 속에 아들이 얼마나 컸을 지를 상상하며 아들이 입을 겉옷을 만들었지요.

그런데 이 겉옷은 일반적인 겉옷이 아닙니다. 이스라엘 사람들에게 있어서 겉옷은 상당히 중요한 옷으로서 담보물로 제공하며 돈을 빌릴 수 있을 정도였지요. 이 겉옷은 잠을 잘 때에는 이불 역할도 했지요. 그런데 사무엘을 위하여 한나가 지은 겉옷은 일반 사람들이 입는 겉옷이 아니고 제사장이 입는 '에봇'이었지요. 제가 왜 이렇게 말하느냐 하면, 엘리 제사장이 사무엘에게 에봇을 입혀 하나님을 섬기게 만들었기 때문이지요.

에봇은 성전에서 봉사하는 제사장이 입는 거룩한 옷이지요. 출애굽기 28장 4절에 의하면, 하나님께서 제사장인 아론과 그의 아들들, 그 후손들이 입어야 할 옷을 지정했지요. 즉 속옷, 에봇, 겉옷, 머리에 쓰는 관, 허리에 두르는 띠, 이 다섯 가지를 아주 좋은 재료를 사용하여 만들어 입히라고 하였지요. 그런데 사무엘이 하나님을 섬기기 위해 엘리가 사무엘에게 에봇을 입혔기 때문에 한나가 만든 겉옷도 제사장이 입는 겉옷이지요. 이런 거룩한 성의를 하나님께서 모세에게 만들 것을 명령하였는데 그 겉옷을 한나가 아들을 위하여 만든 것이지요. 한나는 엘리의 허락을 받아 이 옷을 만들게 되었겠지요.

이 거룩한 옷을 만들 때 한나는 자기 아들이 정말 많은 사람의 본이 되는 거룩한 구별된 사람으로 자라길 간절히 기도했겠지요. 기쁨으로 사무엘의 옷을 만드는 한나에게 하나님께선 3남 2녀의 자식을 더 허락하셨지요. 뒤늦게 자식 복이 터져 눈코 뜰 새 없이 바쁜 가운데서도 해마다 사무엘이 입을 겉옷을 만들었기에 한나의 기쁨은 훨씬 더 컸지 않았을까요?

사무엘을 맡아 양육하고도 몰락한 엘리 가문

어린 사무엘은 하나님의 특혜를 받으며 자랐습니다. 사무엘의 집안은 제사장 가문이 아님에도 불구하고 사무엘은 제사장처럼 행동하며 자랐지요.

첫째, 제사장이 입는 세마포 에봇을 입고 자랐지요. 에봇은 아무나 입을 수 있는 것이 아니지요. 출애굽기 28장에 에봇의 제작 방법이 나옵니다. 하나님께서 모세에게 아론과 그 아들들, 즉 제사장이 입을 옷을 만들라고 명령하셨지요. 흉패, 에봇, 겉옷, 속옷, 관, 띠를 최고 기술자가 지혜를 다해 만들라고 하셨지요.

흉패는 에봇 위에 걸치는 것으로 대제사장만 착용하지요. 에봇은 성전에서 직무를 수행하는 모든 제사장이 입어야만 하는 성의(聖衣)이지요. 에봇은 허리에 띠를 두르도록 되어 있지요. 그런데 이 에봇과 띠를 만드는 재료는 매우 귀한 것이지요. 금색 실, 자색 실, 홍색 실, 청색 실 등인데 이런 실을 만들기 위해 지금으로부터 3,500년 전에 얼마나 공을 들여 염색했겠습니까?

그리고 이 에봇의 양 어깨에는 호마노 보석이 달려 있습니다. 한 보석에 이스라엘의 여섯 지파씩 이름을 도장 파듯 새겨 양 어깨에 매단 것은 모든 이스라엘 백성을 대신해 하나님을 섬긴다는 의미가 있지요.

이런 실과 보석으로 만든 에봇과 띠가 얼마나 화려했겠습니까? 어린 사무엘이 입은 에봇은 세마포 에봇이니 이와는 좀 다를 수 있겠지만, 성전에서 일하는 데는 하자가 없었겠지요. 사무엘의 조상 고라가 이 에봇을 입는 제사장이 되겠다고 모세와 아론에게 대든 것 아닙니까? 이런 화려한 성의는 모세도 입지 못했습니다. 그런데 고라의 자손 사무엘이 어려서부터 이런 옷을 입었으니 특혜 중의 특혜 아닙니까?

한나가 부탁했을까요? 천만에요! 자기 아들은 아론의 직계 후손이 아니기에 자격이 없음을 잘 아는 한나가 그런 무리한 부탁을 할 리가 없지요. 시댁의 조상 고라의 뼈아픈 상처를 잘 아는 한나가 욕심낼 리가 없지요.

당시 이스라엘의 최고 실권자 엘리가 그렇게 하도록 명한 것이지요. 엘리의 허락 없이는 가능한 일이 아니지요. 엘리는 왜 그랬을까요? 하나님께서 그런 마음을 주셨고 또 자신이 처한 상황에서 어리지만 사무엘을 활용하고자 하는 목적도 있었겠지요.

해마다 한나는 아들이 입을 겉옷을 만들어 전달하면서 에봇을 입고 섬기는 아들의 모습을 보며 얼마나 기뻤겠습니까? 사무엘이 워낙 성실히 봉직하며 또 성소에서 자는 것도 허락 받았기에 에봇은 쉽게 해어져 한나는 에봇까지 만들어 공급하지 않았을까요?

둘째, 사무엘은 성소와 지성소 출입을 하면서 성소의 일을 하였지요. 세마포 에봇을 입은 사무엘은 제사장의 직무를 배우며 수행하였지요.

성소에는 금 촛대와 금 향단과 진설병을 놓는 밥상이 있었지요. 매일 아침, 저녁으로 금 촛대에 불을 피우고 금 향단에 향을 피우는 일들이 제사장이 하는 일이었지요. 그런데 엘리가 눈이 어두워 갑자기 그런 일을 못하게 되니까 누군가가 대신 해야 했는데, 엘리의 두 아들들은 그런 일에 관심이 없었지요. 그러니 엘리는 어린 사무엘에게 그 일을 맡긴 것이지요. 엘리는 몇 년 전만 해도 한나가 기도할 때 입술이 떨리는 것을 감지할 정도로 눈이 밝았지요. 그러나 몇 년 사이에 눈이 어두워져서 사물을 거의 알아볼 수가 없었지요. 엘리의 두 눈이 이렇게 된 것은 어떻게 보면 어린 사무엘에게 이런 일들을 시키기 위해 하나님께서 하신 일인지도 모르지요.

어린 사무엘은 성전에서 잠을 자기도 했지요. 하나님의 음성을 처음 들은 장소도 하나님의 언약궤가 있는 성전에서 누워 잠자고 있을 때였지요. 어린 사무엘이 하나님의 음성을 듣고도 그 소리가 하나님의 음성인 것을 모르고 엘리에게로 세 번이나 달려가서 여쭈었지요. 그러자 엘리가 하나님께서 사무엘을 부르시는 것을 감지하고, 하나님의 음성 듣는 방법을 사무엘에게 가르쳐 주었지요.

너무 무능한 엘리 제사장을 통하여 어린 사무엘은 오히려 제사장의 직무를 배우고 하나님의 음성을 듣는 방법까지 배웠으니, 하나님의 교육방식은 우리가 쉽게 생각하고 이해할 수 없는 것이지요.

셋째, 어린 사무엘은 성막을 찾은 모든 이스라엘 백성들에게 알려지며 사랑받고 인정받게 되었지요. 사무엘상 2장 26절에 사무엘은 자라며 하나님과 사람에게 은총을 받았다고 기록되어 있지요. 누가복음 2장에 나오는 예수님의 어린 시절의 성장 모습과 흡사하지 않습니까?

너무 어린 나이에 성막에서 봉사하는 어린 아이는 백성들의 눈에 확 띄었지요. 어린 꼬마의 행동을 유심히 지켜 본 사람들은 사무엘을 칭찬했겠지요. 지탄받는 홉니, 비느하스와 너무 대비되는 어린 사무엘은 몇 년 안 가 전국적으로 유명한 소년이 되었지요. 당시에 하나님께서는 자신의 말씀을 무시하는 엘리에게 거의 말씀을 안 하셨지요. 오히려 어린 사무엘에게 계속 말씀을 하셨지요. 어린 사무엘이 하나님의 말씀을 들은 것을 다른 사람들에게 전하니 이스라엘의 모든 사람들이 어린 사무엘을 하나님의 선견자로 인정하였지요. 그러나 사무엘이 하나님의 사람으로 인정받았어도 사무엘은 어렸고, 엘리 제사장이 아직도 건재하였기에 이스라엘 백성들이 사무엘의 말을 따르지는 않은 것 같지요.

시시각각 들려오는 사무엘의 소문을 들으며 한나의 마음은 얼마나 기뻤을까요? 하나님과 자신이 소망한 대로 거룩하고 본이 되는 사람으로 들려오는 소문에 하나님께 얼마나 감사했겠습니까? 한나는 사무엘의 다섯 동생들을 키우며 동생들에게 형, 오빠의 이야기를 자랑스럽게 들려주며 하나님께 더 간절히 기도하였겠지요.

사무엘이 하나님의 보살핌 속에 이렇게 입지를 굳힌 반면 엘리의 가문은 몰락의 길을 걷고 있었지만 불행히도 엘리는 체념한 듯 했지요. 사무엘을 통해서 또 하나님의 사자를 통해서 경고를 듣고도 두 아들들의 악행을 막지 못했지요.

아무리 노쇠해도 사사로서 또 대제사장의 권위로 두 아들의 직무 수행을 정지시키고, 다른 제사장들에게 직무 수행을 명할 수 있는데 그렇게 하지 않았지요. 두 아들이 아버지의 구두 경고를 무시해도 엘리는 더 이상 바로 잡을 의지가 없었지요.

마침내 블레셋과의 전투에서 엘리의 두 아들이 죽고 언약궤도 빼앗기는 사건이 벌어지게 됩니다. 이 소식을 접한 엘리 제사장은 목이 부러지며 98세의 나이에 죽었지요. 이런 소식을 들은 만삭이 된 엘리의 며느리는 갑자기 진통이 와서 아들을 낳다가 죽었지요. 비느하스의 아내가 죽어 가며 자기 아들 이름을 '이스라엘의 영광이 떠났다'는 뜻의 '이가봇'으로 정해준 것은 엘리 가문의 몰락을 보여주는 것 아닙니까? 하나님께서 경고하신 대로 이가봇과 엘리의 다른 후손들은 단명하게 되었지요. 그러나 그들은 제사장직은 겨우 할 수 있었지요.

4. 민족의 지도자 사무엘

이렇게 엘리 제사장 가문이 몰락한 이후 20년이 지나 이스라엘 백성들은 사무엘의 말에 귀 기울였지요. 어릴 때부터 하나님의 선견자로 인정받은 사무엘이 20대 중반의 성인이 되었으니 백성들이 지도자로 따르기에 충분했지요.

사무엘은 아주 젊은 나이에 이스라엘의 마지막 14대 사사로서 활동하게 되었지요. 사무엘의 나이 20대에 사사가 되었기에 한나는 분명 살아 있었겠지요. 한나는 라합처럼 할머니에 가까운 나이에 아들을 낳은 게 아니지요. 그러므로 하나님께서 3남 2녀의 자녀들을 복으로 더 주셨기에 이들을 어느 정도 키울 때까지는 한나를 건강하게 살려 주셨으리라 확신합니다.

아들이 민족의 지도자가 되는 것은 서원 기도할 때나 아들을 바칠 때도 전혀 생각지 못한 일이었지요. 단지 하나님 마음에 맞아 다른 사람들에게 본이 되는 거룩한 사람이 되길 바랐던 아들이 20대 중반의 나이에 지도자가 되었으니 얼마나 감격하며 하나님께 더 간절히 기도했겠습니까?

에벤에셀 하나님

사무엘의 사사 생활 시작은 미스바의 회개 운동으로 시작되었습니다.

20대의 사무엘이 애통하며 하나님을 찾는 백성들에게 모든 우상들을 다 버리고 미스바에 모여 금식하며 회개할 것을 촉구하였지요. 사무엘의 말대로 모든 백성들이 미스바에 모여 금식하며 자기들의 모든 죄를 하나님께 회개하였지요.

이때 블레셋이 무방비 상태의 이스라엘을 침공할 절호의 기회로 여기고 쳐들어 왔지요. 블레셋 군사들이 오고 있다는 소문을 들은 백성들은 잔뜩 겁을 먹고 하나님께서 자기들을 구원해 주도록 사무엘에게 기도할 것을 부탁했지요. 절대적인 위기에 맞서 대항할 군사들을 점검한 게 아니고 제사와 기도를 택한 것은 진정한 회개로 인해 하나님에 대한 절대적인 믿음을 회복했기 때문이지요.

사무엘이 아직 제사를 드리고 있는데 블레셋 군사들은 미스바에 도착해 전투태세를 갖추었지요. 이때 갑자기 하늘에서 엄청난 천둥소리가 블레셋 진영에 들리며 군사들을 위협했지요. 20년 전 이스라엘과의 전쟁에서 크게 이겨 하나님의 임재를 뜻하는 언약궤까지 빼앗았으나 오히려 이 언약궤가 있는 곳마다 전염병이 발생해 결국 언약궤를 이스라엘에 되돌려 준 악몽이 되살아 난 듯 블레셋은 겁에 질려 우왕좌왕했지요. 전투가 벌어지기도 전에 오합지졸이 되어 도망가는 블레셋을 이스라엘이 추격하며 죽인 시체가 길가에 즐비하게 쌓였지요.

사무엘은 이를 기념하여 미스바와 센 사이에 큰 바윗돌을 세워 '에벤에셀'이라 불렀지요. 에벤에셀은 '하나님께서 여기까지 도우셨다'는 뜻이지요. 요즘 우리가 즐겨 부르는 '에벤에셀 하나님'은 여기에서 유래된 복음송이지요. 저는 이 찬양을 부를 때마다 두 손을 높이 들고 이스라엘의 회개, 사무엘의 예배와 기도를 생각하며 지금까지 함께 하신 하나님을 목소리 높여 찬양하지요.

저의 감격이 이러한데 미스바에 함께 모여 간절히 기도했을 노년의 한나는 저보다 더 목소리 높여 에벤에셀 하나님을 찬양하지 않았을까요? 아들과 함께 하신 하나님, 이스라엘과 함께 하신 하나님께 감사의 눈물을 흘리지 않았을까요? 단지 본이 되는 거룩한 사람이 되도록 서원한 아들이 민족을 큰 위기에서 구한 지도자가 되었으니 노년의 한나는 감격, 감사하며 아들과 민족을 위해 더 간절히 기도하며 복된 삶을 마감할 수 있었겠지요.

사무엘의 두 아들과 왕정 통치의 시작

한나의 소망대로 모든 면에서 본이 되는 사무엘이 민족을 이끄는 동안 이스라엘은 평화를 누렸지요. 사무엘이 늙어 두 아들에게 백성들의 소송을 재판하는 일을 맡겼지요. 그런데 사무엘의 두 아들은 아버지와 달리 뇌물을 밝히며 이스라엘의 불만과 지탄 대상이 되었지요. 백성들이 자기들에게도 왕정 제도를 세워 달라고 요구하기에 이르렀지요. 이때 사무엘의 마음이 얼마나 괴로웠겠습니까?

이스라엘은 400년 가까이 사사들이 나라를 이끌어 왔지요. 사사 제도는 하나님께서 직접 이스라엘을 통치하신다는 신정(神政) 정치지요.

그런데 백성들이 이 신정 통치를 버리고 인간이 다스리는 왕정을 요구하는 계기가 자신의 두 아들이 잘못했기 때문이니 얼마나 마음이 아팠겠습니까? 두 아들에게 재판을 맡긴 것은 아들을 자신의 뒤를 이을 15대 사사로 만들고자 함이 절대 아니지요. 사사는 하나님께서 세우심을 누구보다 사무엘이 더 잘 알지요. 단지 레위인으로서 재판을 담당할 자격이 되기에 맡긴 것뿐이지요.

그런데 이런 결과가 나온 것은 도대체 누구의 잘못입니까? 사무엘상 12장 3~5절을 보면 사무엘은 백성들에게 잘못한 게 전혀 없음을 자타가 인정하고 있지요. 이런 사무엘이 아들을 잘못 가르친 것이 없을 뿐 아니라 가정에서 본이 안 되는 이중적인 모습을 보인 적도 없지요. 도대체 누구의 잘못입니까?

아무리 사무엘이 청렴결백해도 생활비는 충분했을 텐데 그들의 물질욕은 왜 생겼지요? 사무엘이 바빠서 충분히 못 가르쳤나요? 아니면 바쁜 남편 대신 잘 교육시켜야 할 아내가 소홀했나요?

이유야 어찌됐든 사무엘은 두 아들을 징계했겠지요. 엘리가 두 아들을 징계하여 바로 잡지 못한 결과를 어린 나이에 똑똑히 보았기 때문에 분명 징계하여 두 아들을 바로 잡았겠지요. 두 아들로 인해 사무엘은 어린 시절을 어머니와 오래 함께 하진 못했어도 자기를 이렇게 만든 어머니의 간절한 기도를 떠올리며 자기 부부의 아들에 대한 기도를 반성했겠지요.

백성들의 요구를 들어주라는 하나님의 말씀에 따라 사무엘은 이스라엘에 왕을 세우게 되지요. 사울에게 기름 부어 초대 왕으로 삼음으로 사무엘의 14대 사사 통치는 끝났지요. 사사는 죽을 때까지 한 것으로 보이는데, 사무엘은 멀쩡히 살아있음에도 직무가 끝난 것이지요. 그러나 사울의 40년 통치 중반까지도 사무엘의 영향력은 막강했지요.

초기의 겸손한 자세를 잃어버린 사울이 불순종하며 교만에 빠지자 하나님께선 다윗을 선택하셨지요. 아직 사울이 건재한데도 사무엘은 하나님의 명에 따라 다윗에게 기름 부으며 장차 이스라엘의 왕으로 세웠지요.

다윗에게 기름 부은 사무엘은 고향에서 손자 헤만과 여생을 조용히 보냈지요. 손자 헤만은 자신의 아버지 요엘의 잘못으로 조상 고라 때처럼 위기를 맞이한 가문을 할아버지 사무엘과 같이 영광으로 바꾸었지요. 존경하는 할아버지와 조용히 살며 본이 되는 거룩한 삶, 즉 하나님이 기뻐하시는 삶을 배웠겠지요.

5. 찬양대장, 한나의 증손자 헤만

레위인에게 새 임무를 맡긴 다윗

다윗은 하나님의 언약궤를 기브온 산당에서 자기 왕궁으로 모시고 온 이후에 레위인들의 역할을 완전히 바꾸었습니다.

하나님의 성전이 천막 형태로 계속 이동을 하다가 사사시대가 되면서 하나님의 성막이 더 이상 이동을 하지 않고 실로에 머물러 있다가 사울 당시에 기브온 산당으로 옮겨졌지요. 그렇게 되니 성막 운반의 책임을 진 레위인들의 할 일이 거의 없어지다시피 했지요. 그래서 레위인들은 자기가 살고 있는 처소에서 일반 사람들처럼 살아가는 모습이 많았습니다.

그런데 다윗이 언약궤를 모시고 올 때 1차 시도의 실패로 인해 레위인들의 역할에 대하여 그 중요성을 깨달았지요. 그래서 다윗은 더 이상 성막을 운반할 일이 없어진 레위인들에게 하나님의 성전에서 언약궤 앞에서 찬양과 감사를 드리는 일을 레위인들에게 맡겼지요. 그리고 하나님께 바쳐지는 여러 가지 예물들을 보관하는 창고의 관리책임자로 레위인들을 세웠지요.

하나님의 언약궤를 다윗 왕궁으로 모시는 2차 운반 시도 때에는 다윗이 모든 레위인 지도자들을 소집하였지요. 그 자리에서 다윗은 하나님을 찬양할 임무를 담당할 사람을 오라고 명령하였지요. 그러자 레위인들은 고핫 자손들을 대표하여 헤만을 뽑았고, 게르손 자손을 대표하여 아삽을 뽑았고, 므라리 자손을 대표하여 에단을 뽑았지요.

사무엘의 손자인 헤만은 언약궤 운반 때 찬양대장을 맡았지요. 그리고 언약궤가 왕궁에 들어온 이후에는 아삽, 여두둔(에단의 다른 이름으로 보임)과 함께 언약궤 앞에서 1년 동안 매일 아침, 저녁으로 하나님께 감사와 찬양 드리는 일을 맡았지요.

역대상 25장에 의하면 언약궤 앞에서 매일 하는 찬양은 헤만, 아삽, 여두둔의 아들들이 보름씩 맡아서 1년 내내 하도록 되어 있지요. 그런데 헤만의 아들들이 14명으로 1년 중 7개월을 맡은 거지요.

그리고 역대상 25장 5절에 의하면 하나님께서는 헤만을 하나님의 선견자로 부르시며 약속하시기를 그를 높이시겠다고 하셨지요. 이 말씀은 개역개정 성경에는 불분명하지만, NIV, KJV, 표준새번역, 공동번역 성경에는 헤만에 대한 하나님의 약속이 확실하게 나타나지요.

헤만으로 인하여 사무엘의 가문은 더욱 더 빛을 발하며 많은 자손들이 하나님께 찬양하며 영광 돌리는 레위인의 새로운 직무를 감당하게 되었던 것이지요.

저는 시편 42편 고라 자손의 시를 너무 너무 사랑합니다.

"사슴이 시냇물을 찾음같이 내 영혼이 주님을 찾기에 갈급하나이다."로 시작되는 그 시는 많은 사람들의 마음을 울리지요.

남들보다 더 거룩하게 살아야 할 레위인임에도 불구하고 일부일처제의 하나님 뜻을 망각하여 두 아내를 두었지만 아내를 존중한 엘가나!

별 볼일 없는 집안에 시집와 온갖 모욕을 겪으며 마침내 하나님의 마음을 헤아려 비통한 심정을 하나님께 쏟아 부으며 술 취했다고 오해 받을 정도로 기도에 몰입한 한나!

머잖아 아들이 처해질 혼탁한 환경을 생각하며 젖먹이 아들을 안고 하나님의 도우심을 간절히 구했을 한나!

어린 나이에 홀로 서게 된 아들에게 1년에 한 번씩 겉옷을 지어 만들며 하나님의 도우심을 간절히 기도했을 한나!

　믿음과 기도의 어머니 한나에게 하나님께서는 3남 2녀의 자녀를 더하셔서 사무엘의 빈 공간을 채우고 사무엘의 좋은 소식을 통하여 어머니 한나에게 기쁨을 더하신 하나님의 놀라운 생각과 지혜를 찬양합니다. 이 하나님의 섭리를 다 알 수는 없지만 조금씩이나마 깨우치고 경험하며 믿음의 명가를 만들기를 소망합니다.

똑똑한 아들을 오도한 미련한 밧세바

5편에서는 그 유명한 다윗과 밧세바의 사건을 중심으로 은혜를 나누며, 믿음의 명가 구축에 도움이 되기를 소망합니다.

어느 달 밝은 밤에 왕궁 옥상에서 환히 보이는 어느 집 마당에서 아름다운 여인 밧세바가 목욕을 하고 있었지요. 전쟁이 벌어졌는데도 출정하지 않은 다윗이 잠 못 이루며 옥상을 거닐다가 밧세바의 아름다운 알몸을 보았지요. 갑자기 정욕에 불탄 다윗은 밧세바를 불러들여 하룻밤 쾌락을 즐겼지요. 하룻밤 정사로 임신한 밧세바는 이 사실을 다윗에게 알렸지요.

밧세바의 임신을 남편인 우리아의 작품으로 만들기 위해 다윗은 전쟁터에 있던 우리아를 불러들였지요. 다윗은 우리아를 환대하며 아내와 함께 지내도록 특박 휴가를 주었지만, 우리아는 전쟁터에서 고생하고 있는 전우들을 생각하여 자신의 집 안이 아니라 왕궁문에서 그 주의 부하들과 더불어 잠을 잤지요. 아내 밧세바와 동침을 하지 않은 우리아에게 다윗은 편지를 주어 전선으로 되돌려 보냈지요.

이 편지를 받은 요압 사령관은 다윗의 명대로 우리아를 최전선에 보낸 후 갑자기 아군을 퇴각시켜 우리아를 전사시켰지요.

그 후 밧세바는 다윗의 아내가 되어 아들을 낳았지만 하나님의 벌로 죽었지요. 이후 밧세바가 낳은 솔로몬에게 왕위를 물려주겠다고 다윗은 약속했지요. 그러나 아들 압살롬이 반역을 일으켰고 밧세바의 할아버지 아히도벨이 가담해 다윗은 젊은 시절처럼 또 도망갔지요. 반군 진압 후 한동안 평화롭다가 다윗 말년에 아들 아도니야가 반역을 꾀하자, 밧세바의 요청대로 다윗은 솔로몬에게 왕위 이양을 서두르지요.

밧세바를 생각하면 정말로 여러 가지 많은 의문이 듭니다. 밧세바가 어떻게 예수님의 조상이 되었는지 너무 의문스럽지요.

그런데 마태복음 1장의 예수님 족보에 다윗의 아내 밧세바를 소개할 때에 '우리아의 아내'란 말만 있고, '밧세바'의 이름은 없습니다. 밧세바를 소개하는데 왜 '우리아의 아내'라는 꼬리표가 붙어 있을까요?

밧세바의 첫 남편 우리아

밧세바의 첫 번째 남편 우리아는 이스라엘 사람이 아니었습니다. '헷'사람이었지요. 헷은 히타이트 민족이지요. 히타이트는 고대 중동사에서 한때 이집트 제국과 어깨를 나란히 할 정도로 강대국이었지요.

이 히타이트 제국 출신의 우리아가 어떻게 밧세바와 결혼하였을까요? 밧세바는 이스라엘 유다 지파의 사람인 걸로 보입니다. 이스라엘 사람은 이방인과 결혼하는 것이 하나님의 율법으로 금지되어 있지요. 그런데도 밧세바가 우리아와 결혼한 것은 우리아가 다윗의 사람이 되었기 때문이지요.

사무엘하와 역대상에는 다윗의 30인 용사 명단이 나옵니다. 30인 용사는 다윗의 심복으로서 전쟁에 능하고 아주 용맹한 사람들이었지요. 그런데 우리아가 이방인으로서 어떻게 다윗의 30인 용사에 들어갔을까요?

다윗이 사울 왕에게 쫓겨 다닐 때 굴에 숨어 산 적이 있지요. 특히 아둘람 굴에 숨어 살 때에는 다윗을 따르는 많은 사람들이 생겼지요.

사울 왕에게 쫓겨 다니는 다윗을 대장으로 모시고자 하는 사람들은 그 당시에 억울함을 당한 자, 환난을 당한 자, 현실 사회에서 여러 가지 불만을 품은 자들이었지요. 이런 사람들이 다윗을 따라다니며 아둘람 굴에 모였을 때 그 수가 400명에 이르렀지요. 다윗의 이름이 점점 유명해지니 이스라엘에서만 아니라 외국에서도 어렵고 힘든 사람들이 모여든 거지요.

나중에 다윗이 블레셋의 가드 왕에게 망명할 때에는 다윗의 부하가 600명이나 되었지요. 이들의 수는 처자식을 다 포함하면 최소한 3천 명 이상은 되었겠지요. 우리아는 이때 다윗의 사람이 된 것으로 보입니다.

그리고 밧세바의 아버지 엘리암도 역시 다윗의 30인 용사에 이름이 오른 것으로 보아 우리아를 벌써 알고 있었던 것입니다. 그렇기 때문에 우리아가 이방인임에도 불구하고 밧세바가 결혼한 거지요.

이런 우리아는 매우 충직한 다윗의 신하였지요. 전쟁에서 늘 앞장서며 부하들을 살피며 다윗에게 충성을 다하는 사람이었습니다.

후에 다윗이 밧세바와 간통을 하고서는 밧세바의 임신 사실을 숨기고자 우리아를 전투지역에서 불러들였을 때, 우리아는 다윗의 희망과는 달리 자기 집으로 가지 않고 왕궁 문에서 부하들과 매트를 깔고 잤습니다. 그 이유가 자기의 전우들은 목숨을 걸고 싸우는데 자기 혼자 편안하게 아내와 함께 잠잘 수 없다는 것이었지요. 그래서 다윗은 우리아에게 술을 먹이면서 다시 밧세바와 잠자리를 같이 할 것을 유도하였지요. 그러나 그 다음 날도 우리아는 아내가 있는 자기 집으로 가지 않았습니다.

이렇게 충직한 우리아를 성경은 높이 평가하여 다윗이 솔로몬을 낳은 것을 소개할 때에는 반드시 '우리아의 아내'라는 표현이 들어갔지요.

이런 남편을 둔 밧세바가 어떻게 하여 예수님의 조상이 되었는지 여섯 가지 의문점을 중심으로 생각해보고자 합니다.

1. 당했나? 유혹했나?

첫째, 저는 밧세바가 다윗을 유혹한 것이라고 생각합니다.

많은 사람들은 다윗이 밧세바를 유혹했다고 생각하지만 저는 오히려 거꾸로 생각합니다. 그 이유는 달빛이 비추는 밤에 밧세바가 목욕한 곳은 왕궁에서 잘 보이는 위치였기 때문입니다.

밧세바는 다윗이 밤중에 왕궁 위를 산책하는 습관이 있는 것을 알아차리고 그 다윗에게 일부러 자기의 아름다운 몸매를 보여주며 유혹한 것이라고 생각되지요.

또 다른 이유는 다윗이 밧세바를 왕궁으로 불러들여 합방할 때 밧세바가 이를 순순히 받아들였다는 점 때문입니다. 저항한 흔적이 전혀 없지요.

아무리 다윗이 왕이라 할지라도 밧세바는 유부녀이기에 다윗의 요구를 거절하는 것이 당연함에도 불구하고 함께 즐긴 것으로 보이지요. 다윗의 딸 다말이 이복 오빠 암논에게 성폭행을 당할 때에 다말이 완강하게 저항하였던 것과는 너무 대조적이지요.

그리고 또 다른 이유는 밧세바의 임신 사실을 남편 우리아의 작품으로 만들려는 다윗의 계획에 밧세바가 전혀 협조하지 않았다는 점 때문입니다. 밧세바가 자기의 임신 사실을 다윗에게 알릴 때에는 그 대책에 협조했어야 함에도(물론 이것도 아주 악한 일이지만) 불구하고, 자기 남편이 다윗의 호출을 받아 예루살렘으로 왔을 때에 적극 협조하지 않은 것입니다. 우리아가 예루살렘으로 돌아온 사실을 밧세바가 몰랐다고도 할 수 있겠지만, 그럴 가능성은 희박하다고 봅니다. 왜냐하면, 자기의 임신 사실을 다윗에게 알렸기 때문이지요. 그래서 다윗이 우리아를 불러들일 테니 환대하라고 전갈하지 않았겠습니까?

술에 취해 왕궁 문에서 자고 있는 우리아를 종들을 시켜 데려와서라도 자기 침실로 모실 수 있었지만, 밧세바는 아무런 행동도 하지 않았지요. 오로지 밧세바는 자기의 임신 사실을 다윗에게 알리며 다윗의 마음을 바쁘게 하여 끝내는 다윗이 살인죄까지 저지르도록 만든 것으로 보입니다.

사실, 다윗과 밧세바의 이 사건은 다윗에게도 매우 큰 약점이 됩니다. 다윗은 하나님께서 당신 마음에 합한 자라고 자랑하실 정도로 하나님에 대한 믿음이 남달랐지요. 그러나 다윗은 여자에게 너무 약한 단점을 이 밧세바 사건에서 또 다시 보여주지요.

다윗은 왕이 되기 전에 벌써 세 명의 아내가 있었지요. 첫 번째 아내는 사울의 딸 미갈인데, 사울과의 관계가 악화되어 미갈과는 별거 상태에 들어갔지요. 그러나 다음 두 아내는 다윗과 함께 생활하였고, 다윗이 헤브론에서 왕이 된 이후에는 네 명의 아내를 추가하였지요. 그러다가 예루살렘에서 통일 이스라엘 왕국의 왕이 된 이후에는 그 아내의 숫자가 훨씬 많아졌지요.

하나님께서는 비록 왕이라 할지라도 여러 아내를 두지 말라고 모세의 율법에 명시하였음에도 불구하고, 다윗은 왕이 되기 전부터 이 율법을 거역하고 왕이 된 이후에는 더욱 더 심하였지요.

결론적으로 다윗과 밧세바의 이 사건은 두 사람의 합작품으로 보인다는 것입니다.

다윗의 잘못된 여성관

다윗은 하나님께서 너무 좋아한 사람이었지만 다윗에겐 치명적인 약점이 있었지요. 여자를 너무 좋아한 것입니다. 밧세바와의 사건이 터지기 전에도 여성에게 약한 모습이 쉽게 나타납니다.

왕이라 해도 많은 아내를 두지 말라는 율법을 어긴 결과 다윗은 엄청난 고통을 겪었고 가정불화의 고통은 죽는 순간까지 이어졌습니다.

하나님께서 그토록 칭찬하신 다윗이라 할지라도 자기가 뿌린 씨앗의 쓴 열매는 자신이 맛 봐야만 했지요. 밧세바 사건이 우연히 터진 게 아니지요. 그래서 우리는 다윗의 여자들을 먼저 살펴 볼 필요가 있지요.

첫사랑 미갈을 다시 빼앗아 온 다윗

블레셋(현재 팔레스타인)의 거인 장수 골리앗 때문에 골치 아팠던 사울은 골리앗과 싸워 이긴 자에게 큰 상을 걸었지요. 골리앗을 물리치는 자를 자기 사위로 삼겠다는 것입니다. 그러나 골리앗과 싸워 그를 죽인 다윗은 이 제의를 겸손히 사양했지요. 아직 여자에 대해 매우 순수했던 10대 중반의 다윗은 '자기 같은 목동이 어떻게 왕의 사위가 될 수 있느냐?'라는 겸손 때문이었지요.

그런데 사울은 치솟는 다윗의 인기를 시샘해 그를 죽일 계략으로 또 다시 다윗에게 자기 딸과의 결혼을 제의했지요. 나이가 좀 더 든 다윗은 이때는 미갈과 결혼하려고 사울의 요구 조건을 받아들였지요. 신랑이 내야 하는 결혼 지참금 조로 블레셋 군사들의 포피 즉 성기 끝 부분의 피부 껍질 100개를 원하는 사울의 조건을 이행했지요. 밤중에 잠입해 블레셋 군사들을 죽이고 포피 200개를 잘라 무사히 돌아온 다윗은 공주 미갈과 결혼했지요.

미갈은 음악적 재능이 뛰어나고 용감한 장수 다윗을 진정으로 사랑했지요. 그러나 다윗에 대한 아버지의 의심과 시샘은 사라지지 않고 계속 다윗을 죽이고자 했지요. 마침내 미갈은 사랑하는 남편을 살리기 위해 왕궁을 떠나 다윗을 피신시켰지요. 뒤쫓아 온 사울은 딸에게 화를 내었지만 미갈은 오히려 아버지가 원망스러웠지요. 아버지 때문에 자식도 없는 상태에서 어쩔 수 없이 다윗과 헤어진 미갈은 사랑하는 남편을 잊어야만 했지요.

다윗은 이후 계속 쫓기는 신세가 되어 미갈과 다시 재회한다는 것은 꿈에도 꿀 수 없었지요. 자식이 없던 미갈은 아버지의 명에 따라 다른 사람과 재혼하여 다윗은 잊힌 과거의 남자가 되었습니다.

다윗은 미갈을 못 잊어서인지 오래 싱글로 버티다가 결국 두 아내를 얻고 사울이 죽은 후 헤브론에서 유다 지파만의 왕이 되었지요. 사울의 군대 장관 아브넬은 사울의 아들 이스보셋을 왕으로 옹립해 이스라엘 11지파를 다스렸지요. 두 왕국으로 나뉘어 7년을 넘긴 시점에 사울 가문의 왕국에 불화가 생겼지요. 아브넬이 사울의 첩과 동침하는 것을 이스보셋 왕이 문제 삼았던 것입니다. 아브넬은 자기 때문에 왕국이 유지되는데 이를 문제 삼으니 발끈하여 적대 관계인 다윗에게 사신을 보냈지요.

사울 왕국을 하나님께서 세우신 다윗에게 넘길 테니 자신을 받아 달라고 부탁한 것이지요. 다윗은 더 이상 동족끼리 피 흘리지 않아도 되니 이를 수락했습니다.

국가의 존망이 걸린 중대한 협상 자리에서 다윗은 너무도 뜻밖의 제안을 했지요. 이 협상이 성공하기 위해선 자신의 첫사랑 미갈을 아브넬이 데리고 와야 한다는 것이었지요.

사울 왕국의 분열을 확인한 다윗은 허수아비 이스보셋 왕에게 미갈을 보내라고 요구하는 편지를 보냈지요. 이스보셋은 겁을 먹고 자기 누이 미갈을 다윗에게 보내라고 명하지요. 미갈을 데리고 와야만 아브넬을 만나 왕국 이양 문제를 평화롭게 매듭짓겠다는 다윗의 말을 전해들은 아브넬이 직접 미갈의 집으로 갔지요. 미갈의 남편은 왕국의 최고 실권자 아브넬에게 대항할 엄두도 못 내고 사랑하는 아내를 빼앗겼지요. 힘없는 남편은 아브넬과 미갈의 뒤를 따라가며 계속 울었지요. 상당히 먼 거리를 뒤따라오며 계속 우는 소리에 참다못한 아브넬이 고함을 질렀지요. 집으로 돌아가라는 엄한 아브넬의 명령에 남편은 역시 울면서 돌아갈 수밖에 없었지요.

다윗의 행동이 너무 이기적이고 정욕적이지 않나요? 아무리 장인 때문에 어쩔 수 없이 헤어졌어도 둘 다 재혼하지 않았습니까? 헤어진 지 벌써 20년 가까이 되었는데 또 다윗은 아내가 6명이나 있지 않습니까? 다윗과의 사이엔 자녀가 없었어도 그동안 미갈의 자녀도 있을 터인데 너무 하지 않습니까? 아무리 목숨 걸고 결혼한 첫사랑이라도 국가의 존망을 논하면서 이를 전제 조건으로 삼을 정도로 미갈에 빠졌다니 같은 남자로서 이해가 잘 안 됩니다. 미갈이 울며 오래 뒤따라 오는 남편에게 미련 없이 순순히 아브넬을 따라 나선 것도 정말 이해 안 되는 장면이지요.

이렇게 다시 다윗의 아내가 된 미갈의 삶은 어땠을까요?

미갈을 다시 아내로 맞이한 다윗은 통일 왕국의 수도로 예루살렘을 정했습니다. 예루살렘은 베냐민 지파에 속한 성이었지만 가나안 땅의 원주민인 여부스 족속이 차지해 살고 있었지요. 여호수아 시절 가나안 정복 때 예루살렘도 정복했지만 여부스 사람들이 그곳에 사는 것을 방치한 결과지요. 가나안 정복 전쟁이 끝난 지 400년이 지나 또 다시 예루살렘 탈환 전쟁을 했지요. 다윗은 탈환한 예루살렘에 왕궁을 지었지요. 그리고 이 왕궁에 하나님의 언약궤를 모셔 오는 일을 엄청난 국가 행사로 치렀지요.

다윗은 모셔 오는 언약궤 앞에서 너무 기뻐 찬송하며 춤을 추었지요. 얼마나 찬송과 춤에 열중했는지 바지가 내려 간 것도 몰랐지요. 하체가 드러난 채 춤을 추는 광경을 왕궁의 창문을 통해 지켜 본 미갈은 남편을 비웃었지요. 그리고 왕궁으로 돌아온 남편을 나무랐지요.

미갈은 아버지 사울의 영향을 받아 하나님에 대해선 무감각했던 것처럼 보입니다. 다윗과 처음 결혼해 살 때 자기 방에 작은 우상을 보관할 정도였지요. 미갈은 다윗을 인간적으로 사랑했을 뿐이지요. 다윗의 철저한 하나님 사랑을 이해하지 못했지요. 다윗을 나무랐던 미갈은 다윗과 함께 살면서도 그의 사랑을 받지 못해서 다윗의 자식을 낳지 못했지요.

젊은 시절 다윗은 왜 미갈의 작은 우상을 제거하지 못했을까요? 공주라 기가 죽었나요? 다윗도 미갈을 인간적으로만 사랑한 것 아닐까요? 만약 다윗이 왕이 아니었다면 미갈을 다시 아내로 데려올 수 있었을까요?

나발의 아내였던 아비가일과 결혼한 다윗

다윗은 어쩔 수 없이 미갈과 헤어진 후 도망자가 되어 이리 저리 떠돌다가 굴에 숨어 지내게 되었지요. 백성들에게 인기 짱인 다윗이 아무 잘못도 없이 억울하게 사울에게 쫓긴다는 소문이 쫙 퍼졌지요. 다윗이 굴에 있다는 소문을 듣고 비슷한 처지의 사람들이 다윗에게 모여들었지요. 그 수가 점점 불어 약 600명에 이르렀습니다. 이들의 처자식까지 계산하면 수천에 이르겠지요. 미갈과 헤어진 지도 근 10년이 흘렀지요. 20대 펄펄 끓는 나이에 그때까지 싱글로 지내던 다윗의 눈을 뿅 가게 만든 여인을 만나는 사건이 발생했지요.

자기에게 기름 부은 사무엘이 장수한 후 죽어 장례식에 참석했지요. 그 후 많은 식솔들을 이끌고 나발의 목동들이 가축을 돌보는 곳에 이르렀지요. 나발은 갈렙의 후손인데 갈멜에 사는 갑부였지요. 나발의 목동들이 가축을 칠 때 다윗의 사람들은 이들을 도적떼로부터 보호하며 이들이 마음 놓고 방목하도록 보살펴 주었지요.

마침내 양털을 깎는 때가 되었지요. 양털은 옷을 만드는 실의 재료가 되기에 엄청난 수입을 얻게 됩니다. 그래서 너무 기쁜 날이라 이웃과 그 기쁨을 함께 하는 날이기도 하지요.

이때 다윗이 자기 사람 열 명을 나발에게 보내 자기들도 그 기쁨을 함께 하도록 먹을 것을 다윗의 이름으로 정중하게 부탁하지요. 다윗이 매우 많은 사람들을 먹이는 일도 보통 힘든 게 아니었겠지요.

워낙 욕심 많고 사악한 나발은 자기 목동들이 그동안 다윗에게 받은 은혜를 깡그리 무시했습니다. 그뿐 아니라 다윗을 모독하는 발언을 마구 쏟아냈지요. "다윗이 누구냐? 요즘 주인에게서 도망치는 종놈들이 많다더라. 내가 그런 놈에게 어떻게 우리 종이 먹을 것을 주느냐?"

나발의 말을 들은 다윗은 격분하여 200명은 캠프를 지키게 하고 400명을 이끌고 나발에 속한 모든 남자들을 죽이기 위해 나서게 됩니다.

이때 나발의 종들이 나발의 아내 아비가일을 찾아가 자초지종을 설명하며 사태 수습을 간청하지요. 아비가일은 아주 지혜로울 뿐 아니라 매우 아름다운 여인이었지요. 이 말을 듣자마자 바쁘게 움직였지요. 먹을 것과 마실 것을 잔뜩 실어 다윗에게로 보냈지요. 남편에겐 일체 알리지 않고 아비가일도 직접 나귀를 타고 다윗에게로 갔지요.

마침내 다윗을 만난 아비가일은 나귀에서 내려 얼굴을 땅에 대고 다윗의 발아래 엎드려 절한 채로 이렇게 호소했지요.

"모든 죄는 제게 있습니다. 제 남편은 이름대로 어리석은 사람입니다. 제 남편은 하나님께서 벌하실 겁니다. 당신의 생명은 하나님께 달렸는데 하나님께서 당신을 택하셨으니 그 누가 당신을 해할 수 있습니까? 당신께서는 피 흘리며 직접 복수에 나서시면 안 됩니다. 하나님께서 당신을 민족의 지도자로 택하셨으니 언젠가 왕이 되실 때 무죄한 피를 흘리며 복수했다는 소리를 들으면 당신께서 통치하심에 덕이 안 됩니다. 하나님께서 당신을 약속대로 높이 세우실 때 이 여종을 기억해 주옵소서."

아름다운 아비가일의 입에서 쏟아지는 너무 지혜로운 말에 다윗은 감탄하지 않을 수 없었습니다. 그래서 다윗은 아비가일을 만나게 해 주신 하나님께 감사하며 찬양했지요. 다윗이 여인에게 이렇게 감탄하며 하나님께 감사와 찬양을 드린 경우는 전 생애를 통해 이 아비가일뿐이지요.

아비가일을 만나게 해 주셔서 자기 손에 더러운 피를 안 묻히게 해 주신 하나님께 감사와 찬양을 드린다고 다윗이 말했습니다. 아비가일에게 완전히 빠진 다윗은 얼마 전 복수의 맹세를 하며 격분했던 모습은 완전히 사라졌지요. 기분 좋게 아비가일의 선물을 받아 되돌아가는 다윗은 아비가일이 나발에게 너무 아깝다는 시샘을 했겠지요. 다윗에겐 두 누이가 있었는데 한 누이의 이름도 아비가일로 같은 이름이니 처음 보면서도 단번에 친밀감까지 느꼈겠지요.

집에 돌아온 아비가일은 왕처럼 잔치를 크게 벌이고 포도주에 취한 나발에게 아무 말도 하지 않았지요. 다음날 아비가일이 전날 있었던 일을 나발에게 전하니 나발은 다윗에 대한 공포로 크게 떨다가 열흘 후 갑자기 죽었지요.

그때까지 싱글로 살던 다윗은 아비가일에게 뿅 간 상태에서 나발의 사망 소식을 들으니 너무 기뻤지요. 아비가일을 아내로 맞이하는데 걸림돌이었던 나발이 사라졌으니 지체할 이유가 없었던 다윗은 당장 사람들을 보내 아비가일을 모셔 오라 하지요. 아비가일은 다윗의 청혼을 듣고는 다윗 쪽을 향해 땅바닥에 엎드려 절한 후 미련 없이 따라가 다윗의 아내가 되었지요.

그런데 다윗은 이내 이스라엘 지방 출신의 아히노암과 또 결혼하였지요. 그렇게 푹 빠졌던 아비가일을 맞이했는데 금방 또 다른 여인을 아내로 맞이한 것은 다윗의 여성관이 바뀌었다는 신호탄이 아닐까요? 아마 아히노암을 먼저 좋아해 결혼할 생각이었는데 갑자기 아비가일이 나타나 다른 남자에게 빼앗기지 않으려고 엉겁결에 급하게 하다 보니 단시일에 두 여인을 맞이한 것인지도 모르지요. 어쨌든 다윗은 변했어요.

다윗은 헤브론에서 여섯 명의 아들을 얻었습니다. 아비가일이 낳은 길르압(역대상 3장에는 다니엘로 기록되었음)은 둘째였습니다. 그런데 다윗의 첫째 아들인 암논이 압살롬에게 살해당하여 길르압이 맏아들이 되었지요. 길르압은 맏아들이 되었지만 왕위에는 전혀 관심이 없었습니다. 이복동생인 압살롬이 왕위를 노려 반란을 일으키고, 또 다윗 말년에 넷째 아들인 아도니야가 반역을 모의하였지만, 길르압은 이런 왕위 쟁취에는 전혀 관련이 없었습니다. 왜 그랬을까요?

제가 생각하기에는 현명한 어머니 아비가일이 아들 길르압을 이렇게 교육시킨 결과라고 봅니다. 아비가일은 다윗의 왕위를 계승할 왕자가 솔로몬이라는 것을 알았습니다. 솔로몬이 다음 왕이 될 것이라는 것을 하나님의 뜻으로 알았기에 아비가일은 하나님께 순응하는 것을 몸에 익힌 것이지요. 하나님께 순응한 아비가일은 자기 아들 길르압에게 왕위에 대한 욕심을 내지 않도록 철저하게 교육시켰을 것입니다. 그래서 길르압은 자기보다 약 20살이나 아래인 이복동생 솔로몬이 왕이 되는 것을 반대하지도 않았고, 역적모의를 전혀 하지 않았기에 무사히 생존할 수 있었던 것이지요.

아비가일은 나발의 아내였을 때에는 나발의 남자들을 살리는 지혜를 발휘하였고, 다윗의 아들 길르압을 낳았을 때는 그 아들을 살리는 지혜를 발휘했지요. 다윗의 첫째, 셋째, 넷째 아들이 모두 비극적으로 죽은 것에 비하면 아비가일의 지혜는 돋보이지요. 이런 지혜롭고 아름다운 아비가일을 아내로 맞이한 다윗은 아비가일로 만족해야 하지 않았겠습니까? 그러나 다윗은 이에 만족하지 못하고 또 다른 여인들을 계속 찾으니 불행과 비극의 씨앗을 스스로 뿌린 것입니다.

율법을 어기며 너무 많은 가지각색 아내를 맞이한 다윗

사울이 죽은 후 다윗은 두 아내와 함께 하나님께서 가르쳐 주신 헤브론으로 가게 됩니다. 헤브론은 갈렙이 차지하여 그 후손들이 사는 곳으로 유다 지파의 중심지입니다. 이곳에서 다윗은 유다 지파만의 왕이 되며 이스라엘은 두 왕국으로 7년 6개월 동안 분열상태로 있게 되지요.

다윗은 헤브론에서 4명의 아내를 더 맞이합니다. 사울의 왕국은 점점 약해지고 다윗의 왕국은 점점 강해지는데 다윗은 율법의 규정을 무시하고 이방 여인을 아내로 맞이하지요. 그술 왕국의 공주 마아가와 정략결혼을 했지요. 동서고금을 가리지 않고 왕정 시대는 정략결혼을 통해 우호 관계를 유지하고 어려울 때 서로 돕기도 했지요. 어떤 경우에는 적대 관계인데도 공주를 볼모로 붙잡아 두며 감시 또는 견제하는 정략결혼도 하지요.

다윗이 어떤 이유로 마아가를 맞이했든지 간에 아주 나쁜 선례를 만든 거지요. 아들 솔로몬이 첫 결혼부터 시작해 수많은 정략결혼을 당연시 하는 것에는 아버지의 영향도 있었겠지요. 그리고 마아가가 낳은 아들 압살롬으로 인해 후에 다윗은 또 다시 도망해야 하는 이루 말할 수 없는 고통을 겪게 되지요.

또 헤브론에서 결혼한 학깃의 아들 아도니야도 다윗의 말년에 반역을 도모해 다윗은 죽는 순간까지도 자식들의 불화를 걱정해야 하는 처지가 되지 않습니까?

다윗은 말년에 몸이 차가워지며 힘이 없었지요. 이때 신하들이 다윗의 몸을 따뜻하게 해서 원기를 회복시키고자 의논했지요. 결론이 젊고 아름다운 처녀를 왕께 붙여 주자는 것이었지요. 전국에서 공모해 아비삭을 선발했으니 얼마나 아름다운 처녀였겠습니까?

여자를 너무 좋아하는 왕에게 신하들이 알아서 일을 벌여 선물했기에 다윗은 받아들이지요. 그런데 다윗은 침실에서 아비삭의 시중만 받고 잠자리를 같이 하지 않았지요. 잘한 건지 잘못한 건지 헷갈리지요. 그럴 바엔 시중도 안 받고 아예 맞아들이질 않는 게 더 나은 것 아닌가요? 후에 이 아비삭으로 인하여 다윗의 아들 아도니야가 솔로몬에게 죽임을 당하지요.

성경에 나타난 다윗의 아내 이름만도 9명이나 되지요. 처첩이 천 명인 솔로몬도 이름이 기록된 아내는 두 명뿐이지요. 이름이 밝혀지지 않은 다윗의 여인은 더 많았지요. 아들 압살롬이 반역을 일으켜 도망갈 때 첩 열 명을 궁에 남기며 왕궁을 지키라는 이상한 명령을 했지요. 이들 말고도 더 있었겠지만 이 열 명만 더해도 다윗의 처첩은 19명이나 됩니다.

"많은 아내를 두지 말라", "이방인과 통혼하지 말라"는 두 가지 율법을 어긴 다윗의 아내들에게는 특징이 있습니다.

결혼 후 헤어져 재혼하여 살고 있는 남편을 물리치고 다시 빼앗은 아내, 남편을 잃고 과부가 되자마자 결혼한 아내, 정략 결혼한 아내, 유부녀와 간통 후 남편을 죽이고 빼앗은 아내, 처녀로 시집와 부부 관계는 맺지도 못하고 시중만 든 아내 등 좀 이상하지 않습니까? 결코 평범하지 않은 다소 비정상적인 특이한 사례들로 얼룩진 것이 다윗의 결혼이라니 믿어집니까?

이런 다윗을 하나님께서 당신 마음에 합한 사람이라 하시며 복 주시고 온갖 축복의 약속까지 하시며 예수님을 후손으로 주셨으니 이래도 되는 것인가요? 이러함에도 불구하고 다윗을 본받아야 한다고 저는 수도 없이 들었고 또 저도 그렇게 말했지요.

그런데 성경을 잘 살피면 믿음의 선배들이 한결같이 힘들게 살며 하나님을 경험한 것을 보게 됩니다. 그 중 다윗, 바울만큼 전 생애를 고난에 묻혀 산 사람이 없는 것 같지요. 바울은 복음을 위해 스스로(?) 십자가를 졌지요.

그러나 다윗은 그게 아닙니다. 민족을 구한 영웅인데 도망자가 되어 적국에 망명 신청하러 가서 살기 위해 침 흘리며 미친 짓을 하기도 했고, 수년 후 다시 망명 신청하여 적국의 장수가 되어 조국 이스라엘과 싸우기 위해 블레셋 군사로 출전하게 되는 심적 고통을 생각해 보셨나요? 전투 직전 겨우 출전을 면하고 돌아오니 다윗의 공동체 처자식들이 모두 아말렉 도적떼에게 잡혀 가기도 했지요.

적국에 망명했기에 일어난 사건으로 생각한 부하들이 다윗에게 돌을 던져 죽이고자 하니 다윗은 주저앉아 더 이상 울 힘이 없을 정도로 울었지요. 처자식들을 다 찾는데 시일이 걸렸기에 다윗의 아름다운 두 아내들은 분명 도적떼의 두목급들에게 능욕을 당했겠지요.

다윗이 왕이 되어 점점 강해져 이스라엘 역사상 최강대국을 만들었지만 다윗의 고난은 끊이지 않았지요. 이때의 고난은 외부에서 온 게 아니고 다 내부적으로 가정에서 발생했습니다. 다윗의 잘못된 여성관에서 생긴 고난이지요. 그 외에 다윗은 조카이면서 2인자인 군대장관 요압으로 인해 통치 기간 내내 시달리며 고민했습니다. 죽을 때 유언으로 요압을 처리해 주기를 솔로몬에게 부탁할 정도로 그에게 시달리면서도 자신의 약점을 너무 잘 아는 요압에게 다윗 본인은 손을 대지 못했지요.

하나님께서 다윗을 너무나 사랑하셨기에 다윗의 잘못된 결혼을 눈감아 주셨나요? 밧세바 사건 때 잘못을 지적하신 것 외엔 다른 지적이 없었어도 하나님께서 봐 주신 게 아님을 저는 확실히 느낍니다. 오히려 너무 사랑하셨기에 누구보다도 더 혹독한 쓴 열매를 맛보게 하셨다고 생각합니다.

2. 왜 슬퍼만 하나?

둘째, '밧세바는 자기 잘못을 깨닫고 회개하는 여인인가?' 라는 의구심이 듭니다.

밧세바는 자기 남편 우리아가 죽었다는 소식을 듣고 슬퍼하기만 하였지, 자기 잘못을 깨닫고 회개했다는 기록은 전혀 없습니다. 왜 그랬을까요? 우리아가 어떻게 죽었는지 그 죽음의 비밀을 몰랐기 때문일까요?

아마도 다윗은 우리아를 죽이기 위해 전쟁터에서 우리아를 최전선에 세운 후에 아군이 갑자기 철수하는 바람에 그가 죽게 된 사실을 밧세바에게 알리지 않았을 수도 있었겠지요.

그런데 우리아의 죽음의 비밀을 몰랐기 때문에 밧세바가 회개를 하지 않은 것은 너무 이상하지 않습니까? 자신이 다윗과 함께 저지른 일에 대하여 남편의 죽음 앞에서도 양심의 가책을 느끼지 못했기 때문에 회개를 하지 않은 것 아닙니까?

그리고 우리아가 죽은 후 나단 선지자를 통하여 다윗이 자신의 잘못을 깨닫고 즉시 회개한 것과는 너무 대조적이지 않습니까? 다윗이 나단에게 꾸지람을 들을 때에 과연 밧세바는 그 사실을 전혀 몰랐을까요?

이것은 다윗 혼자만 회개해야 할 일입니까? 다윗과 밧세바의 사이에서 태어난 아기가 죽을병에 걸려 죽게 되어도 밧세바는 슬퍼만 하였고 회개를 하지 않았지요. 다윗은 그 아기를 살리고자 왕궁 바닥에 엎드려 금식하며 하나님께 간절히 매달리며 회개했지요.

그때 지은 시편 51편은 다윗의 유명한 회개 기도문이지요. 시편 51편을 보면, 다윗은 자신의 죄를 알고 하나님께 용서를 구하며 자신을 버리지 말고 하나님의 영이 자신에게서 떠나가지 말 것을 간절히 기도합니다. 또 자기 안에 깨끗한 마음을 창조해 주시고 자기 안에 정직한 영을 새롭게 하여 달라고 하면서 하나님께서 원하시는 것은 제사가 아니고 통회 자복하는 상한 마음이라고 고백하였지요.

이렇게 회개한 다윗과는 달리 아기가 죽자 밧세바는 이번에도 슬퍼 울기만 하였지요. 자기 아들이 왜 죽었는지 그 이유도 모르는지 회개를 하지 않은 것을 보면 이해가 잘 안 갑니다. 아마도 밧세바는 아기가 죽은 것이 자신의 죄 때문이란 생각을 하지 못한 것 같습니다. 자신을 아내로 맞이한 남편 다윗의 기도에 혹시나 하면서 요행을 바란 건지도 모르지요.

성경에 기록은 없지만 밧세바도 회개한 건가요? 다윗처럼 금식하며 바닥에 엎드리는 확실한 표현이 아니라서 기록이 없나요? 회개할 때는 굵은 베옷을 입고 머리에 재를 뿌리며 했는데 병 걸린 아기의 엄마이니 그렇게 안하고 슬피 울기만 해도 회개한 것으로 봐야 하나요? 밧세바의 회개 여부는 저에겐 궁금하지만 정확한 것은 천국에 가야 풀릴 것 같네요.

범죄의 열매인 아기는 죽었지만 하나님께선 다윗의 회개를 받으시고 밧세바를 통해 새 아들이 태어날 것과 그 아들이 다윗의 후계자가 되어 성전 건축의 성스러운 임무까지 이룰 것이라고 역대상 22장 8-10절에 말씀하셨으니 너무 놀랍지 않습니까? 엄청난 해산의 고통을 통해 태어난 지 얼마 안 된 아들을 잃은 슬픔이 너무 커서 회개는 고사하고 아무 생각 없이 슬피 우는 밧세바에게 얼마나 큰 위로와 소망이 되었겠습니까?

솔로몬의 출생 예언이 언제인지는 정확한 기록이 없지만, 밧세바가 낳은 둘째 아기 이름을 솔로몬으로 지은 것으로 보아 그 예언의 주인공이 바로 이 아기임을 임신 전후 또는 출생 전후에 알려 주신 것 아닌가요?

너무도 뜻밖의 이 약속에 저는 좀 혼란스럽더니 이내 이사야 55장 8절 말씀이 생각났습니다.

"이는 내 생각이 너희의 생각과 다르며 내 길은 너희의 길과 다름이니라."

상한 마음을 꺾지 않으시고 위로하시는 하나님께 감사할 따름이지요.

다윗의 아들 압살롬의 반역

다윗은 헤브론에서 유다 지파의 왕이 된 후 비로소 자녀를 낳기 시작했습니다. 헤브론에서 6명의 아내에게서 낳은 6명의 아들 중 첫째, 셋째, 넷째로 인해 다윗은 이루 말할 수 없는 고통을 겪지요.

맏형 암논을 죽인 압살롬

다윗의 첫째 아들 암논은 이복 여동생 다말을 너무 짝사랑했지요. 다말은 압살롬의 친여동생이지요. 압살롬은 자기 딸 이름을 다말로 할 정도로 이 여동생을 아끼고 사랑했지요. 이런 다말을 너무 짝사랑해 마음에 병이 날 지경인 암논에게 친척 되는 한 사람이 아주 나쁜 방법을 가르쳐 주었지요. 암논은 그대로 하지요.

암논이 아픈 것처럼 침대에 누워 소문을 내니 아버지 다윗이 문병 왔지요. 암논은 다말이 암논의 방에서 음식을 만들며 간호해 주도록 아버지께 부탁하지요. 아들의 이상한 부탁을 아무런 의심 없이 받아들인 다윗은 다말에게 오빠의 소망대로 하여 빨리 회복되도록 간호할 것을 명하지요.

드디어 꿈에도 그리던 다말이 자기 곁에서 음식을 만들 때 다말 외의 모든 사람을 자기 방에서 내보냈지요. 단 둘이 남으니 암논은 다말에게 일을 멈추고 침대로 올라 와 자기와 동침할 것을 요구하지요.

순순히 응하지 않는 다말에게 암논은 물리력을 쓰지요. "아버지께 결혼을 부탁하면 아버지가 우리 결혼을 쾌히 허락하실 터이니 결혼 후 부끄러움 없이 하자"는 다말의 간절한 애원은 이미 이성을 잃은 암논에겐 들리지 않았지요.

이 상황에서 왜 다말이 고함을 지르며 외부의 도움을 요청하지 않았는지 궁금하지요. 부끄러워서인지, 자기도 오빠를 조금 좋아 한 건지, 고함질러 봐야 아무도 안 올 것으로 판단한 건지….

어쨌든 강제로 다말을 욕보인 암논은 이후 갑자기 태도가 돌변하지요. 그렇게 사랑했던 다말이 갑자기 싫어지고 미워진 거지요. 암논이 다말을 육적으로만 좋아했다하더라도 이렇게 돌변하는 것은 같은 남자로서도 이해가 안 됩니다.

자신에게 성폭행 당해 정신이 없는 동생에게 사과하고 위로하기는 커녕 빨리 나가라고 소리쳤지요. 기가 막힌 다말은 "나를 쫓아내며 이렇게 학대하는 것은 아까 내게 행한 것보다 더 큰 악행"이라며 항의했지요. 그러나 이성을 잃은 암논은 고함을 질러 밖의 종들을 불러 다말을 방 밖으로 끌어 쫓아 버렸지요.

이복 오빠에게 강간당한 것만 해도 너무 억울한데 공주로서 종들에게 끌려 쫓김을 당한 충격까지 겪은 다말은 울면서 자기 방에서 두문불출하였겠지요. 이 소식은 왕궁에 다 알려졌고 이 소식을 들은 다말의 친오빠 압살롬은 다말을 위로하며 보호하기 위하여 자기 집으로 데리고 갔지요.

압살롬은 이복형 암논에게 복수의 칼날을 갈면서 때를 기다렸지요. 드디어 압살롬의 양털을 깎는 때가 왔지요. 이 양털을 깎을 때 압살롬은 일부러 잔치를 크게 벌였지요. 그리고 그 잔치에 아버지 다윗과 모든 형제들을 초대했지요. 다윗은 잔치 참석을 사양하였고 대신 압살롬의 요청대로 모든 형제들은 참석하도록 시켰지요. 잔치가 무르익고 포도주에 취해 있을 때 압살롬이 자신의 종들과 부하들에게 신호를 주었지요. 잔치 전에 압살롬의 명령을 받은 대로 그들은 암논을 살해하였지요. 잔치에 참석한 모든 형제들은 혼비백산하여 자신들의 집으로 다 도망갔지요.

그리고 압살롬도 도망을 갔지요. 압살롬은 자신의 외할아버지 달매가 다스리는 그술 왕국으로 피신하였지요. 그술 왕국은 오늘날 시리아에 있는 왕국이지요. 외가댁으로 피신한 압살롬은 외가인 그술 왕국에서 삼년을 지냈지요.

아버지의 냉담, 아들의 반란

맏아들 암논이 죽은 슬픔에 오랫동안 잠겨 있던 다윗은 자신의 잘
못을 많이 느꼈겠지요. 암논의 잘못을 알았을 때에 다윗이 재빨리 벌
하지 않아서 압살롬이 이런 끔찍한 일을 저지른 것에 대하여 후회를
많이 했겠지요. 이런 생각이 드니 암논을 죽이고 도망 간 아들 압살롬
에 대하여 그리운 마음이 싹터 오르기 시작했지요. 압살롬에 대한 그
리움이 매우 크다는 것을 눈치 챈 요압은 꾀를 내었지요.

지혜로운 여인 한 명으로 하여금 다윗 왕에게 찾아가 1인극을 하도
록 하여 아들 압살롬을 예루살렘으로 데리고 오는 허락을 받아내었
고, 왕의 명령을 받은 요압은 그술 왕국으로 가서 왕의 뜻을 전하며
압살롬을 데리고 왔지요.

그런데 다윗은 이상하게도 압살롬을 만나 주지 않았지요. 압살롬의
왕궁 출입을 금하였고, 압살롬은 자기 집에서만 살도록 명하였지요.
예루살렘으로 돌아온 후 2년 동안 아버지를 만나지 못한 압살롬은 마
음이 불안하기도 하고 불만이 쌓여 갔지요. 자신을 예루살렘으로 데
리고 온 요압에게 아버지를 만나게 해 줄 것을 부탁하려고 요압을 여
러 번 불렀지만, 요압도 압살롬을 만나주지 않았지요. 이래저래 불만
이 쌓인 압살롬은 요압의 농토에 불을 질러 마침내 요압을 만났지요.
"아버지를 보지도 못 하는데 왜 자기를 데리고 왔느냐?"고 거세게 항
의하니 요압은 만남을 주선하지요.

이제 아버지는 자유롭게 만날 수 있게 되었지만, 이미 압살롬의 마
음은 아버지에게서 떠났지요. 그렇게 그리워하던 아들을 데리고 와선
2년이나 보지 않고 지낸 이유가 무엇일까요? 아직 용서가 완전히 안

되었나요? 압살롬이 용서를 안 빌어서인가요? 그럼 왜 데려 오라 했지요? 데려오라 할 때는 용서의 마음도 없이 단지 보고 싶어서였기 때문인가요? 왜 신하에게 들킬 정도로 아들을 그리워했지요? 막상 보려니 어색했던가요?

이게 바로 불완전한 인간의 마음 아닐까요? 어정쩡한 용서로 돌이킬 수 없는 상태로 만드는 게 우리 인간이 아닌가요?

그런데 그때 압살롬의 어머니 마아가는 도대체 뭘 했지요? 남편과 아들 사이에 중재 역할을 한 기록이 전혀 없어요. 딸 다말이 당했을 때도 보호자 역할은 엄마가 아닌 오빠였지요. 그럼 마아가는 죽었나요? 친정아버지 달매 왕이 살아 있었던 것으로 보아 마아가도 살아 있었겠지요. 어쨌든 부모의 미숙한 대응이 지금까지와는 비교가 안 되는 피눈물을 부모의 눈에서 흐르게 했지요.

암논을 살해한 후 만 5년이 지나 아버지를 처음 만난 압살롬은 자기 길을 만 3년간 준비하지요.

자기 호위병을 50명으로 늘리고 전차를 구비해 타고 다녔지요. 이는 압살롬이 단순한 왕자가 아니고 왕재, 즉 왕이 될 재목임을 과시한 거지요. 압살롬의 용모는 흠 잡을 데가 없어 이스라엘에 압살롬 같은 사람은 없었다고 기록되어 있지요. 이런 압살롬이 호위병을 세워 전차를 타고 다니면 백성들의 눈에 얼마나 멋있게 보였겠습니까?

이 멋진 압살롬이 백성들의 마음을 빼앗는 일을 3년이나 했지요. 매일 아침마다 성문에 가서 예루살렘으로 들어오는 사람들의 용건을 살피며 그들을 위한 말을 하지요. 특히 송사가 있어 왕께 호소하고자 지방에서 올라 온 사람들에겐 "지금 이 왕국엔 당신의 호소를 들어 줄 사람이 없다. 내가 들어 줄 수 있으면 얼마나 좋을꼬?"라고 안타까움을 표하며 백성의 마음을 훔쳐 갔지요.

이렇게 3년을 준비한 후 4년째가 되어 거사를 결심하고 헤브론에서 제사를 드리고자 하니 보내 줄 것을 다윗에게 부탁합니다. 오래 전 외가로 피신했을 때 예루살렘으로 되돌아가게 되면 하나님께 제사 드리기로 약속했기에 이제 지키고 싶다는 게 이유였지요.

아무것도 모르고 압살롬을 따라 헤브론에 갔던 많은 사람들도 미리 압살롬의 명을 받은 부하들에게 포섭되어 압살롬의 사람이 되었지요. 제사가 끝난 후 "압살롬이 헤브론에서 왕이 되었다."는 외침이 트럼펫 소리와 함께 울려 퍼졌습니다.

왕이 된 압살롬은 아히도벨에게 사람을 보내 자기편으로 끌어 들였습니다.

아들의 반란 소식을 들은 다윗은 헤브론이 예루살렘에 가까운 고로 급히 피난길에 나섭니다. 아들의 반란으로 마음이 너무 괴로운 다윗은 신발도 안 신고 맨발로 피난길에 나섰지요. 요단강을 건너 마하나임 성에 도착해서야 전열을 가다듬게 되었지요.

다윗의 군사와 압살롬의 군사가 운명을 건 대회전을 벌이기 전, 다윗은 압살롬을 죽이지 말고 생포할 것을 명령하고 자신은 출정하지 않지요. 그러나 전투에 패한 압살롬은 도망가다 나무에 걸려 있는데 다윗의 막무가내 2인자 요압은 왕의 명을 어기고 압살롬을 창으로 찔러 죽이지요.

다윗이 마하나임 성문에 앉아 아들의 죽음을 며칠이나 슬퍼하며 울며 예루살렘으로 귀환할 준비도 안하니 전쟁에 이기고도 다윗의 군사들은 함께 시무룩했지요. 참다못한 요압이 왕에게 협박을 하지요. "차라리 우리가 죽고 아들이 사는 게 더 나을 뻔 했습니다. 목숨 걸고 왕을 위해 싸운 우리에게 지금 뭐 하시는 겁니까? 예루살렘으로 안 돌아가고 계속 이러시면 우리가 더 이상 왕을 모실 이유가 없습니다. 우리도 왕을 떠나 제 길을 가겠습니다." 그제야 다윗은 정신을 차리고 예루살렘으로 돌아갔지요.

다윗이 아들의 죽음을 그토록 슬퍼하며 자신의 잘못을 얼마나 뼈저리게 후회했겠습니까? 이 때 다윗의 나이가 약 60세로 추산되지요. 노년에 접어들 때니 자신의 인생을 되돌아보았겠지요.

율법을 어기고 많은 아내를 두어 다말 사건과 암논의 비극적 죽음을 초래한 것, 암논을 재빨리 벌주지 못한 것, 젊은 압살롬의 마음을 너무 무시한 것, 어정쩡한 용서의 태도로 아버지에 대한 아들의 분노를 키운 것 등등 많은 후회를 하였겠지요. 압살롬의 어머니 마아가도 자신의 부족을 뼈저리게 후회했겠지요.

3. 아! 할아버지!

셋째, 밧세바가 자기 할아버지 아히도벨이 압살롬의 반역에 가담한 것을 왜 말리지 못했는지 이해가 가지 않습니다.

아히도벨은 밧세바의 할아버지로서 다윗의 천재적인 모사(謀士)였지요. 동양으로 말하면 삼국지의 제갈공명보다 훨씬 더 뛰어난 모사로 보이지요. 그 이유는 아히도벨의 지혜가 얼마나 똑똑한지 성경은 말하기를 아히도벨이 만드는 계략은 사람이 하나님께 물어서 받은 것과 같다고 하였기 때문이지요.

이런 아히도벨이 다윗의 충실한 신하였는데 자기 손녀 밧세바가 다윗의 아내가 되어 왕후가 되었고 그 밧세바가 낳은 아들 솔로몬이 다윗의 뒤를 이을 사람이라는 것을 잘 알고 있음에도 불구하고 압살롬의 반란에 가담한 이유가 도대체 무엇일까요?

그 이유는 우리아의 죽음의 비밀과 연관시켜야만 해석이 가능합니다.

아히도벨과 그 아들 엘리암은 다윗이 왕이 되기 전부터 다윗을 도와준 사람으로 보입니다. 다윗의 30인 용사 명단에 엘리암이 들어있기 때문이지요. 그래서 아히도벨도 밧세바의 첫 번째 남편 우리아를 잘 알고 있었고, 우리아가 비록 이방인이라도 충직한 성품에 반하여 자기 손녀 밧세바가 우리아의 아내가 되는 것을 말리지 않았겠지요. 아히도벨의 지혜가 워낙 출중하기에 아들 엘리암이 아버지 아히도벨에게 우리아와의 결혼을 분명 의논했겠지요.

이방인이지만 목숨 걸고 다윗을 따르며 아히도벨의 손사위가 되어 더욱 사이가 좋았던 우리아가 죽게 된 비밀이 다윗의 작품이라는 것을 아히도벨이 알고는 다윗에 대하여 충격적인 배신감을 받았겠지요. 자기 부하들을 그 누구보다도 사랑하며 아끼는 대장으로 알았는데 알고 보니 그 신뢰에 금이 가는 사건이 바로 우리아의 죽음의 비밀이었던 것이지요.

다윗으로 인하여 우리아가 죽게 된 사실을 알고는 아히도벨은 다윗에게 더 이상 충성하고자 하는 마음이 사라졌겠지요. 손녀가 마음에 걸려 다윗 곁을 떠나지 못하다가 기회가 오니 과감히 떠난 거지요.

아히도벨이 우리아의 죽음의 비밀을 어떻게 알았을까요?

요압을 통하여 알았다고 보는 신학자의 견해가 있지요. 왜냐하면 우리아를 그렇게 죽이도록 명령을 받은 사람은 요압이니까요. 요압이 이 비밀을 형을 죽이고 도망간 압살롬을 본국으로 데려 오는 과정에서 압살롬에게 말해 주었고, 압살롬은 이 비밀을 아히도벨에게 알리면서 아히도벨을 자기편으로 끌어들였다고 볼 수 있지요.

다윗의 군대장관 요압은 이스라엘의 2인자로서 다윗의 조카임에도 불구하고 자주 다윗을 괴롭히는 막무가내 2인자였지요.

다윗이 헤브론에서 왕이 되었을 때에 요압으로 인하여 이런 고백까지 하였지요. "나는 왕임에도 불구하고 나는 약하고 스루야의 아들들은 너무 강하다"라고 하였지요. 스루야의 아들들은 요압과 그의 형제들을 가리키는 말이지요. 이 요압은 왕의 명령을 거역하며 사람을 죽인 일이 세 번이나 있었지요. 사울의 신하 군대장관 아브넬, 압살롬의 군대장관 아마사, 다윗의 아들 압살롬까지 요압은 다윗의 명령을 거역하고 이들을 다 죽였지요.

이런 요압은 머리도 비상하여 다윗의 약점을 잘 간파하고 그 약점을 잘 이용할 줄 아는 사람이었지요. 그래서 요압이 다윗의 명령에도 불구하고 압살롬을 죽인 이유는 요압이 압살롬에게 우리아의 비밀을 말했기 때문이라는 견해가 있지요.

그런데 저는 아히도벨이 우리아가 죽은 비밀을 알게 된 것이 다른 경로를 통해서 알았을 수도 있다고 생각합니다.

나단 선지자가 다윗을 찾아와서 우리아를 죽이고 밧세바를 빼앗은 것에 대하여 하나님의 말씀을 전하며 크게 나무랐지요. 나단이 다윗과 단 둘이 앉아서 이야기하였다 할지라도 분명히 문 밖에는 내시 또는 누군가가 지키며 들었을 가능성이 많지요.

그리고 나단이 다윗에게 말을 할 때에 야단치는 말이었기 때문에 작게 말하지는 않았을 것입니다. 나단이 흥분하여 크게 고함을 지르며 말했을 것이기 때문에 문밖에 있는 사람들이 들었다고 봐야 되겠지요.

그리고 다윗이 밧세바와의 불륜관계에서 태어난 아기를 살려달라고 금식을 할 때에 금식하는 이유가 또 알려졌겠지요.

왕궁에서 벌어진 이런 일들을 아히도벨이 들으며 우리아의 죽음의 비밀을 알았을 가능성이 많겠지요.

그동안 다윗을 주군으로 모시며 100% 신뢰해 왔는데, 다윗이 우리아를 죽인 범인이라는 것을 아히도벨이 알았을 때 그 배신감은 이루 말할 수 없었겠지요. 그래서 아히도벨이 압살롬의 반역에 가담한 것으로 보입니다.

그렇게도 뛰어난 지략을 지닌 아히도벨은 하나님께서 다윗을 특별히 사랑하시고 함께 하신다는 것을 아히도벨이 그 누구보다도 잘 알았을 것입니다. 그럼에도 불구하고 다윗을 떠나 압살롬의 반역에 가담한 것은 한때 자신의 충실한 손녀사위였던 우리아의 죽음 밖에는 달리 그 이유를 설명할 길이 없지요.

그런데 밧세바는 자기 할아버지 아히도벨이 어떤 이유로든지 간에 압살롬의 반역에 가담한 것을 나중에라도 되돌리기 위해 노력했어야 하는데, 밧세바는 다윗을 따라 도망하기에 급급했지요. 자기 할아버지에게 매달려 호소할 생각은 전혀 못하고 있었던 거지요.

그 결과 아히도벨은 다윗에 대한 미움이 극도로 심해져서 압살롬으로 하여금 다윗의 후궁을 열 명이나 욕보이는 짓을 하게 만들었지요. 이 일은 왕궁 옥상 위에 태양을 가리는 차양 막만 치고 왕궁 밖 일반 백성들이 위를 쳐다보면 다 볼 수 있는 자리에서 열 명의 후궁들을 차례차례 욕보인 거지요. 그래서 아들과 아버지 사이를 완전히 갈라놓았지요. 이는 다윗이 십여 년 전 우리아를 죽였을 때 나단 선지자를 통해 하나님께서 예고하신 벌이 이루어진 것이니 죄의 결과가 얼마나 무섭습니까?

나단이 예언한 벌을 아히도벨이 알았는지는 알 수 없지만 다윗에 대한 미움이 얼마나 컸으면 그런 짓을 시켰을까요? 밧세바는 할아버지가 그렇게 다윗을 미워하게 된 것을 전혀 못 느낀 것 같으니 또 얼마나 안타깝습니까? 만약 아히도벨이 아닌 다른 사람이 그 짓을 시켰다면 압살롬이 따랐을까요? 절대 아니지요. 워낙 뛰어난 모사로 영입 대상 1순위로 모신 아히도벨이 시켰으니 따른 것이지요.

그러나 이런 해괴망측한 일이 발생한 것은 아히도벨의 감정만 작용한 것이 아니었겠지요. 압살롬의 아버지에 대한 반감도 작용했겠지요. 동서고금을 막론하고 아들이 아버지의 아내를 열 명이나 욕보인 사례는 없습니다. 더군다나 그 방법이 모든 백성들이 보는 가운데, 대낮에, 그 많은 여인을 상대로 그런 악행을 저지르다니 너무 충격적이지 않습니까? 어떻게 이런 일이 하나님께서 그토록 좋아했던 다윗의 집안에서 일어날 수 있습니까?

아히도벨과 압살롬의 반감으로 이 사건이 발생한 것 같이 보이지만 사실은 하나님의 징벌입니다. 사무엘하 12장 11, 12절에 기록된 벌의 집행을 다윗은 막지 못했지요. 회개로 용서받아 하나님과의 관계 회복은 이루어져도 죄의 결과는 그 누구도 피할 수 없음을 보여주는 너무 확실한 사례 아닙니까? 빗나간 다윗의 여성관으로 출발해 잘못된 밧세바의 처신이 어우러진 죄를 너무도 공평하게 다루시는 하나님을 저는 진정 두려움으로 섬기고자 합니다.

아히도벨은 다윗을 따르는 모든 사람들을 죽일 것이 아니고 오로지 다윗 한 사람만 죽이면 된다고 압살롬에게 설명하면서 묘책을 내지요. 아히도벨이 오로지 다윗 한 사람에 대한 반감으로 반군에 가담했음을 느끼게 하는 묘책이지요. 도망가기 바쁜 다윗이 전열을 정비하기 전에 자기가 당장 추격해 다윗을 죽일 테니 군사를 자기에게 좀 달라고 했지요. 좋은 생각이라고 하면서도 압살롬은 다른 모사의 의견도 구하였지요. 다윗을 죽일 묘책을 압살롬에게 밝혔지만 그 묘책을 막은 분은 사람이 아닌 하나님이었다고 성경은 적고 있습니다.

아히도벨의 묘책을 압살롬이 버리고 다윗의 친구 후새의 계략을 따르도록 하나님께서 압살롬의 마음을 이끄셨기에 아히도벨은 자신의 한계를 깨달았지요.

하나님께서 다윗과 함께 하심을 또 다시 확인한 아히도벨은 이 반란이 실패로 끝날 것을 정확하게 판단하고 자기 고향으로 돌아가 자기 신변을 다 정리하고 목매달아 자살했지요.

그 누구보다도 뛰어난 모사인 아히도벨이 압살롬 편에 섰다는 것을 다윗이 들었을 때에 그 절망감이 엄청나게 컸겠지요. 그러나 하나님께서 다윗을 보호하셨기에 그토록 모략이 뛰어난 아히도벨조차 다윗을 이길 수가 없었던 거지요.

아히도벨이 빠진 압살롬 반군은 전열을 가다듬은 다윗 군사와의 단 한 차례 싸움에서 대패하여 비참한 최후를 맞이했습니다. 만약 아히도벨이 반군에 가담하지 않았다면 더 빨리 압살롬이 무너지지 않았을까요?

어쨌든 이런 뛰어난 할아버지가 반란에 가담했다가 목매달아 자살하기까지 밧세바가 한 역할이 하나도 없다는 것은 너무나도 아쉽지요.

하나님께서 압살롬과 아히도벨을 통해 다윗의 잘못을 철저히 응징하심과 동시에 다윗을 보호하신 이 사건은 하나님의 공의와 사랑을 동시에 너무 극명하게 보여주고 있어서 저는 두려움과 감사로 하나님을 섬기고자 합니다.

아도니야의 반역

어머니가 학깃인 다윗의 넷째 아들 아도니야도 인물이 아주 준수했습니다. 아도니야는 아버지에게 책망 받은 일이 전혀 없을 정도로 행실이 좋은 아들이었지요.

그런데 나이 30대 중후반에 들어 생각이 바뀌었지요. 아버지는 늙어 곧 돌아가실 것 같은데 가만히 있으면 왕위를 자기보다 훨씬 어린 이복동생 솔로몬에게 빼앗길 게 확실하니 선수를 쳐서 왕이 되고자 합니다. 먼저 2인자 요압을 만나 심중을 토로하니 요압이 돕겠다고 나섰지요. 의기양양한 아도니야는 아버지 몰래 자신의 지지자들을 다 모아 제사를 드리며 왕위 선포를 거행하였지요.

　이때 우리아를 죽인 다윗을 크게 질책했던 나단 선지자가 밧세바를 찾아가 이 사실을 알리지요. 나단의 말을 들은 밧세바는 큰 위기를 깨닫고 나단이 시킨 대로 다윗의 침실로 가지요. 다윗은 젊은 아비삭의 시중을 받고 있는 중이었지만 밧세바는 그것에 아랑곳하지 않고 방바닥에 엎드려 절하며 나단이 시킨 대로 간청했습니다. "이제 아도니야가 왕이 되었어도 내 주 왕은 알지 못하시나이다. 솔로몬과 저는 죽게 되었나이다. 솔로몬에게 왕위를 물려주신다고 제게 약속하신 것을 꼭 지켜 주십시오."

　밧세바가 말하는 도중 나단이 도착하였고 내시가 이를 왕에게 알렸지요. 방에 들어선 나단은 밧세바의 말을 확증하였고 하나님의 말씀대로 솔로몬에게 이양할 것을 간하였지요.

　늙고 힘없어 시중을 받고 있는 다윗이었지만 사태의 긴급성을 깨닫고 아도니야에 가담하지 않은 제사장과 장수들을 불러 당장 솔로몬의 왕위 등극식을 거행하도록 명령하였지요. 왕의 명령대로 다윗 왕이 타던 나귀에 솔로몬을 태워 예루살렘 중심을 행진한 후 시온에서 제사장이 솔로몬에게 기름 부으며 왕으로 세웠지요. 성내에는 나팔 소리와 "솔로몬 왕 만세!" 소리가 요란하게 울려 퍼졌지요.

　한편, 한창 여흥이 무르익은 아도니야 진영에서는 갑자기 터져 나오는 바깥의 요란한 소리에 어리둥절했지요. 갑작스럽게 솔로몬이 왕이 된 사실을 알고는 모두 도망갔지요.

　하나님께 제사 드리는 제단의 뿔을 잡고 무사하기를 빌었던 아도니야는 솔로몬에게 끌려 와 무릎 꿇고 빌었고, 솔로몬은 그를 집으로 돌려보냈지요.

　다윗의 말년에 발생한 이 일로 다윗은 또 다시 자신의 잘못된 복잡한 결혼생활을 되돌아보았겠지만 아무 소용이 없는 후회에 불과했을 것입니다. 자기에게 단 한 번도 야단맞은 일이 없었던 아들 아도니야가 자기 사후에 동생에게 죽임을 당할지 모른다는 불안감에 다윗은 마음 편히 눈을 감았을까요?

4. 작은 부탁을 한 밧세바

넷째, 밧세바는 신중하지 못하고 너무 쉽게 생각하는 게 태후로서 자질이 의심스럽습니다.

　앞에 나온 사건으로 아도니야는 겨우 목숨을 건진 후에 잠시 주춤하는 듯 했지요. 그러나 아도니야는 이내 솔로몬의 어머니인 밧세바를 찾아 가서 부탁을 합니다.

　다윗 말년에 신하들이 다윗 왕을 보살피며 건강을 회복시켜 주도록 아비삭을 아내로 붙여 주었지요. 그런데 다윗은 아비삭의 시중을 받으면서도 아비삭과는 잠자리를 같이 하지는 않았지요. 아비삭이 여전히 처녀인 사실에 아도니야가 관심을 가지게 됩니다.

　아도니야는 이 아비삭을 자신의 아내로 솔로몬이 허락해 주도록 밧세바에게 도움을 요청한 것입니다. 요청을 받은 밧세바는 이 요청이 무엇을 의미하는지 아무 생각도 없이 아도니야에게 그렇게 하겠다고 약속을 하지요. 그리고 아들 솔로몬을 찾아가 아비삭을 이복형인 아도니야에게 아내로 허락하는 것을 작은 부탁으로 여기며 말하였지요.

얼핏 보면 밧세바의 말대로 작은 부탁에 지나지 않지요. 아도니야의 나이가 40이 다 되어 가니 아름다운 처녀를 첩으로 둘 수 있다고 쉽게 생각한 것입니다. 작은 부탁의 대상이 하필 다윗의 아내였던 아비삭이란 의미를 전혀 생각지 못한 게 너무 이상하지 않나요?

어머니의 부탁을 들은 솔로몬이 깜짝 놀라 말하기를 어떻게 어머니가 그런 부탁을 나에게 할 수 있느냐고 밧세바를 나무랍니다. 만약 이 부탁을 들어주면 형 아도니야는 아비삭을 아내로 맞이함으로 인해 다윗과 같은 동렬의 사람이 되어 솔로몬보다 더 격이 더 올라간다는 거지요.

그리고 이렇게 아비삭을 자기 아내로 맞이함으로 인하여 많은 사람들에게 자기 위상을 과시하며 언젠가는 틈을 노려 또 다시 반란을 꾀하리라는 거지요.

그렇기 때문에 솔로몬은 어머니의 부탁을 거절하였을 뿐만 아니라 이 부탁을 빌미로 하여 오히려 아직도 아도니야에게 왕이 되고자 하는 욕심이 있음을 밝히며 아도니야를 처단합니다. 그 뿐만 아니라 아도니야가 왕이 되고자 모의한 자리에 함께 동석하였던 다윗의 2인자 요압도 함께 처단하였지요.

이 두 사람을 솔로몬이 처단함으로 인하여 왕위를 더욱 굳건히 하는 계기가 되었지요.

그런데 이런 일들은 솔로몬이 하나님께로부터 특별한 지혜를 받기 전의 일입니다. 그러니 솔로몬은 애당초부터 지혜로운 왕이었던 거지요.

솔로몬에 비해 어머니 밧세바는 아도니야의 부탁이 무엇을 의미하는지 아무런 판단 능력도 없는 사람으로 보이지 않습니까? 비록 아비삭이 젊긴 해도 자기와 똑같은 다윗의 아내라는 관계를 전혀 생각하지 못한 밧세바는 솔로몬에게 이런 소리까지 듣게 됩니다. "그는 내형이니 차라리 왕위도 형에게 넘기고 아버지가 유언으로 처단을 명한 요압도 아버지 유언대로 하지 말고 살려 줄 것을 내게 명하실 것 아닙니까?" 아들에게 이런 책망을 받은 밧세바, 너무 딱하지 않나요?

솔로몬이 왕이 되니 안하무인의 인간으로 돌변해 어머니를 그렇게 심하게 나무랐나요? 절대 아니지요. 어머니가 오는 것을 본 솔로몬은 왕좌에서 벌떡 일어나 깍듯이 절하며 맞이해 특별 자리에 앉도록 신경 쓸 정도로 어머니를 후대하였지요.

솔로몬이 3년간 자기 왕권을 굳건히 다진 후 기브온에 있는 하나님의 성막에서 하나님께 일천 번제를 드렸지요. 이때 꿈에 나타나신 하나님께서 소원을 물었습니다. 솔로몬은 "나는 작은 아이라 출입할 줄을 모릅니다."고 말하며 하나님 앞에 매우 겸손해 했지요. 솔로몬이 정말 어려서 자신을 작은 아이로 표현했나요?

솔로몬은 그때, 아들 르호보암이 벌써 4세 정도였지요. '출입할 줄을 모른다'는 표현을 NIV에서는 "I do not know how to carry out my duties"라고 했지요. 즉 왕의 임무 수행을 할 줄 모른다는 뜻이지요. 과연 그런가요? 아도니야의 부탁에 숨은 저의를 파악하고 자신의 정적을 모조리 제거하는 빌미로 활용할 정도로 지혜로운 사람이 솔로몬 아닙니까?

어머니를 극진히 모시고 하나님 앞에서 지극히 겸손했던 솔로몬은 어머니의 말씀에 순종을 잘 하였지요. 그래서 이 날도 "말씀하세요. 어머니의 말씀을 거절하지 않을 겁니다."라고 말했지요. 또 밧세바도 여태껏 아들이 자기 말을 잘 듣기에 아무 망설임 없이 아들을 찾은 것 아닐까요?

솔로몬이 변한 게 아니고 밧세바가 너무 가볍게 처신해 아들에게 면박을 당했으니 참 서글프지요.

5. 결혼관이 뭘까?

다섯째, 밧세바가 정말 하나님을 잘 섬기는 사람인지 또 다시 크게 의심이 가는 것은 밧세바의 결혼관 때문입니다.

솔로몬은 왕이 되기 전에 벌써 아내가 있었을 뿐만 아니라 한 살짜리 아들까지 있었지요. 솔로몬이 죽은 후 그 뒤를 이은 사람이 르호보암인데 르호보암이 왕이 될 때의 나이가 41세였지요. 솔로몬이 40년 동안 통치했기 때문에 르호보암은 솔로몬이 왕이 되기 전에 벌써 태어난 아들이지요.

많은 사람들이 르호보암을 찾아 와서 백성들의 부역을 줄여 달라고 요청했을 때, 르호보암이 자신과 함께 자란 어린 신하들에게 자문을 구했다는 구절로 인해 많은 사람들은 르호보암이 어린 나이에 왕이 된 것으로 오해하고 있지요. 그러나 르호보암의 즉위시 나이는 41세였습니다.

그런데 중요한 것은 이 르호보암의 어머니가 암몬 여인으로서 나아마였다는 것입니다. 왜 솔로몬이 왕이 되기도 전에 이방 여인과 결혼하였을까요? 하나님의 율법은 분명히 이방 사람들과 통혼하지 말라고 규정하고 있음에도 불구하고 솔로몬은 이를 무시하고 암몬 여인을 아내로 맞이한 것입니다. 암몬 여인을 솔로몬의 아내로 맞이한 것은 바로 밧세바의 작품으로 보입니다.

그 당시 다윗은 몸이 쇠약하여 자기 자신의 몸도 가누기 힘들 정도여서 신하들이 아비삭이라는 처녀를 붙여줄 정도였으므로 다윗이 아들 솔로몬의 결혼에 관하여 주도적인 역할을 했다고 보기는 힘들지요. 솔로몬의 결혼은 전적으로 어머니 밧세바의 주도하에 이루어진 것입니다.

밧세바는 자신의 첫 번째 남편도 이방인이었기 때문인지 자기 아들도 이방인과 결혼하는 것에 대하여 별로 괘념치 않았던 것 같습니다. 그리고 그 영향은 솔로몬이 왕이 된 후에 더 크게 나타나서 솔로몬은 정략결혼을 계속 하게 되었지요. 사실 이 정략결혼은 아버지 다윗이 먼저 했기에 다윗의 영향도 크게 작용했을 것입니다.

그런데 솔로몬이 첫 번째 정략결혼의 대상으로 선택한 사람이 이집트의 공주였지요. 그러나 솔로몬은 이집트의 공주를 아내로 맞이했음에도 불구하고, 그 아내를 자기가 거처하는 다윗 왕궁에 계속 살도록 하지 않았지요. 그 이유가 다윗 왕궁은 하나님의 언약궤가 있는 곳으로 아주 거룩하게 생각했기 때문이지요. 그래서 이 거룩한 다윗 왕궁에 이방인 출신의 왕비를 거하게 할 수 없다는 것이 그 이유였지요. 그러므로 솔로몬은 이집트 공주 출신의 왕비를 위하여 따로 거처를 마련해 주었지요.

이 사실로 보아 솔로몬이 젊었을 때에는 이방 여인을 사랑하는 마음보다 하나님의 말씀을 더 염두에 두었다고 봐야 되겠지요. 이런 신앙을 가졌던 솔로몬이 르호보암의 어머니인 암몬 여인을 아내로 맞아들인 것과 이집트 공주를 왕비로 맞아들인 것은 다 어머니 밧세바의 주도적인 역할이었다고 보입니다. 어머니께 순종적인 솔로몬은 아버지도 이방 여인을 아내로 두었으니 어머니의 말을 거역하기 힘들었겠지요.

밧세바의 이런 결혼관으로 인하여 후에 솔로몬이 완전히 타락하여 아내들에게 둘러싸여 엄청난 벌을 받게 되는 것을 보면 너무나도 안타까운 생각이 들지 않습니까?

솔로몬이 아가서를 지을 당시만 해도 왕비가 60명이고 후궁이 80명이었는데 이 숫자만 해도 엄청나게 많은 것 아닙니까? 그런데 솔로몬 말년에는 이보다 훨씬 불어 왕비만 해도 700명이고 후궁이 300명이라고 열왕기상 11장에 기록하고 있지요. 솔로몬의 이런 여성편력은 그 책임이 아버지 다윗에게도 많았겠지만 어머니의 잘못된 결혼관이 더 큰 영향을 미쳤다고 봐야 되겠지요.

수많은 이방 출신 아내들 때문에 하나님의 성전을 건축한 솔로몬이 우상 숭배에 빠지는 믿지 못할 일이 발생하지 않았습니까? 더군다나 자기 자식을 우상의 제물로 바치기도 했으니 얼마나 기가 막힌 일입니까? 이런 악행을 일삼는 솔로몬에게 하나님께서 두 번이나 경고하셨지만 회개하지 않고 무시하여 하나님의 벌로 나라가 남북으로 분열됩니다.

솔로몬이 말년에 행한 일로 보아 솔로몬이 과연 구원받은 사람인지 의문이 갈 정도지요. 솔로몬 말년의 형편없는 타락이 부모의 잘못된 결혼관에서 출발한 것 같지 않나요?

불신 결혼과 애인

많은 기독교인이 이런 저런 이유로 불신 결혼을 하지요. 저도 대학을 졸업하기까지 불신 결혼도 좋으니 여자만 마음에 들면 된다고 생각했었지요. 신앙 좋은 여자는 왠지 고리타분해 보였지요. 또 내가 교회 잘 다니면 아내도 덩달아 교회에 나올 것이니 내가 믿게 할 수 있다는 이상한 자신감에 사로잡혀 있었지요.

그런데 제가 하나님을 만나면서 이 생각이 엄청난 교만임을 깨달았지요. 성경의 깨달음도 거의 없는 상태에서 하나님을 인격적으로 체험한 하나만으로 제 결혼관을 완전히 변화시키신 하나님께 감사할 따름이지요.

부부가 함께 같은 가치관을 가지고 즐겁게 살아야 하는데, 불신 아내를 신자로 만드는 것은 너무 힘든 고통이 따르며, 또 그 고통 후에도 신자가 된다는 보장이 없음을 깨달은 거지요. 된다손 치더라도 거기에 쏟아 부을 시간과 힘을 하나님 나라의 지경을 넓히는 데에 아내와 함께 활용하면 훨씬 좋은 결과를 얻을 수 있다는 생각이 든 거지요.

이런 결론에 도달하니 제 아내가 될 첫 번째 조건이 반드시 크리스천이어야 하는 것으로 바뀌었지요. 제 생각을 바꾸어 주시고 그 후 13년 동안의 기도에 응답하셔서 진실된 아내를 허락하신 하나님께 무한한 감사를 드립니다.

그때 이후 지금까지 불신 배우자로 인해 고통을 당하는 분들을 주변에서 쉽게 보며 그때 생각을 바꾼 것이 얼마나 감사한지 모릅니다. 아내가 남편을 믿게 하는 것은 힘들어도 남편이 아내를 믿게 하는 것은 쉬운 일이라는 정말 그릇된 생각에 왜 사로잡혔었는지…. 그렇게 믿음 좋았던 솔로몬도 불신 아내들 때문에 신앙을 다 버렸는데 제가 뭐라고 그런 자만에 빠졌었는지…. 결혼의 중요성을 깨달은 저는 제 아이들의 배우자를 위해서 아내의 태중에 있을 때부터 지금까지 기도하고 있지요.

요즘은 애인이 없으면 무능한 사람으로 취급 받는 시대가 되었습니다. 심지어 크리스천이라는 사람들도 애인 만들기를 은밀히 즐기는 현실입니다.

솔로몬을 욕 하면서도 은근히 솔로몬을 부러워하는 사람들이 교회 안에 꽤 있지요. 저도 젊은 시절엔 솔로몬이 부러웠지요. 그래서 이런 생각도 해 보았지요. '나도 결혼하면 정말 모든 것을 털어 놓고 대화하며 나를 이해해 주고 외로울 때 언제든 만나 힘을 얻고 진정 사랑하며 즐기는 멋진 애인이 있으면 좋겠다. 아무리 생각해도 아내 한 명만으론 부족하다.' 그러나 하나님을 만나며 이런 생각은 사라졌고, 성경을 깨닫는 깊이가 더해짐과 동시에 인생의 연수가 더해질수록 천 명의 아내를 둔 솔로몬이 불쌍하게 느껴졌습니다. 그리고 부모로서 막중한 책임감을 느낍니다.

이렇게 말하는 사람들이 더러 있더군요. "자기는 해 볼 것 다해 보고는 우리에겐 그러면 안 된다고 말한다. 내일 죽을지언정 나도 해 보고 또 누려 보고 죽고 싶다." 이런 망상에 사로잡힌 사람들이 교회 안에도 의외로 있어서 안타깝습니다. 그 죄의 결과를 모르기에 그런 망상의 포로가 되는 것이지요.

부활하신 예수님을 직접 보고 그 못 자국을 만져 봐야 믿겠다는 제자 도마에게 예수님께서 하신 말씀이 생각납니다. "보지 않고 믿는 자가 더 복 되도다." 마찬가지로 안 겪어 보고 그 쓴 결과를 알고 피하는 사람이 훨씬 복 되지요.

천 명이나 되는 아내를 둔 솔로몬은 과연 행복했을까요? 이름은 고사하고 얼굴도 잘 모르는 아내들이 얼마나 많았겠어요? 솔로몬이 가까이 한 아내는 실제론 그렇게 많지 않았겠지요. 솔로몬을 두고 아내들이 벌이는 투기, 경쟁 속에서 시달리는 솔로몬이 마냥 아내를 즐거워만 했을까요? 고통이 더 크지 않았을까요?

아내의 요청으로 자식을 우상의 제물로 바치며 솔로몬이 진정 즐거

위했을까요? '아~! 이러면 안 되는데'라는 갈등의 고통이 없었을까요? 제단 위에서 불타는 자식을 보며 갈등과 고통을 겪는 솔로몬이 불쌍하지 않습니까? 아내들만큼이나 많은 자식들이 과연 사이좋게 지냈겠습니까? 솔로몬의 형제들처럼 죽이기까진 안 했을지 몰라도 알력이 없어지지는 않았겠지요. 그렇게 멋진 남편을 둔 솔로몬의 아내들은 과연 행복했을까요? 시집올 때 하루, 이틀 함께 자곤 기약 없는 나날들을 독수공방하지 않았을까요? 사랑을 빼앗기지 않으려고 또 사랑을 차지하기 위해 늘 긴장하며 경쟁했을 아내들이 불쌍하지 않습니까?

축복 받는 믿음의 명가를 만들기 위해선 배우자 외에 애인이 있으면 큰일 납니다. 다 망합니다. 아도니야도 아비삭을 탐내다가 망해 죽지 않았습니까?

6. 그래도 하나님께선

여섯째, 지금까지 보여준 밧세바의 모든 약점에도 불구하고 하나님께서는 밧세바에게 이해할 수 없는 복을 이 세상에서 끝까지 퍼부었다는 것이 저는 정말 이해가 잘 안 됩니다.

다윗 말년에 솔로몬의 이복형 아도니야는 아버지가 쇠약한 틈을 타 스스로 왕위에 오르고자 모의했지요. 그러나 다윗과 밧세바는 전혀 몰랐지요. 그런데 하나님께선 솔로몬에 대한 약속을 이루시고자 나단 선지자를 통해 아도니야의 반역을 막았지요.

나단이 밧세바를 찾아 아도니야의 반역을 알리며 솔로몬이 왕이 될 것을 하나님의 이름으로 맹세한 다윗의 약속을 상기시켜 주었죠. 밧세바는 다윗을 찾아 엎드려 호소하며 약속 이행을 촉구하고 아들과 자기를 살려 달라고 애원했지요. 이때 나단도 다윗을 찾아 밧세바 편을 들었지요. 다윗 생전에 이루어진 솔로몬의 조기 등극은 약속을 이루고자 하시는 하나님의 은혜입니다.

밧세바는 자신이 태후가 될 자격이 충분하다고 생각했을까요? 이모든 게 순전히 하나님의 은혜임을 깨달았을까요? 하나님께 감사하며 보답하고자 노력한 행동이 있었나요? 밧세바 사후 약 950 여년이 지나서 예수님이 탄생하셨는데, 이 예수님께서 밧세바의 완벽한 후손이라는 것은 하나님의 절대적인 은혜라고 밖에는 설명할 수가 없습니다.

마태복음 1장에 나타나 있는 예수님의 족보는 요셉의 족보입니다. 그런데 사실 요셉은 예수님의 친아버지가 아니지요. 요셉은 예수님의 의붓아버지이기 때문에 마태복음 1장만 가지고는 예수님께서 다윗의 자손이라고 말하기가 힘들지 않습니까? 예수님의 탄생 이전에 많은 예언들이 다윗의 자손으로 메시아가 태어날 것을 밝히고 있지요.

그런데 예수님께서 다윗의 자손이라는 것에 대하여 그 누구도 부인할 수 없게 하기 위해서는 예수님의 어머니인 마리아가 다윗의 자손이 되어야 하지 않겠습니까? 사실 예수님은 인간 아버지의 정자로 태어난 분이 아니시기에 의부인 요셉의 족보를 가지고 다윗의 자손이라고 부르기엔 곤란하지 않나요? 그런데 마리아의 몸에서 태어났으니 마리아의 족보로 다윗의 후손임이 드러나야 하지 않을까요?

누가복음 3장에는 예수님의 또 다른 족보가 나오지요. 이 족보는 마리아의 족보로 마리아의 이름이 들어가야 할 자리에 요셉의 이름이 들어간 것은 그 당시에 여자 이름을 나타내지 않는 습관 때문입니다.

누가복음 3장의 족보를 살펴보면 중간에 다윗의 이름이 나오지요. 그런데 그 다윗의 아들로 나타나는 사람이 나단이고 이 나단은 밧세바의 아들입니다. 그러니까 다윗과 마찬가지로 밧세바 또한 예수님의 완벽한 조상이 된 거지요. 너무 놀랍지 않나요?

잘못된 결혼관으로 이루 말할 수 없는 고통을 겪은 다윗!

자신의 마음에 앙금으로 남은 사람들의 뒤처리를 아들 솔로몬에게 유언으로 남기면서도 자신의 잘못된 결혼관을 반성하는 교훈을 남기지 않은 다윗!

용맹한 장수 우리아의 아내로, 이스라엘의 전성기를 펼친 다윗 왕의 아내로, 지혜의 대명사인 솔로몬 왕의 어머니로 너무나 큰 축복을 받았지만, 하나님 앞에서 회개는커녕 잘못도 깨닫지 못하는 부끄러운 밧세바!

지혜로운 아들에게 하나님을 잘 섬기는 아내를 붙여주기 위해 조금 더 많은 노력을 하였더라면 하는 아쉬움이 너무나도 큰 밧세바!

우리아의 아내라는 수식어를 붙여서 성경에 소개할 수밖에 없었던 밧세바!

밧세바가 잘한 것이라곤 아무리 찾아 봐도 없는 것 같은데 하나님께서는 밧세바가 살아 있는 동안에 계속해서 축복해 주셨을 뿐만 아니라, 밧세바가 죽은 이후에도 축복하셔서 예수님의 완벽한 조상이 되게 하신 것이 이해됩니까? 이는 하나님의 무조건적이고 절대적인 사랑의 은혜라고밖에는 설명할 길이 없지요. 우리 모두에게도 각각 다른 방법으로 이해할 수 없는 이런 사랑을 퍼부어 주시는 하나님께 감사와 찬양을 드리며, 모두가 믿음의 명가를 만들기 위해 힘쓰고 또 하나님 앞에 좀 더 떳떳한 존재가 되기를 소망합니다.

음란의 상징 **이세벨**

6편에서는 인생을 너무나도 화려하게 출발하고 권력과 부귀영화를 죽을 때까지 누렸지만, 죽을 때에는 너무나도 처참하게 죽은 이세벨을 중심으로 한 가문의 몰락을 되새겨보며 깨달음을 나누고자 합니다.

6편의 줄거리는 이렇습니다.

지중해 연안 오늘날 레바논의 항구 도시 왕국 '시돈'의 공주 이세벨이 북이스라엘의 아합 왕과 결혼했습니다. 이세벨은 결혼하자마자 이스라엘의 종교를 바꾸어 버렸지요. 하나님을 섬기는 선지자들을 잡아 죽이며 대신 바알과 아세라를 섬기게 만들었습니다.

대부분의 선지자들이 잡혀 죽은 가운데 이스라엘 땅에 가뭄을 예언한 엘리야도 도망가 피신했지요. 극심한 가뭄이 3년 6개월 지속된 후 다시 아합 왕에게 나타난 엘리야는 갈멜산에서 하나님과 바알, 아세라 중 누가 참 신인지를 가리기 위해 하늘에서 불을 내려 제물을 태우는 시합을 제의했습니다.

바알과 아세라를 섬기는 850명과 대결해 이긴 엘리야는 이 대회를 참관한 백성들에게 850명의 우상 숭배 선지자들을 다 잡아 죽이도록 명령했지요.

엘리야가 850명의 바알, 아세라 선지자들을 다 죽였다는 소식을 들은 이세벨은 분노하여 엘리야를 죽이라는 명령을 내리지요. 너무 겁을 먹은 엘리야는 또 다시 피신해서 오랫동안 아합에게 나타나지 않았지요.

그러나 하나님은 무명의 다른 선지자를 통해 아합이 아람 왕과의 전쟁에서 계속 이기도록 하셨지요.

이후 이세벨은 남편이 탐내는 나봇의 포도원을 빼앗기 위해 모함으로 나봇을 죽였지요. 이에 엘리야가 오랜만에 나타나 벌로 아합과 이세벨의 비참한 죽음을 예언했지요. 아합의 슬퍼하는 겸비한 자세로 인해 하나님께선 심판을 아들 대로 미루지요. 이에 힘을 얻은 아합은 미가야 선지자의 말을 무시하고 아람과의 전쟁에 나섰다가 죽게 됩니다.

남편이 죽자 큰 아들 아하시야가 왕이 되니 이세벨은 아들을 자기 뜻대로 조종하였지요. 아하시야가 엘리야의 말대로 일찍 죽어 동생 여호람이 왕이 됩니다. 여호람은 아버지와 형의 죽음을 되새기며 하나님을 제대로 섬기겠다는 초심이 있었지만 어머니 이세벨의 기세를 꺾을 수는 없었지요.

하나님은 미룬 심판을 집행하고자 예후 장군을 활용하셨습니다. 예후는 여호람을 화살로 죽인 후 이세벨을 자신이 탄 말의 발굽으로 짓밟아 죽인 후 아합과 이세벨의 모든 자손들을 철저히 죽이고 북이스라엘의 왕이 되었지요.

남과 북으로 분단된 이스라엘

위 이야기는 솔로몬 사후 60년이 지나 이세벨과 아합의 결혼으로 시작됩니다. 6편의 주제를 좀 더 풍성히 이해하고자 솔로몬 사후 왕국이 분단된 경위를 먼저 살피고자 합니다.

솔로몬이 죽은 후 아들 르호보암이 왕이 되자마자 이스라엘은 분단되었습니다. 분단 이유는 르호보암이 백성들의 요구를 거절했기 때문이지요.

솔로몬은 너무 많은 아내를 두었기에 처자식들이 거할 궁궐이 많이 필요했지요. 그리고 저마다 다른 신들을 섬기는 아내들의 요구를 들어 주려니 많은 신전도 필요했지요. 심지어 아내들이 거할 화려한 궁전을 레바논에도 건립할 정도였으니 각종 공사가 솔로몬 시대엔 끊어지지 않았지요. 이로 인해 백성들의 부역은 심했고 자연히 원망은 쌓여 갔지요.

그래서 백성들은 솔로몬 사후에 그 부역을 감해 달라고 아들 르호보암 왕에게 부탁한 거지요. 그런데 르호보암은 거절했지요. 건의를 받아들이라는 원로대신들의 의견을 무시하고, 자기와 함께 자란 젊은 신하들의 말을 따른 거지요. 처음부터 백성들에게 밀리면 왕권이 약해진다는 잘못된 판단을 한 거지요.

솔로몬 시대 유능한 공사 감독인 여로보암은 왕국의 분단을 막고자 자신을 너무 견제해 죽이려고 하는 솔로몬 때문에 이집트로 도망갔었지요. 솔로몬이 죽고 나서 이스라엘로 되돌아온 여로보암을 백성들이 왕으로 추대하여 솔로몬에게 경고하신 하나님의 말씀대로 이스라엘은 분단되었지요.

남쪽은 다윗이 속한 유다 지파와 사울이 속한 베냐민 지파로만 구성이 되었고, 남쪽의 왕은 다윗의 후손들이었기 때문에 남쪽을 유다 왕국으로 불렀습니다.

다 떠나는데 왜 베냐민 지파만 남아 유다 왕국으로 불리는 것을 감수했을까요?

사사 시대 전반기 때 베냐민 지파는 레위인의 첩을 집단 성폭행해 결국 죽게 만든 자기 지파 불량배들을 보호하려다가 나머지 이스라엘 열한지파와 전쟁이 벌어진 사건이 있었지요. 이때 남자 600명만 살아남고 여자도 다 죽어 한 지파가 사라질 위기에 처한 적이 있지요. 이후 베냐민 지파는 이스라엘에서 형편없이 약한 지파가 되었지요.

그런데 이스라엘 초대 왕 사울을 배출함으로써 베냐민 지파의 입지가 완전히 달라졌지요. 이제는 부끄럽지 않은 아니 오히려 자부심 넘치는 지파가 되었는데 이를 무너뜨린 왕조가 다윗 왕조 아닙니까?

다윗에 대한 적개심은 베냐민 지파의 한 리더인 시므이를 통해 나타나지요. 압살롬의 반역을 피해 도망가는 다윗을 저주하며 다윗에게 재를 뿌린 사람이 시므이입니다. 되돌아온 다윗에게 용서받은 시므이를 죽인 사람이 솔로몬이지요. 시므이가 잘했든 못했든 베냐민 지파의 마음이 편하진 않았겠지요.

그럼에도 불구하고 베냐민 지파가 남은 것은 다윗 때문이라고 저는 생각합니다. 즉 예루살렘에 대한 베냐민 지파의 특별한 자부심과 사랑 때문에 남은 거지요.

사울 왕국이 스스로 망한 후 다윗이 전 이스라엘의 왕이 되었을 때 비로소 예루살렘이 이스라엘의 수도가 되었지요. 가나안 정복 전쟁 당시 예루살렘을 함락시키고 베냐민 지파의 땅으로 배정하였지요. 그런데 베냐민 지파가 방치한 사이에 원주민 여부스족이 다시 정착해 400여 년을 살고 있었지요. 다윗은 이 예루살렘을 수도로 정하고 또다시 탈환 전쟁을 벌여 여부스족을 완전히 몰아냈지요. 다윗이 왕이 된 헤브론을 그대로 수도로 삼지 않고 굳이 예루살렘으로 바꾸며 전쟁까지 한 것은 상심한 베냐민 지파를 배려한 측면도 있었겠지요.

이 예루살렘에 솔로몬이 하나님의 성전을 건축함으로 이스라엘 민족의 중심지로 완전히 바뀌었지요. 남북으로 분단된 후에도 북쪽의 사람들이 각종 절기마다 성전이 있는 예루살렘을 찾았지요. 민족의 최고 중심지로 자리 잡은 예루살렘이 베냐민 지파의 땅이니 유다 왕국에 남을 수밖에 없었겠지요.

그리고 북쪽에는 이스라엘의 열 지파가 속하였기에 그 이름을 그대로 이스라엘 왕국으로 불렀습니다. 그런데 분단 후 구약성경에 나오는 이스라엘은 남쪽 유다 왕국을 제외한 북쪽 왕국을 가리키는 말이니 혼동하면 안 됩니다. 그래서 이 글에서는 분단 후 이스라엘을 북이스라엘로 표기해 혼동을 피하고자 하오니 이해해 주시기 바랍니다. 북이스라엘의 초대 왕 여로보암은 에브라임 지파입니다. 그래서 북이스라엘을 에브라임으로도 불렀으니 착오 없으시기 바랍니다.

북이스라엘의 초대 왕 여로보암은 큰 고민에 빠졌지요. 성전이 남쪽 유다에 있어서 백성들이 일 년에 몇 번이나 예루살렘을 찾아가는 것이지요. 이를 막고자 북쪽에도 백성들이 섬길 하나님을 만들기로 여로보암은 생각합니다.

여로보암은 엉뚱하게도 금송아지를 만들어 "이 금송아지가 이집트에서 우리 조상들을 구출하고 지금까지 우리 민족을 보호한 신이다." 라고 하며 이를 위해 신전도 만들어 숭배를 강요했지요. 이 우상 숭배를 위해 제사장을 뽑았는데 제사장을 하고 싶은 사람에게서 뇌물을 받고 임명했지요. 그리고 남쪽 유다가 성전에서 지키는 각종 절기와 비슷한 명절 절기까지 만들어 백성들로 하여금 지키게 하였지요. 북이스라엘에서 이런 일이 발생하니 하나님을 섬기는 제사장과 레위인들은 모두 남유다로 갔지요.

여로보암이 왜, 이런 터무니없는 짓을 하였을까요? 솔로몬 밑에서 감독관 생활을 하며 솔로몬이 말년에 보여준 우상 숭배의 타락한 모습에서 영향을 받은 것 같습니다. 그리고 솔로몬을 피해 도망간 이집트에서 본 극심한 우상 숭배의 모습이 크게 영향을 끼쳤겠지요. 이것이 여로보암의 길인데 북이스라엘의 역대 왕들은 한결같이 초대 왕 여로보암의 길을 따랐으니 너무 나쁜 본을 남긴 거지요.

아이러니하게도 이런 북이스라엘에 하나님께서는 오히려 더 강하게 역사하셨지요. 엘리야, 엘리사 같은 능력의 선지자를 북쪽에 보냈는데도 북이스라엘은 여로보암의 길에서 떠나지 않아 남유다보다 약 134년 일찍 B.C. 722년에 패망하지요. 북이스라엘은 약 210년간 존속

하며 다섯 차례나 왕조가 바뀌며 총 19명의 왕을 배출해 재임 기간이 짧은 것은 다 여로보암의 길을 따랐기 때문이지요.

그런데 아합은 이 나쁜 여로보암의 길에다 아내 이세벨의 길까지 따랐으니 전 이스라엘 역사상 가장 악한 왕으로 평가 되지요. 북쪽 이스라엘 왕국의 7대 왕 아합은 북쪽 이스라엘의 세 번째 왕조인 오므리 왕조의 두 번째 왕이었지요. 오므리는 북쪽 이스라엘의 6대 왕이 된 후 수도를 디르사에서 사마리아로 옮겼지요.

사마리아에서 왕이 된 아합은 지중해 연안의 항구 도시 국가인 시돈의 공주를 아내로 맞이하였지요. 시돈의 공주인 이세벨은 아합과 결혼하면서 시돈이 섬기는 아세라 신상과 제사장들을 많이 데리고 왔지요.

아세라신은 신들의 어머니라고 불리는 여신으로서 바알의 아내로도 알려져 있지요. 바알은 하늘을 뜻하고 아세라는 땅을 의미하면서 바알의 정액을 아세라의 몸속에 받아들임으로 하늘에서 땅으로 비가 내린다고 하지요. 그래서 농사가 풍년이 된다는 거지요. 그러므로 바알과 아세라를 섬기는 의식에는 사제들과 더불어 음행을 행하는 것이 합법화되어 있지요.

이런 음란한 여신을 좋아하는 이세벨은 북쪽 이스라엘에 시집오면서 이세벨의 신을 모든 백성들이 섬기도록 강요하며 앞장섰지요.

1. 남편 아합 시대의 이세벨

이세벨이 무서워 숨어 지낸 엘리야

아합과 결혼한 이세벨은 자기의 신 아세라를 모든 백성들이 섬기게 하는 데에 걸림돌이 되는 하나님의 선지자들을 제거하는 일에 혈안이 되었습니다. 그 당시 북쪽 이스라엘에는 하나님을 섬기는 제사장들이 거의 없었지요. 왜냐하면 하나님의 성전이 남쪽 유다 왕국의 예루살렘에 있어서 제사장들은 다 예루살렘으로 갔기 때문이지요.

그러나 하나님의 말씀을 전하는 선지자들은 오히려 북쪽 이스라엘에 더 많았지요. 그래서 이세벨은 하나님의 선지자들을 잡아 죽이라고 신하들에게 명령을 내렸지요. 자기 조국이 아닌 타국에 시집와서 그 나라 사람들을 죽이는 짓을 하는데도 아합 왕이 왜 가만히 있었을까요? 아합도 하나님의 선지자들을 싫어했는데 아내가 알아서 악역을 담당하니 가만히 구경한 것 아닌가요? 아니면 짧은 시간에 이세벨이 아합을 확 휘어잡은 증거 아닌가요?

어쨌든 아무도 못 말리는 왕비의 명령으로 인하여 많은 선지자들이 희생되었고 또 살아남은 선지자들은 숨어 살아야만 했지요.

이렇게 선지자들이 수난을 당하는 암울한 시기에 이스라엘 역사상 가장 뛰어난 선지자로 꼽히는 엘리야가 사역을 시작하게 됩니다. 엘리야가 자신이 말하기 전에는 이 땅에 가뭄이 끝나지 않을 것이라고 아합에게 예언한 대로 이스라엘에는 극심한 가뭄이 3년 이상 계속 되었지요. 이세벨은 하나님의 선지자를 죽이고 있었고, 또 이런 가뭄을 예언한 엘리야도 잡아 죽이려고 하였기 때문에 엘리야도 숨어 지내야만 했지요.

그런데 하나님께서 엘리야를 피신시킨 장소가 이세벨의 고향인 시돈이었습니다. 참으로 흥미롭지 않습니까?

요단강 동편 시냇물을 마시며 까마귀가 물어다 준 음식을 먹으며 숨어 지내던 엘리야를 하나님께서 이세벨의 조국 시돈으로 보내셨지요. 엘리야가 도착하기 전에 하나님께서 사렙다의 한 과부에게 자신이 보내는 선지자에게 음식을 제공할 것을 명령하셨지요(열왕기상 17장 9절). 하나님의 말씀대로 성문 근처에서 나뭇가지를 줍는 과부를 만난 엘리야는 마실 물과 먹을 것을 아주 정중히 부탁했지요. 아울러 이 가정에 가뭄이 끝날 때까지 먹을거리가 떨어지지 않도록 해 주신다는 하나님의 말씀을 전해 주었지요. 한 움큼만 남은 밀가루와 다 떨어져 가는 기름으로 하나님의 말씀에 순종한 이방 과부의 집에는 하나님의 약속대로 가뭄이 끝나기까지 밀가루와 기름이 떨어지지 않았지요.

오늘날 교회에서 이 사건을 오도하며 매사에 목사님을 하나님처럼 섬겨야 복을 받는 것으로 잘못 가르치고 있어 안타깝습니다. 목사님께 순종하고 나는 안 먹어도 목사님을 잘 대접해야 복을 받는 게 아닙니다. 그렇다고 목사님을 섬기지 않아도 된다는 것은 더더욱 아닙니다. 하나님의 말씀에 전적으로 순종함으로써 약속된 복을 누림을 바로 알자는 것입니다.

사렙다 과부는 이방인이기에 하나님의 선지자가 뭐하는 사람인지 잘 몰랐을 겁니다. 하나님을 잘 몰랐을 수도 있습니다. 어쨌든 하나님을 만나 명령을 들었고 그 명령에 순종했을 뿐입니다. 순종의 대상이 자기 조국의 공주 출신인 이세벨을 피해 도망 온 선지자인 것도 모르고 하나님 말씀에 순종했을 가능성도 많지요. 그리고 엘리야도 염치

없이 막무가내로 요구한 게 아니고 하나님 말씀에 순종해 아주 정중하게 'please'를 사용해 부탁한 것으로 NIV에 나오지요.

선지자를 대접해서 복 받은 게 아니고 하나님 말씀에 순종해서 과부가 복 받은 거지요. 그 순종의 내용이 자신에게 피신 온 선지자를 보살피는 것이었을 뿐이지요.

시돈의 한 과부 집에서 숨어 지내던 엘리야는 과부의 하나뿐인 아들이 갑자기 죽자 이 아들을 놓고 하나님께 기도해 살려내기도 했지요.

참 신을 가리는 대회에 불참한 이세벨

숨어 지내던 엘리야는 다시 이스라엘에 비를 내려 주시겠다는 하나님의 말씀을 듣고 아합을 만나러 갑니다. 아합을 만난 엘리야는 하나님이 시키지도 않은 엉뚱한 대회를 열자고 아합에게 제의하였지요.

그 대회의 내용은 하나님이 참 신인지 바알과 아세라가 참 신인지 가리기 위하여 각자가 제단 위에 제물을 차려 놓고 기도하여 하늘에서 불이 내리게 하는 신이 참 신이라는 것이지요. 이런 대회를 제안받은 아합은 바알과 아세라를 섬기는 모든 제사장들을 갈멜산으로 소집하였지요.

그런데 이상하게도 이 흥미진진한 대회에 이세벨이 불참하였습니다. 이세벨이 왜 불참하였을까요? 이세벨이 몸이 아파서일까요? 아니면 임신해서 만삭이 되었기 때문일까요?

뒷이야기를 들어 보면 이것도 저것도 아닌 것으로 판명되지요. 그런데도 이세벨이 불참한 이유가 무엇일까요? 이세벨이 이 흥미진진한 대회에서 하나님도 자신이 섬기는 아세라도 바알도 그 어느 누구도 하늘에서 불을 내리지 않는다고 판단했기 때문이 아닐까요? 한마디로 말해서 자기가 시집온 이스라엘의 하나님도 못 믿겠지만 자기가 그토록 섬기는 아세라도 못 믿겠다는 것 아닐까요? 결과가 뻔한데 그 뜨거운 땡볕에 하늘을 쳐다보고 기다리는 것이 어리석게 보여 안 간 것이 아닐까요?

또 중요한 것은 이 극심한 가뭄을 바알과 아세라가 해결해 주기를 기대하지도 않은 것 같습니다. 농사를 풍요롭게 해 준다는 바알과 아세라의 능력을 믿지 못하면서 왜 섬기지요? 이세벨이 아세라의 능력을 못 믿으면서도 섬긴 것은 자신의 음욕을 적법하게 채우기 위함 아닐까요? 이런 점에선 아합도 같은 것 아닌가요?

가뭄 대처를 위해 아합은 신하들과 함께 물의 근원을 찾아 나섰지 않습니까? 그것은 바알과 아세라가 해결해주지 못한다는 불신을 나타내는 행동 아닙니까? 그러면서 가뭄을 예언한 엘리야를 잡고자 이웃 나라에까지 사람들을 보낼 정도로 혈안이었던 것은 오히려 엘리야와 하나님을 좀 더 신뢰했다는 뜻이 아닌가요? 이런 아합이 바알과 아세라를 섬긴 것은 아내 이세벨을 이용해 자신의 음욕을 채우기 위함 아닌가요?

이세벨은 불참했지만 아합을 비롯해 수많은 사람들이 참석해 누가 참 신인지 가리는 대회에서 승리한 엘리야는 바알과 아세라를 섬기는 850명의 제사장들을 모두 죽이라고 이 대회를 참관한 북이스라엘 백성들에게 명령하였지요. 이런 명령을 들은 아합은 자신이 왕임에도 불구하고 엘리야의 명령을 막을 방법이 없었지요.

바알, 아세라 제사장들을 다 처단한 후 엘리야는 하나님의 약속대로 비를 내려 달라고 갈멜산에서 간절히 기도했지요. 그 결과 하늘에서 엄청난 비가 내리기 직전에 아합은 말을 타고 왕궁으로 급히 출발했지요. 그런데 하나님께서 기적적인 방법으로 말을 타지 않은 엘리야가 축지법으로 말을 탄 아합보다 더 빨리 가도록 만들어 주었지요.

왕궁에 도착한 아합은 갈멜산에서 벌어진 모든 일들을 이세벨에게 말해 주었지요. 남편으로부터 모든 것을 보고 받은 이세벨은 격분하면서 엘리야를 죽이겠다고 펄쩍 뛰지요.

도대체 아합이 이세벨에게 어떻게 말했기에 반응이 이렇지요? 엘리야가 하나님께 기도하니 하늘에서 불이 내린 사실은 빼 놓을 수 없는 핵심인데, 이 말을 듣고도 하나님과 엘리야를 인정하지 않는 이세벨의 마음은 왜 그렇지요? 자신의 수족인 바알, 아세라 제사장, 선지자들의 죽음에 대한 복수심에만 사로잡힌 이세벨의 마음이 이해됩니까? 그렇게 날뛰는 이세벨을 아합은 보고만 있었으니 이 두 사람은 도대체 어찌된 부부인가요?

이세벨이 자기를 죽이겠다고 하는 말을 들은 엘리야는 너무도 겁이 나서 다시 멀리 도망하였는데, 모세가 십계명을 받은 호렙산까지 도망갔지요. 하늘에서 불이 내리고 또 하늘에서 비가 내리고 또 축지법으로 말을 탄 사람보다도 훨씬 빨리 달리는 기적을 맛본 엘리야지만 이세벨의 기세등등한 위협에는 겁이 날 수밖에 없었지요. 도저히 예상치 못한 기적을 듣고도 하나님께 무릎 꿇지 않고 오히려 복수심에 불탄 이세벨 때문에 능력의 종 엘리야가 '죽고 싶다'고 하나님께 호소하였으니, 이 얼마나 딱한 인간의 모습입니까?

그래서 엘리야는 한동안 아합과 이세벨을 가까이 할 수가 없었지요.

하나님 이름을 악용한 이세벨과 겸비한 아합

이후에 아합은 엘리야가 아닌 또 다른 선지자의 도움을 받아서 요즘의 시리아인 아람 나라와 전쟁을 두 번이나 크게 하면서 이겼지요. 아합은 하나님의 말씀을 들은 선지자가 시키는 대로 하여 승리한 것입니다.

이런 일들을 통하여 이세벨도 하나님이 어떤 분이라는 것을 점점 많이 경험하게 되었지요. 그러나 이세벨은 하나님이 어떤 분이라는 것을 경험하면서도 하나님을 섬기겠다는 생각은 조금도 하지 않았지요. 오히려 하나님을 거역하는 짓을 했지요.

아합은 자기 왕궁 근처의 한 포도원이 너무나 탐이 났습니다. 그 포도원 주인인 나봇에게 더 좋은 땅으로 교환을 받든지 아니면 당신이 달라는 대로 돈을 줄 터이니 돈을 받고 팔든지 그 땅을 자신에게 소유권을 넘길 것을 요구하였지만 나봇은 거절하였지요. 나봇이 거절한 이유는 하나님께서 자기 조상에게 주신 땅을 다른 사람에게 주어서는 안 된다는 하나님의 말씀 때문이었지요.

이 일로 고민하고 있던 아합을 보고 이세벨이 나무라기를 "당신이 이 나라의 왕이 맞느냐?"고 하였지요. 왕이 그런 일로 고민하는 것은 왕의 체통에 맞지 않으니 내가 해결해 주겠다고 이세벨이 나섰지요.

이세벨은 건달들을 거짓 증인으로 내세워 나봇이 하나님과 아합 왕을 모독했다는 누명을 덮어씌우지요. 그 누명으로 인하여 동네 사람들이 나봇에게 돌을 던져 죽이게 했지요.

이세벨은 하나님을 섬기지도 아니 하면서 하나님의 이름을 악용한 것이지요. 자기의 범죄에 자기가 섬기지도 않는 하나님의 이름을 악용했으니, 하나님께서 얼마나 기가 차셨겠습니까?

그리하여 나봇의 포도원을 아합에게 강제로 빼앗아 준 이세벨 때문에 하나님께서는 노하면서 엘리야를 오랜만에 아합에게 보내어 예언하게 하십니다. 엘리야가 말하기를 "아합과 이세벨과 그 모든 자손들은 다 처참하게 죽을 것이라"고 하였지요. 특히 아합과 이세벨의 시체를 개들이 뜯어 먹고 그 남은 것을 공중의 새들이 뜯어 먹는다고 하였지요.

이 예언을 들은 아합은 너무 너무 슬퍼서 자기 옷을 찢으며 붉은 베옷을 갈아입고 붉은 베를 요로 깔고 그 위에 누워서 금식하며 슬퍼했지요. 그리고 풀이 죽은 모습으로 여기 저기 돌아다녔지요. 아합의 이런 모습을 본 하나님은 아합이 하나님 앞에 겸비한 모습을 보였다고 엘리야에게 말씀하시면서 이 재앙을 아합 당대에는 내리지 않고 아합의 아들 대에 가서 내리겠다고 하십니다.

그런데 아합의 겸비한 모습은 아쉬움이 너무 많이 느껴지지 않나요? 하나님의 능력을 어떤 왕보다 더 많이 경험했기에 하나님의 경고를 무서워 떠는 모습을 보인 것에 그친 게 너무 아쉽게 보이지요. 하나님께 진정 눈물로 회개하였다면 하나님께서 더 나은 은혜를 베풀지 않았을까요? 무섭고 서글퍼 울었을 뿐인데도 하나님께서 긍휼을 베푸셨는데 진정한 회개로 이어지지 않은 아쉬움이 너무 크지 않나요?

그리고 이세벨은 아합이 이렇게 이상한 모습을 하고 있음에도 불구하고 알아서 하나님 앞에 겸비한 모습을 보이지 않았지요. 오히려 이세벨은 이런 남편을 비웃으며 이런 남편의 행동을 말렸을 것 같지 않습니까? 이세벨은 자신이 나봇의 포도원을 강제로 빼앗은 사건에 대하여 조금도 잘못을 뉘우치지 않은 거지요.

이세벨의 이런 모습은 출애굽 당시 모세를 통해 엄청난 재앙을 이집트에 내려도 끝까지 하나님께 대항한 파라오(바로)와 너무 흡사하지 않습니까?

이세벨은 북이스라엘에 시집 와 상상할 수도 없는 하나님의 능력을 많이 경험하고도 하나님을 인정하지 않고 자신의 비참한 죽음의 경고를 한쪽 귀로 흘려버리고 맙니다.

하나님을 무시한 아합의 죽음

아합은 과거 이스라엘 땅이었는데 아람 나라에게 빼앗겼던 요단강 동편의 길르앗 라못을 되찾고 싶었습니다. 아람 나라와의 전쟁을 결심하고 남쪽 유다 왕국의 여호사밧 왕에게 도움을 요청 하였지요. 이에 여호사밧은 이미 아합과 사돈지간을 맺은 관계였기에 기꺼이 수락하였지요. 다만 여호사밧은 전쟁이라는 중대한 일을 앞두고 하나님의 뜻을 알아보자고 아합에게 제안하였지요.

이 제안을 받은 아합은 자기 주변에서 하나님을 섬긴다는 400명의 거짓 선지자들에게 물었습니다. 이세벨이 하나님을 섬기는 선지자들을 다 죽여 없앴는데도 아합 주변에 400명이나 선지자가 남아 있었다는 것은 이들이 다 거짓 선지자이기 때문에 살아남은 거지요. 거짓 선지자들은 이 전쟁에서 무조건 이기니까 전쟁을 하라고 하였지요.

그들을 미심쩍게 여긴 여호사밧은 또 다른 하나님의 사람이 없느냐고 아합에게 물었습니다. 그러자 아합은 마지못해 항상 바른 말을 하는 미가야 선지자를 불렀지요. 미가야는 "하나님께서 거짓말을 하는 영을 당신 주변의 선지자들에게 붙여 주었기 때문에 그런 거짓말을 한 것이므로 이 전쟁에 나가면 당신은 반드시 죽을 것"이라고 하나님의 뜻을 전해 주었지요. 이에 거짓 선지자들이 미가야를 때리는데도 불구하고, 미가야는 하나님께 받은 말씀을 그대로 솔직하게 전해 주었지요.

이런 말을 들었음에도 불구하고 여호사밧은 아합과의 관계 때문에 전쟁에 따라 갔다가 구사일생으로 살아나게 됩니다. 그러나 아합은 미가야의 예언대로 아람과의 전쟁에서 부상을 당하여 피를 너무 많이 흘린 까닭에 자신이 타고 있었던 병거에서 죽고 말았지요. 아합이 탄 병거에 피가 너무 많이 고여 있었기 때문에 북이스라엘 군인들이 그 병거를 시냇가에서 씻었지요. 그때에 피 묻은 물을 개들이 핥아 먹었지요. 완전한 용서를 받지 못한 어정쩡한 태도로 회개의 겉모습만 갖추었던 아합은 엘리야의 예언이 부분 성취되어 개들이 아합의 피를 핥아 먹은 거지요.

이세벨은 자기 남편의 죽음을 정확하게 예언한 미가야 선지자를 어떻게 하였을까요? 이세벨은 남편의 죽음에도 불구하고 하나님 앞에서 자신의 잘못을 깨닫지 못하고 하나님의 위대하심을 인정하지도 않고 자기의 생활을 조금도 변화시키지 않았지요.

사실 아합은 이세벨을 아내로 맞이하여 바알과 아세라를 섬기면서 하나님 앞에 온갖 나쁜 짓을 하였지만, 그럼에도 불구하고 아합은 하나님께도 다리를 걸친 사람이었지요. 한마디로 아합은 이중생활을 한 것이지요. 이런 아합이 하나님 앞에 겸비한 모습을 보이며 붉은 베옷을 입고 금식하며 슬퍼할 때 사실 하나님 앞에 잘못했다고 회개기도를 한 것은 전혀 없었지요. 그냥 슬퍼만 하면서 하나님의 도우심을 바랐던 거지요. 아합의 이런 모습도 하나님께서는 좋게 받아들인 것입니다.

이런 아합이 이세벨과 결혼하지 않았다면 어땠을까요? 그리고 하나님을 잘 섬기는 다른 아내가 있었다면 아합의 인생이 완전 달라지지 않았을까요?

아합이 죽기까지 진정으로 하나님만 섬기지 못한 이유는 모든 것이 이세벨 때문이지요. 열왕기상 21장에는 이세벨이 남편 아합을 충동질함으로 인하여 하나님 앞에서 아합이 악한 짓을 하였다고 기록하고 있습니다.

2. 아들 아하시야 시대의 이세벨

자기들이 섬기는 신도 무시한 모자

남편 아합이 22년 동안 북이스라엘을 다스리고 죽은 후 이세벨의 아들 아하시야가 뒤를 이어 왕이 되었지요. 아하시야는 북이스라엘을 2년간 다스렸는데, 열왕기상 22장에 의하면 그 2년 동안 아버지와 어머니의 뒤를 따랐다고 하였지요.

어머니 이세벨의 뒤를 따른 아하시야는 역시 아합처럼 바알과 아세라를 섬기면서 살았지요. 아하시야가 자기 왕궁의 다락방 난간에서 떨어져 다치면서 병이 들게 되었지요. 병든 아하시야는 자기가 나을지 어떨지를 알아보기 위하여 자기 신하들을 하나님도 아니고 아세라도 아닌 다른 나라 사람들이 섬기는 바알세붑에게 물어 보라고 보냈지요. 아하시야가 자신의 병이 나을지를 묻기 위하여 하나님께 묻지 않은 것은 신앙이 없었기 때문이지요.

그러나 자신이 어머니를 따라 아세라를 섬기고 있었음에도 불구하고 아세라에게도 물어 보지 않은 것은 이상하지 않습니까? 한마디로 말해서 어머니 이세벨 때문에 아세라를 섬기긴 하였지만 그 아세라가 참 신이라고 인정한 것은 아니라는 뜻이지요. 아세라를 참 신으로 인정하지 않았기에 아세라에게 묻지도 않았지요. 자기의 궁금증을 해결해 주지도 못하는 아세라를 아하시야가 계속 섬긴 것은 어머니의 뜻이 너무 강했기 때문 아니겠습니까? 이세벨은 남편 아합 왕을 조종하는 것보다 아들 아하시야 왕을 조종하는 것이 훨씬 더 쉬웠겠지요.

그런데 좀 이상한 게 아들이 병 낫기를 궁금해 물어 보는 대상이 아세라가 아닌데, 왜 이세벨이 가만히 있었지요? 그뿐만 아니라 이세벨이 아들의 병 낫기를 아세라에게 빌지도 않았지요?

이세벨은 아무리 크고 급한 일이 발생해도 자기가 섬기는 아세라에게 기도한 적이 없는 것으로 보이지요. 왜 그렇지요? 인간이 자기의 이기적인 목적을 위해 만들어 낸 신이기 때문 아닐까요?

사람이 만든 우상을 섬기는 딱한 사람들

제가 앞서 룻 이야기에서 밝혔듯이 사람들은 수많은 신을 만들어 냈습니다. 그런데 그 신들은 다 역할이 제 각각 다르지요. 전쟁을 주관하는 신, 사랑의 신, 지혜의 신, 농사의 신, 물의 신, 불의 신, 강물의 신, 바다의 신, 날씨의 신, 미래를 아는 신, 병을 치료해 주는 신, 돈을 벌게 해 주는 신, 등등의 신들에게 제 각각 고유 임무를 맡긴 존재는 우습게도 사람이지요. 사람이 해결할 수 없어 필요에 의해 신을 만들어 내며 그 임무까지 부여하고 있으니 그게 어떻게 사람들이 섬겨야 할 신입니까?

이러니 다신교 사회가 될 수밖에 없지요. 인간이 만든 신은 창조주 하나님처럼 전지전능할 수가 없어 인간의 필요에 의해 이 신 저 신을 마구 섬기는 거지요.

이런 식으로 사람의 상상력과 수공예로 그리스 사람이 만든 신은 무려 30만개에 달한다고 하지요. 지중해 세계를 지배한 로마는 로마 생성 초기부터 그리스 문화를 동경하여 그리스의 모든 신들을 자기네 신으로 둔갑 시켰지요. 즉 그리스의 제우스를 주피터(유피테르), 아폴론을 아폴로, 아프로디테를 비너스로 이름을 바꾸어 자기 신으로 만들었던 것이지요.

워낙 많은 신들을 만들다 보니 신들 사이에도 위계질서가 필요함을 느낀 인간은 신들의 위계도 정하지요. 어느 민족이든 최고신은 대부분 태양신이지요. 그리스와 로마는 태양신 아폴론(아폴로)의 아버지 제우스(주피터)를 주신으로 정했지요. 그러나 이집트의 최고 주신인 '라'는 태양신이지요.

인간이 신을 만들고 그 신들의 위계질서도 정해 주고 또 신들의 배우자도 정해 주고 그래서 자녀까지 정해 준다면 그게 과연 신인가요?

그렇게 많은 신들을 만든 그리스 사람들은 알지 못하는 신을 섬기는 제단도 아테네에 만들어 놓았음을 바울이 발견했지요. 사도행전 17장 23절에 나오는 '알지 못하는 신'은 로마에선 판테온 신전으로 둔갑한 것 같지요. 판테온은 로마의 모든 신을 모시기 위해 A.D. 126년경 하드리아누스 황제에 의해 건립되었지요. 모든 신에는 그리스처럼 사람들이 알지 못하는 신도 포함 되었겠지요. 원래는 카이사르가 발탁한 아그립파가 B.C. 1세기 말에 사각형으로 건립했는데 화재 등으로 보존 상태가 안 좋아 하드리아누스 황제가 원형으로 아주 튼튼하게 새로 건립했다고 《로마인 이야기》의 저자 시오노 나나미는 밝히지요. 수많은 신들을 위해 제각각 모두 신전을 만들어 줄 수는 없지 않습니까? 그래서 로마를 위한 모든 신들을 한자리에 모신다는 만신전이라 불리는 판테온을 황제가 직접 나서서 재건립했으니 로마인의 우상 숭배는 그리스인과 같이 대단했지요.

그리고 로마는 정복당한 민족들이 로마에 반기를 들지 않는 한 그들의 종교, 문화와 자치권도 인정하는 포용책을 펼쳤지요. 시오노 나나미는 이를 로마의 최대 강점으로 극찬하였지요. 그러나 이로 인해 로마의 신은 훨씬 더 많아졌고 이 영향을 크게 받은 로마 가톨릭은 각 민족의 고유 전통을 받아들이는 타협을 하였지요. 우리나라에선 조상에 대한 제사를 가톨릭이 수용하고 있어 너무 안타깝지요.

그렇게 많은 신들을 만들고도 불안해서 알지도 못하는 신을 위해 제단과 신전까지 만든 것은 그리스, 로마인들의 신에 대한 솔직한 인간적인 모습이 아닌가요? 그러나 바울이 아테네의 마르스의 언덕 아레오바고에서 그리스인들이 알지 못하는 하나님과 예수님을 전할 때 반응은 어땠습니까? 다 믿었나요? 믿은 사람은 극소수고 에피쿠로스 학파의 철학자들과 지루한 논쟁이 이어졌지요. 이 가운데서도 아레오바고 법정의 한 멤버가 하나님을 섬기게 되었으니 바울의 그리스어 구사 능력과 설파력이 대단함을 보여 주지요. 그러나 철학자들과 대부분의 사람들은 새로운 사상을 듣는 논쟁을 즐기기만 하였지요.

그렇습니다. 사람들은 한편으론 자신들이 알지 못하는 뭔가가 있다고 인정하면서도 막상 새로운 뭔가를 접할 기회가 되면 망설이고, 익숙한 것이 효과 없음을 알고도 해오던 생활 방식을 고집하는 특성이 있지요. 신에 대한 태도도 마찬가지지요.

이세벨의 경우는 유난히 고집이 센 거지요. 자기가 믿는 신이 인간이 만들어 낸 신으로 아무런 능력이 없음을 자신이 너무 잘 알았기에 아세라와 바알에게 극심한 가뭄에도 단비를 구하지 않더니 이젠 아들이 병들어 있어도 병 낫기를 기도하지 않은 거지요.

그럼 이세벨이 왜 아세라를 그토록 열심히 섬긴 거지요? 앞서 말했듯이 아세라를 섬겼다기보다는 아세라를 이용해 자신의 음욕을 채운 거지요. 그렇게 말할 수 있는 근거는 이세벨이 죽는 최후의 순간에 예후가 한 말을 보면 알 수 있지요. 그 말은 잠시 후에 생각하기로 하지요.

저는 초등학생 시절 제 친구 집 책장에 한두 줄 나란히 꽂혀 있는 《그리스로마 신화》 전집이 너무 부러웠습니다. 그 집에서 잠시 보니 너무 재미있었지요. 그러나 빌릴 생각은 전혀 못했지요. 그런데 지금 생각하니 저희 집이 가난해 그런 책이 없었던 게 오히려 다행입니다. 인간의 상상력으로 만든 신화가 제 머리에 꽉 찼다면 하나님에 대한 제 신앙이 어떻게 되었겠습니까? 지금은 읽어도 제 신앙에 아무 영향을 주지 못하지만 그땐 스펀지처럼 빨아들이며 하나님 섬기는데 나쁜 영향을 받았겠지요.

이세벨도 어릴 때부터 더러운 아세라 문화에 젖어 하나님의 능력을 누구보다 더 많이 경험하고도 하나님을 못 섬긴 것 아닌가요?

불의 선지자 엘리야, 아들이 죽어도 변치 않는 이세벨

아하시야가 보낸 신하들이 바알세붑에게 가는 도중에 엘리야를 만났지요. 엘리야는 이스라엘에 그런 것을 물을 만한 신이 없어서 다른 나라로 가느냐고 나무랐지요. 그리고 아하시야가 하나님을 무시하는 이런 짓을 하였기 때문에 반드시 죽을 것이라고 예언하였지요.

엘리야의 예언을 들은 신하들이 도중에 되돌아 와서 엘리야의 말을 전해 주었지요.

아하시야는 엘리야의 말을 직접 듣고 싶어서 오십부장과 그 휘하의 군인 50명을 엘리야에게 보내었지요. 엘리야를 만난 오십부장과 50명의 군인들은 하늘에서 불이 내려와 다 타 죽었지요. 그래서 아하시야는 두 번째로 또 다시 오십부장과 50명의 군인들을 보내었지요. 그런데 이번에도 51명의 사람들이 하늘에서 불이 내려와 다 타 죽었지요. 그럼에도 불구하고 아하시야는 세 번째로 오십부장과 50명의 군인들을 보내었지요. 세 번째로 간 오십부장은 산에서 엘리야를 만나 그 앞에 무릎을 꿇고 절하며 자기와 자기 부하들을 살려 달라고 간절히 애원하면서 왕에게 가 줄 것을 간곡히 부탁하였지요.

하나님께서 이번에는 이들을 따라가라고 말씀하셔서 엘리야는 산에서 내려와 아하시야를 만났지요. 엘리야가 하나님의 음성을 듣기 전에는 왜 내려가지 않았을까요? 왕이 부르는데 안 간 것은 왕을 무시하거나 왕을 의심해 무서워한 것인가요? 혹 변치 않는 태후 이세벨을 두려워해서가 아닌가요? 엘리야는 이세벨을 피한 이후 하나님의 말씀이 없으면 아합과 아하시야 앞에 나타나지 않은 것으로 보아 유독 이세벨을 두려워한 것 아닌가요?

어쨌든 아하시야 앞에서 엘리야는 똑같은 내용으로 "당신이 하나님을 무시했기 때문에 반드시 죽을 것"이라고 예언하였지요. 엘리야의 예언대로 아하시야는 죽었지요.

이 모든 소식을 전해들은 이세벨은 자신의 아들이 죽었음에도 불구하고 하나님을 거역하는 짓을 멈추지 않았지요. 하나님만이 참 신이라는 것을 남편 아합과 아들 아하시야를 통하여 여러 번 경험하였지만 이세벨은 계속 하나님께 맞서고자 하였지요.

이런 점에서 이세벨은 이집트의 파라오보다 훨씬 강한 자아를 가진 고집불통인 사람이지요. 파라오는 장남이 죽자 이스라엘 민족의 이집트 탈출을 허락하지 않았습니까? 그러나 이세벨은 남편의 죽음을 말한 미가야의 예언이 적중해도 끄떡없더니 이번엔 아들의 죽음을 말한 엘리야의 예언이 적중해도 요지부동 변함이 없이 하나님께 맞섰으니 이해가 되나요?

남편은 상대국 사람의 힘이 너무 강해져서 운 나쁘게 죽은 것이고 아들은 죽을병에 걸려 죽은 것이지 둘 다 하나님의 예언 때문이라고 인정하지 않은 것은 아들 아하시야도 같지 않나요? 자신의 죽음을 직접 엘리야에게 듣고도 회개는커녕 아버지처럼 흉내도 내지 않았지요.

아하시야의 이런 교만은 다 어머니 이세벨에게 배웠겠지요.

3. 아들 여호람 시대의 이세벨

어정쩡한 개혁을 한 여호람

아하시야는 아들이 없었기 때문에 아하시야의 동생인 여호람이 뒤를 이어 왕이 되었습니다. 여호람은 북이스라엘을 12년 동안 다스렸지요. 그런데 이 여호람은 열왕기하 3장에 의하면 부모와 같지 않았다고 하였습니다. 그래서 여호람은 아버지 아합이 섬기던 바알 신전을 다 제거하였지요. 그러나 여호람도 어머니 이세벨의 기세를 꺾을 수는 없어서 어머니가 섬기는 아세라에 대해서는 손을 쓸 수가 없었지요. 여호람은 아버지와 달리 하나님을 더 가까이 하고자 노력한 것 같지만 여전히 북이스라엘의 초대 왕인 여로보암이 만든 금송아지를 섬겼지요. 한마디로 여호람도 아버지 아합처럼 이중 플레이를 한 것이지요.

여호람은 왜 아버지가 섬기던 바알 신전을 없애 버렸을까요? 아버지와 어머니 그리고 자기를 포함한 자손들의 비참한 종말을 예언한 엘리야의 말을 기억한 것 아닌가요? 엘리야와 미가야의 예언대로 아버지가 죽는 것을 목격한 지 2년이 채 안 되어 형도 엘리야의 예언대로 죽으니 하나님을 두려워하는 마음이 생겼겠지요. 그래서 바알뿐 아니라 아세라도 제거해 버리고 싶었겠지요. 그러나 자신과는 달리 여전히 하나님을 무시하는 어머니를 이길 수 없었겠지요. 그래서 여호람과 이세벨이 타협한 것 아닐까요?

사실 이세벨은 바알 신전의 훼파도 원치 않았겠지요. 바알과 아세라는 한 조를 이루어야 더 제격이기 때문이지요. 그래서 사람들은 늘 대개 바알과 아세라를 함께 섬겼지요.

그러나 왕이 된 아들의 의지가 확고하니 이세벨이 한 발 물러서며 자신의 우상인 아세라는 지킨 것 아닌가요? 그리고 여로보암처럼 금송아지 섬기는 일은 아버지가 한 것처럼 계속 하도록 설득했겠지요. 금송아지도 제거하면 북이스라엘의 백성들이 여로보암 시대 초창기처럼 남쪽 예루살렘으로 갈지도 모른다고 말했겠지요.

이세벨은 금송아지가 좋아서라기보다 아들이 하나님 섬기는 일을 막고자 노력했겠지요. 하나님을 섬기게 되면 언젠가 자신의 아세라도 제거될 가능성이 높다고 생각했겠지요.

여호람은 기세 좋게 바알을 제거했지만 어머니의 완강한 반대에 부딪쳐 아세라 제거는 포기했겠지요. 아세라의 단짝인 바알을 제거했으니 아세라 숭배가 힘을 쓰지 못할 것이라고 위안을 삼았겠지요.

그리고 백성들의 남하를 막기 위해 여로보암이 만든 금송아지는 그대로 두고 섬겼지요. 이렇게 하여 여호람의 개혁은 어정쩡하게 끝난 것 아닌가요?

엘리사에게 꾸짖음 당한 여호람

여호람이 왕이 된 후 아버지 사후에 이스라엘을 배반한 모압을 치고자 남쪽 유다 왕국의 여호사밧 왕에게 도움을 요청했습니다.

여호사밧은 이번에도 사돈관계의 여호람을 돕기 위하여 출전하였지요. 그래서 이스라엘과 유다, 에돔 3개 왕국이 연합하여 모압을 치고자 출전하였는데, 전쟁을 하기도 전에 그 많은 군사들을 먹일 물이 없어 위기에 빠졌지요. 그래서 여호사밧이 마실 물에 대하여 하나님께 물어 보기 위해 선지자를 찾게 됩니다. 여호람은 하늘로 올라간 엘리야의 제자 엘리사를 소개하였지요.

세 왕들을 만난 엘리사는 "어머니가 섬기는 아세라 선지자들에게 가지 않고 왜 내게 왔느냐?"고 여호람을 나무라지요. 그러면서 말하기를 "여기에 여호사밧이 있기 때문에 내가 하나님의 말씀을 전해 주겠다"고 하였지요.

엘리사가 파라는 골짜기에 군사들이 도랑을 파니 거기에서 물이 나왔고 그 물로 많은 군사들이 충분히 마셨지요. 그리고 엘리사는 이 전쟁에서 이길 것이니까 안심하고 싸우라고 하였지요. 엘리사의 말대로 이 전쟁에서 이기고 돌아온 여호람은 후에 엘리사의 도움을 계속 받게 됩니다.

엘리사를 통해 하나님의 능력을 직접 체험한 여호람이 바알을 제거할 때의 초심을 회복하는 계기로 삼지 못한 것은 너무 아쉽지요. 엘리사가 나무랐을 때 분명 마음이 뜨끔했을 텐데 엘리사의 꾸짖음을 한쪽 귀로 흘려보낸 게 너무 안타깝지 않습니까? 그 큰 능력을 보고도 아직도 엘리사를 엘리야의 비서로만 생각해 가벼이 여긴 건가요?

기아 상태의 사마리아 주민을 엘리사를 통해
구해 주신 하나님

아람 나라의 벤하닷이 북이스라엘로 쳐들어올 때마다 아람의 모든 작전 계획을 엘리사가 하나님께로부터 듣고 여호람 왕에게 알려 주었지요. 그래서 아람은 북이스라엘과 전투할 때마다 패배하였지요. 패배의 원인을 알게 된 아람의 벤하닷 왕은 자기들의 작전 계획을 여호람

에게 알려주는 엘리사를 잡고자 하였지요. ·

엘리사를 찾기 위하여 엘리사가 머무는 곳에 군대를 보냈는데, 그 군인들의 눈을 하나님께서 보지 못하게 만들었지요. 맹인이 된 아람 나라의 군인들은 모두 손에 손을 잡고 엘리사의 인도하에 북이스라엘의 수도인 사마리아 성 안으로 들어갔지요.

사마리아 성 안에서 여호람은 아람 군인들을 포위하고 그들을 죽이고자 하였지만, 엘리사는 오히려 그들을 대접하여 자기 고향으로 돌려보내라고 하였지요. 아람 군인들을 맹인으로 만들어서 끌고 왔지만 엘리사의 명령을 여호람은 왕이라 할지라도 거역할 수 없었지요. 그래서 아람 군인들을 대접하여 돌려보냈지요.

이 사건이 있은 지 얼마가 지나서 아람 나라의 벤하닷이 또 다시 북이스라엘로 쳐들어 왔지요. 사마리아를 완전히 포위한 채 아람 군인들이 진을 치고 있으니 사마리아 성 안에는 물자가 부족하게 되었지요. 시간이 계속 흐름에 따라 사마리아 성 안에는 먹을 것이 부족하여 물가가 폭등하였지요. 그래서 먹을 것이 없는 백성들은 이웃집과 함께 자기 자식들을 잡아서 서로 나누어 먹는 비참한 일이 발생하기도 했지요.

그러자 여호람 왕은 이 모든 것이 엘리사가 아람 군인들을 대접하여 그냥 돌려보냈기 때문이라 생각하여 엘리사를 죽이고자 하였지요. 그러나 엘리사는 "이 모든 식량 부족 사태가 내일이면 다 해결된다."고 예언하였지요. 엘리사의 예언대로 하루 만에 모든 것이 해결되었지요.

그날 밤에 아람 군인들은 엄청나게 많은 군인들이 자신들에게 몰려오고 있는 소리를 들었지요. 한밤중에 그 소리를 들은 아람 군인들은 북이스라엘을 돕기 위하여 다른 나라에서 구원병이 온 것으로 착각하였지요. 그래서 아람 군인들은 너무 겁을 먹은 나머지 자기들의 모든 식량과 물자를 진중에 그대로 방치한 채 몸만 빠져 나가 도망하였지요.

이 사실을 가장 먼저 알게 된 사람은 나병환자들이었죠. 그들이 이래 죽으나 저래 죽으나 매 한가지이니 아람 진영에 먹을 것을 구하기 위해 밤중에 갔다가 진영에서 군사들이 다 사라진 것을 안 것입니다.

나병환자들을 통해 새벽에 이 좋은 뉴스를 알게 된 사마리아 사람들은 아람 군인들이 버리고 간 모든 식량과 물자를 서로 나누어 가지며 모든 문제가 하루아침에 해결된 것이지요. 이날 아침 여호람의 한 신하는 성문에서 백성들에게 밟혀 죽었는데, 엘리사의 예언을 무시하며 하나님을 모독했기 때문이지요. 그는 "하나님께서 하늘의 창고를 열어 쏟아 주신다고 해도 하루 만에 물가가 그렇게 급락하는 일은 가능하지 않다"고 말했다가 이런 좋은 날에 밟혀 죽은 거지요.

고집불통 이세벨과 초심을 완전히 잃어버린 여호람

이런 기적을 체험한 여호람 왕은 분명히 자기 어머니 이세벨에게도 이야기 하였겠지요. 모든 사람이 알고 있는 이 기적을 이세벨은 도대체 어떻게 받아들였을까요?

백성들에게 밟혀 죽은 신하는 여호람이 무척 아끼며 의지하는 신하였지요. 그런데 성난 백성들이 그 신하를 밟아 죽이는데도 그를 구할 수가 없었지요. 백성들의 문제를 조금도 해결해 주지 못하면서, 백성들을 구해 주려는 하나님과 엘리사를 모독해 밟혀 죽는 신하를 보고 여호람은 무엇을 느꼈을까요?

바알을 제거할 때의 초심으로 돌아가지 않으면 자기도 저런 꼴을 당할 수 있을 것이라는 두려움이 없었을까요? 너무도 아쉽지만 그런 초심이 되살아나지 않은 것 같습니다.

여호람은 이 기적을 체험하고는 과거 엘리사의 종이었던 게하시를 불렀지요. 엘리사는 아람 나라의 군대 장관 나아만의 나병을 고쳐 주어 나아만이 엄청난 사례를 하려는 것을 거절한 일이 있었지요. 이때 게하시는 자기 주인 엘리사를 속이고 나아만에게서 사례를 받았지요. 그래서 게하시가 오히려 나병환자가 되었지요. 나병환자가 된 게하시는 엘리사의 곁을 떠나게 되었지요.

여호람은 이 게하시를 불러서 그동안 엘리사가 하나님의 도우심으로 일으켰던 모든 기적의 이야기를 들었지요. 게하시를 통해 엘리사의 모든 것을 듣기 즐거워한 여호람 왕이었지만 그 마음이 하나님께로 향하지는 못했지요. 왜 그랬을까요? 여호람의 마음이 너무 완악했기 때문인가요?

게하시를 통해 엘리사가 죽은 소년을 살린 기적을 듣고 있을 때 마침 그 소년의 어머니가 여호람 왕을 찾아왔지요. 그 여인은 엘리사의 말대로 고향을 떠나 블레셋(팔레스타인)에서 7년간 살다가 돌아왔는데 고향에서 살 수 있도록 왕에게 도움을 요청했지요. 여호람은 기꺼이 그 여인의 귀향과 정착을 도왔지요.

엘리사에 관한 이야기를 듣고 자비를 베풀 정도였으니 그렇게 사악한 왕은 아니지 않나요? 또 얼마 전 사마리아 성이 아람 군사들에게 포위되었을 때 백성들이 먹을 것이 없어 자식을 잡아먹으며 하소연할 때 여호람은 자기 왕복을 찢으며 백성들과 슬픈 마음을 함께 하지 않았습니까?

왕이 된 초기엔 바알을 제거할 정도의 중심도 있지 않았습니까? 아합과 이세벨 자손의 비참한 죽음을 엘리야를 통해 들은 예언에 경각심을 느껴 뭔가 달라지려 했지만 어머니의 벽을 못 넘은 여호람이 너무 딱하지 않습니까? 아버지처럼 하나님의 능력을 엄청 많이 경험하고도 하나님을 피상적으로 아는 것으로 그치고 끝내 섬기기를 거부한 것은 어머니와 너무 닮지 않았습니까? 그래서 여호람도 엘리야의 예언대로 마지막 길로 들어 설 수밖에 없었지요.

아들 여호람을 통하여 엘리사에 관한 많은 것들을 이세벨도 알았겠지만, 이세벨은 여전히 하나님께서 참 신이라는 것을 인정하지도 않고 하나님을 섬기지도 않았지요. 아들이 게하시에게서 들은 이야기를 어머니에게 재미있게 전해 드리려고 하면 이세벨은 오히려 싫어했겠지요. 이미 하나님에 대해서 마음의 문을 굳게 닫은 이세벨은 회개할 기회가 많이 있었음에도 불구하고 모든 것을 놓친 것입니다.

이세벨은 하나님의 초자연적인 능력을 보고 들을 때마다 속으론 분명 놀라면서 감탄했겠지요. 그리고 자기가 믿는 신과 대비하며 하나님이 부러워 시샘하고 능력 없는 자기 신에겐 짜증도 났겠지요.

너무도 많은 기적을 우연으로만 여기기에는 한계가 있지 않습니까? 이세벨은 분명 한편으론 하나님의 존재를 알았을 터이기에 하나님을 섬기지 않는 것에 대해 마음의 갈등이 분명히 있지 않았을까요? 그런데 갈등으로만 끝난 것은 왜 그렇지요? 자신의 알량한 자존심과 쾌락을 추구하는 음욕과 자신의 것을 포기하지 못하는 고집 때문 아닌가요?

하나님의 능력은 너무 부러워하면서도 하나님을 섬기는 것은 너무 따분하게 본 이세벨은 결국 너무도 비참한 종말을 피할 수 없었지요. 시간이 흐르며 하나님의 능력을 많이 체험할수록 엘리야의 예언에 대한 불안감이 컸겠지만 결단을 미룬 이세벨은 뭔가 달라지려고 시도한 아들의 인생까지 망쳤으니 너무 안타깝지 않습니까?

이런 일이 있은 후 여호람 왕은 아버지 아합과 마찬가지로 요단강 동편의 길르앗 라못을 찾기 위하여 아람 나라의 하사엘과 전쟁을 하였습니다. 이 전쟁에는 여호람 왕의 조카인 남쪽 유다 왕국의 아하시야 왕도 함께 참전하였지요. 아버지 아합이 길르앗 라못을 되찾기 위한 전쟁에서 죽었듯이 아들 여호람도 이 전쟁에서 부상을 당하여 몸을 치료하기 위해 호위병만 거느리고 전선을 빠져 나와 왕궁으로 돌아갔지요. 조카인 아하시야 왕도 외삼촌 여호람을 문병하기 위해 함께 북이스라엘의 왕궁으로 갔지요.

4. 예후의 말발굽에 짓밟힌 이세벨

음란한 우상 숭배

여호람이 전쟁터를 비운 사이 엘리사는 자기 제자를 보내 전쟁터인 길르앗 라못에 있는 군대 장관 예후에게 기름을 부었지요. 즉 예후를 북이스라엘의 왕으로 하나님께서 세운 것입니다. 기름을 부은 엘리사의 제자는 예후에게 하나님의 명령을 전달하였지요. 예후가 받은 임무는 아합과 이세벨에 속한 모든 사람들을 철저하게 다 죽이라는 것이었지요.

이런 임무를 받고 왕이 된 예후에게 전쟁터의 모든 장수들은 "예후 왕 만세!"를 외쳤지요. 예후는 군사를 이끌고 하나님께 받은 임무를 완수하기 위하여 왕궁으로 돌아갔습니다. 전쟁터에 있어야 할 예후가 돌아온다는 소식을 들은 여호람 왕은 아하시야 왕과 함께 예후를 맞이하려고 왕궁 밖으로 나갔지요.

여호람이 예후에게 "평안한 목적으로 왔느냐?"고 물으니까 예후의 대답이 걸작이지요. "네 어머니 이세벨의 음행과 술수가 가득한데 어떻게 평안할 수 있느냐?"고 예후가 외쳤지요. '음행'은 NIV에는 'idolatry' (우상 숭배란 뜻), KJV에는 'whoredom' (매춘, 간음, 우상 숭배란 뜻)으로 표기하고, '술수'는 NIV, KJV 둘 다 'witchcraft' (주술이란 뜻)으로 표기하였지요.

과부인 태후가 어떻게 음행을 일삼으며 더군다나 매춘을 할 수 있습니까? 이는 이세벨이 아세라를 섬긴다는 구실 하에 과부로서 14년간 살아오며 자신이 직접 여사제로서 음란한 행위에 동참하며 자신의 성욕을 해결하였다는 것을 나타내는 말 아닙니까? 술수를 'witchcraft'로 한 것은 아세라를 섬길 때에 온갖 이상한 주문을 외우며 마술을 했다는 것입니다.

예후의 이 말로 보아 이세벨은 아무것도 해결해 주지 못하는 아세라를 섬긴 것이 아니라 아세라를 이용해 자신의 쾌락을 추구한 것으로 보이지 않나요? 그렇게 볼 수 있는 중요한 근거가 예후의 말 속에 있지 않습니까? 이세벨의 음행과 술수가 '가득한데'란 말은 어쩌다 한두 번 이런 짓을 한 게 아니라 일상화 되어있다는 말 아닙니까? 완전히 푹 빠져 즐긴 것으로 봐야 할 것입니다. 이세벨이 죽을 때 나이는 50대 초반으로 보이니 체력적으로도 큰 무리는 없었겠지요.

아마 이런 짓은 남편이 살아 있을 당시부터 했을 가능성이 많습니다. 약 36년간 북이스라엘의 왕비와 태후로 살며 하나님의 능력을 누구보다 많이 보았음에도 불구하고 신전 창녀인 여사제의 더러운 짓을 끊지 못해 하나님을 섬기지 못한 것 아닌가요? 그래서 자식까지 망하게 했으니 너무 어리석지 않습니까?

그리고 '간음과 매춘'을 뜻하는 영어 단어 'whoredom'에 우상 숭배의 뜻도 함께 있으니 너무 놀랍지 않습니까? 우상 숭배를 하는 의식 가운데 매춘 또는 음란 행위가 있었다는 말 아닌가요? 올림픽을 할 때마다 성화 점화식을 한답시고 아테네에서 하얀 복장의 여사제를 등장시키는 게 저는 너무 의아스럽습니다. 고대 그리스의 여사제들은 하얀 옷만큼 과연 정결했을까요? 신전 창녀를 미화하고 있는 건 아닐까요?

아합과 이세벨 자손을 철저히 응징한 예후

예후의 이 말을 들은 여호람은 반란이 일어났음을 깨닫고 조카 아하시야와 함께 몸을 뒤로 돌이켜 재빨리 도망하였지요. 그러나 예후가 쏜 화살에 여호람의 심장이 뚫려 죽었고, 아하시야도 예후의 부하에 의해 살해되었지요. 두 왕을 죽인 예후는 말을 타고 왕궁 문으로 들어섰지요.

이때 왕궁 안에서 이세벨은 얼굴에 화장하고 눈화장까지도 아주 예쁘게 하였지요. 그리고 머리를 예쁘게 다듬은 이세벨은 모든 단장을 마치고 창가로 가서 밖을 내려다보고 있었지요.

예후가 들어서는 것을 본 이세벨은 창가에서 고함을 질렀지요. "내 주인을 죽인 살인자! 역적 시므리 같은 놈아! 그래 평안하냐?" 그러자 예후가 위를 쳐다보며 말했지요. "거기 누구 내 편이 될 사람이 없느냐?"라고 고함을 질렀습니다. 그러자 창가로 2, 3명의 내시들이 몰려와서 예후를 내다보죠. 예후가 내시를 보면서 명령했습니다. "이세벨을 창밖으로 집어 던져라!"고 하였지요. 곱게 단장한 이세벨을 내시들이 들어서 창밖으로 집어 던지니 그 피가 왕궁의 담벼락과 예후가 탄 말에 튀었지요. 그러자 예후가 탄 말은 이세벨을 무참하게 짓밟아

버렸지요.

이세벨의 죽음을 확인한 예후는 말에서 내려 왕궁 안으로 들어가서 식사를 하였지요. 식사를 다 끝낸 예후가 말하기를 "이세벨이 그래도 왕의 딸이었는데 장례는 치러 줘야 되지 않겠는가?" 하며 부하들에게 장례를 치러 주라고 명령했지요. 그 명령을 받은 부하들이 밖으로 나가 이세벨의 시체를 찾았지만 이세벨의 해골과 손, 발 외에는 아무것도 없었지요. 엘리야가 예언한대로 개들이 와서 다 뜯어 먹은 겁니다.

자신의 죽음을 예견해서 우아하게 죽고자 화장과 몸단장을 예쁘게 한 것으로 보이는데, 그 누구보다 더욱 비참하게 죽지 않았나요?

이렇게 무참하게 이세벨을 죽인 예후는 이것으로 끝나지 않고 사마리아 성의 지도자들에게 편지하기를 "사마리아 성 안에 있는 아합의 아들 70명의 왕자들 편에 서서 나에게 대항하든지 그 왕자들의 목을 다 베어 나에게 갖다 바치든지 양자택일을 하라"고 하였지요. 편지를 받은 사마리아 성의 지도자들은 감히 예후에게 맞설 용기와 힘이 없어서 70명의 왕자들의 목을 다 베어 바구니에 담아 예후에게 전달하였지요.

예후는 이렇게 아합의 집안을 완전히 멸한 후에 북이스라엘의 수도 사마리아로 갔지요. 가는 도중에 많은 무리들을 만난 예후는 "너희들은 누구냐"고 물었지요. 그 무리들이 대답하기를 "우리들은 남쪽 유다 왕국 아하시야 왕의 형제들이다"고 소개하면서 "이세벨과 이스라엘 왕에게 문안하기 위하여 찾아 가는 길이라"고 하였지요. 이 말을 들은 예후는 이들도 다 잡아 죽이라고 하였지요. 이렇게 죽은 사람들은 42명이나 되지요.

이들은 사실 아하시야의 친형제가 아니고 아하시야의 친척들이지요. 이렇게 남북의 아합 가문까지 다 죽여 버린 예후는 아합의 친척들과 친구까지 다 죽였지요. 북이스라엘의 사마리아와 이스라엘 왕궁에는 그야말로 피비린내가 진동했지요.

이렇게 철저히 아합과 이세벨 가문을 정리한 예후는 갑자기 바알 신에게 성대한 제사를 드리겠다며 바알 신을 섬기는 모든 제사장들을 다 불러 모았지요. 예후에게 속아서 모인 모든 바알의 제사장들은 예후의 부하들에 의해 그 자리에서 다 죽임을 당하였지요.

분명히 여호람이 즉위 초에 바알 신전을 제거하였는데 아직도 예후가 정리해야 할 바알의 제사장들이 이렇게 많이 있었다니 어떻게 된 것입니까? 이는 여호람이 개혁을 시작할 때 마음대로 되지 않았음을 나타내는 증거가 아닙니까? 왜 이렇게 되었지요? 이세벨이 서서히 원위치로 돌린 것 아닐까요? 바알은 아세라의 남편이니까요.

임무 완수하여 예후가 받은 보상

이렇게 철저하게 아합 가문을 멸망시킨 예후에게 하나님께서는 그 보상으로 예후의 자손들이 4대에 걸쳐서 북이스라엘의 왕이 되게 해 주겠다고 약속하셨습니다.

이세벨이 "시므리 같은 역적놈아"라고 고함을 지른 것은 사실 예후에 대한 저주이지요. 시므리는 엘라 왕을 살해하고 북이스라엘의 5대 왕이 된 사람입니다. 그런데 시므리가 수도 디르사 왕궁에서 반란을 일으켰다는 소식을 들은 아합의 아버지인 오므리는 블레셋과의 전투를 앞두고 진을 치고 있었지요. 그런데 반란 소식을 듣고서 오므리 장군은 군사를 수도 디르사 왕궁으로 되돌렸지요. 오므리의 군사에 의해 왕궁이 포위된 가운데 시므리는 오므리를 이길 수 없음을 깨닫게 되지요. 그래서 시므리는 왕궁에 불을 질렀고 자신도 그 불타는 왕궁

속에서 죽었지요. 시므리가 왕으로 있었던 기간은 고작 7일 밖에 안 되지요. 왕이 된 오므리는 왕궁이 불탔기 때문에 수도를 옮겨 사마리아 성을 건설했지요.

이세벨은 극히 단명하여 비극적으로 끝난 시므리에 비유하며 예후를 저주하였지요. 시므리가 상전으로 모시던 왕을 죽인 것처럼 예후도 자기가 모시던 왕을 죽였으니 시므리처럼 비극적으로 '또 단명하라'라는 뜻이 담긴 저주의 비유이지요. 그러나 이 말은 이런 심판이 예후의 역심에서 나온 게 아니고 하나님께로부터 비롯된 것임을 몰랐던 이세벨의 최후의 발악이지요.

이세벨의 저주와는 달리 하나님께서는 예후에게 엄청난 복을 주었지요. 아합과 이세벨의 가문을 철저히 응징한 예후에게 하나님께서는 28년간 왕위를 유지하도록 해 주었지요. 그리고 그 후손들 4대까지 합쳐 모두 108년간 북이스라엘에서 가장 긴 예후 왕조를 이루게 해 주셨습니다.

북이스라엘의 존속 기간은 성경에 나오는 왕들의 재임 기간을 다 합쳐도 총 19대 245년밖에 안 됩니다. 그러나 실제로는 북이스라엘의 존속기간은 약 210년으로 보지요. 그리고 예후 왕조의 총 기간은 약 100년으로 봄이 맞겠지요. 성경의 기간과 실제 역사 기간의 차이는 제가 '룻' 편에서도 밝혔는데, 다음의 '아달랴' 편에서 더 구체적으로 다루도록 하겠습니다.

이세벨이 시집간 오므리 왕조가 4명의 왕을 배출하며 약 40여년 존속한 것에 비하면 2.5배나 더 긴 기간이지요. 그런데 북이스라엘의 최장수 왕조를 연 예후도 초대 왕 여로보암의 길을 걸었지요. 아마도 백성들의 예루살렘 방문을 막고자 여로보암이 만든 금송아지를 섬기며 여로보암이 만든 절기를 지킨 것 같은데, 너무 안타깝지 않나요?

음란의 상징 이세벨

이세벨이 처참하게 죽은 지 약 900년이 지나 성경에 다시 이세벨이 등장합니다. 그 이세벨도 아주 음란해 예수님께서 그 자녀들을 죽이겠다고 경고했지요.

예수님의 제자 중 가장 오래 산 사람은 요한입니다. 요한이 밧모 섬으로 유배되었을 때 예수님께서 요한에게 말씀하셨지요. 예수님께서 하시는 말씀을 편지로 적어 일곱 교회에 보내라고 하셨습니다. 일곱 교회는 칭찬만 받은 교회, 책망만 받은 교회, 칭찬과 책망을 다 받은 교회가 있었지요. 그 중 한 교회가 두아디라 교회이지요.

두아디라는 소아시아의 서쪽에 있는 작은 마을이었지요. 원래는 목축과 농업으로 사는 곳이었는데 교통의 요충지인지라 상술이 뛰어난 유태인들이 몰려오며 산업 도시로 바뀌었지요. 단순한 목축에서 양모 방직, 피혁 가공, 염색 산업까지 발전하며 도시화되었지요. 이곳에서 생산된 자주색 비단은 특히 유명했지요. 사도 바울이 만난 자주색 옷감 장사꾼 루디아도 이곳 출신이지요. 이곳은 동종 업자들끼리 조합을 결성해 자신들의 이익을 극대화한 곳으로도 유명하였지요. 로마는 이곳에 태양신 아폴로와 아폴로의 동생인 달의 여신 아데미를 세웠지요. 고대인들은 아데미를 유방이 너무 많아 12개 또는 그 이상 되는 풍요의 신으로 생각했지요. 그런데 아데미를 섬기는 제사 의식이 음란하였기에 두아디라 지방과 교회에 나쁜 영향을 끼쳤겠지요.

예수님께서 두아디라 교회를 칭찬하신 것은 요한계시록 2장 19절에 나옵니다. "네 사업과 사랑과 믿음과 섬김과 인내를 아는데 이런 일들이 처음보다 나중이 더 많다"고 크게 칭찬하셨지요. '사업'은 NIV에는 'deeds'(행위들)로, 표준새번역에는 '행위'로 번역되었지요. '행위, 사랑, 믿음, 섬김, 인내' 이 모든 면에서 주님의 인정을 받은 교회였으니 너무 부럽지 않습니까?

그런데 이 교회가 예수님께 크게 책망을 당한 것이 있습니다. 자칭 여선지자라고 일컫는 이세벨 때문이지요. 이세벨이 이 훌륭한 두아디라 교회를 음란한 행위로 물들이며 우상에 바쳐진 재물을 먹게 만들었기 때문이지요.

왜 하필이면 여선지자의 이름이 이세벨입니까? 유태인들은 이세벨을 다 알고 있을 터이라 부모가 그렇게 쉽게 지을 수 있는 이름이 아니지 않나요? 그럼 이 여자는 이방인인가요? 그럴 수 있지요. 사실 이세벨의 뜻은 '존귀한'으로 좋은 의미입니다. 그런데 계시록을 자세히 음미하면 예수님께서 붙여준 이름 같은 냄새도 풍기지요.

어쨌든 이세벨은 여선지자라 했으니 교회에서 분명히 설교나 강론을 했겠지요. 그런데 너무나도 훌륭한 교회의 성도들이 어떻게 이세벨에게 넘어갈 수 있습니까? 어떻게 이세벨과 음행을 행하고 성도끼리도 그런 짓을 할 수 있습니까? 그러고도 모두 주일이면 거룩한 척 예배하는 것이 도대체 말이 됩니까?

이세벨은 이 교회의 성도 출신으로 여선지자가 된 걸까요? 아니면 외부에서 들어온 침입자일까요? 저는 침입자라고 봅니다. 왜냐하면 스스로 자신을 여선지자로 불렀기 때문이지요.

사도 바울은 평신도들을 가르치고 지도하기 위해 하나님께서 세우신 직분으로 '사도, 선지자, 복음 전하는 자, 목사, 교사' 다섯 가지를 에베소서 4장 11절에 말하고 있지요. 평신도 가운데 당시 선출한 감독, 장로, 집사는 바울이 제시한 기준에 따라 선출하면 되지만 주님이 직접 세우신 이 다섯 가지 직분은 정말 애매하지요. 주님이 세운 걸 어떻게 압니까? 그래서 그 위대한 바울도 예수님께 직접 배운 제자가 아니라는 이유로 사도 직분에 대해 많은 사람들에게 의심을 받지 않았습니까?

그러니 이세벨도 자신을 스스로 선지자로 부를 수 있었던 것 아닌가요? 순진한 성도들을 유혹하고자 가만히 들어온 이 침입자는 도대체 교회 성도들을 어떻게 유혹했을까요?

자신을 선지자로 소개할 정도의 뭔가를 보여 주었겠지요. 아마 구약성경과 예수님에 대해 많이 아는 척 떠들었겠지요. 그 몇 마디 말에 성도들이 넘어 갔을까요? 저는 그렇게 생각하지 않습니다.

뭔가 신비한 걸 성도들에게 보여준 것으로 보지요. 뭘 보여 주었을까요? 아마 두아디라에 있는 아데미 신전에서 행하는 주술을 이용해 신비한 마술을 보여주었겠지요. 제가 그렇게 보는 이유는 이세벨이 성도들에게 우상에게 바친 제물을 먹였기 때문입니다. 먹은 사람들은 그 음식이 우상에게 바쳐진 것을 알고 먹었습니다. 그 사실을 모르고 먹었다면 예수님께서 책망하지 않았을 겁니다. 바울은 고린도 교회에 편지하기를 모르고 먹은 우상의 제물을 문제시하지 않았지요. 또 식탁의 고기가 우상의 제물인지 그 출처를 묻지 말고 맛있게 먹되 우상에게 바쳐진 것을 알면 먹지 말라고 했지요. 이세벨은 처음에는 우상 제물인 것을 속이고 먹였겠지요.

우상 제물을 성도들에게 먹일 정도로 우상을 가까이 한 이세벨이 제물만 먹었을까요? 우상에게 절하는 숭배는 안했지만 요술, 마술, 주술 등을 이용해 자신이 대단한 선지자임을 보였을 가능성이 크지 않나요? 그리고는 엉터리 강론을 통해 성도들의 혼을 빼앗으며 세뇌시켰겠지요. 일단 자기에게 걸려든 연약한 성도들이 빠져 나가려 하면 저주를 퍼부으며 협박해 이탈을 막으려 했겠지요. 그리고 점점 더 많은 사람과의 음행을 즐기게 하여 못 빠져 나가게 만들었겠지요.

예수님께서 이런 이세벨에게 회개할 기회를 주었다고 하였지요. 그러나 두아디라 교회의 이세벨이 회개를 거부한 것은 아합의 아내 이세벨이 많은 기회가 있었음에도 불구하고 회개를 거부한 것과 똑같지요.

사도 요한이 이 글을 적은 것은 A.D. 90년경으로 보이는데 요한의 편지를 받은 두아디라 교회의 반응은 어떠했을까요? 회개한 성도들이 분명 있었겠지만 과연 이세벨이 회개했을까요? 회개하지 않는 이세벨을 예수님은 침상에 던지겠다고 하셨지요. '침상'은 NIV에서는 'bed of suffering'(고통의 침대)로, 표준새번역에서는 '평상'으로 번역하고 있지요. 그리고 이세벨을 따른 자들도 큰 고통을 겪을 것이라고 하셨지요. 또 이세벨의 자녀들은 다 죽이겠다고 경고하셨지요. 아합의 아내 이세벨이 겪은 심판과 흡사하지 않나요?

그런데 같은 교회 성도인데 이세벨에게 넘어가지 않은 참된 성도들이 있어서 예수님은 그들을 칭찬, 격려하며 끝까지 자신의 신앙을 잘 붙들기를 당부하셨지요. 그들은 어떻게 이세벨의 유혹을 이겼을까요? 예수님께서 칭찬하신 다섯 가지, 즉 '행위, 사랑, 믿음, 섬김, 인내'로만 이겼을까요? 아쉽게도 저는 그렇게 생각하지 않습니다. 믿음은 조금 도움 될지 모르나 행위, 사랑, 믿음, 섬김, 인내가 유혹을 이기는 데에 무슨 도움이 되었겠습니까? 그럼 무엇으로 이겼을까요?

하나님의 말씀과 기도와 성도의 아름다운 교제, 이 세 가지로 이겼다고 봅니다. 이 세 가지는 성도의 기본이지요.

그런데 당시는 성경이 너무 귀한 시대였지요. 구약성경은 회당에 가야 읽을 수 있었지요. 당시에 기록된 신약은 편지 형태로 이 교회에서 저 교회로 전달되며 읽혀진 것으로 보이지요. 베드로후서 3장 후반에 이렇게 전달된 바울의 편지를 베드로가 읽었다고 말하고 있지요. 구약이든 신약이든 성경이 너무 귀했기에 이들은 성경을 가능한 한 많이 외우는 것이 생활화되었겠지요. 외운 성경 말씀으로 이세벨의 유혹을 이긴 거지요. 그리고 기도함으로 성령 충만함을 소망하고 성령 충만함을 누리며 이세벨의 유혹을 이겼겠지요.

말씀과 기도로 무장되었지만 인간이기에 성도들 간의 아름다운 교제가 없었으면 너무 외로웠겠지요. 그러니 성도들 간의 아름다운 교제는 신앙생활에 활력소가 되어 이세벨의 유혹을 이기는데 큰 도움이 되었겠지요. 연약한 형제자매를 위해 하나님의 말씀으로 권면하고 기도하며 서로 돌보는 가운데에서 이겨낼 수 있었겠지요.

이렇게 이세벨의 유혹을 이긴 성도들에게 예수님께서는 끝까지 성도이 가진 신앙을 잘 붙들고 이겨내기를 부탁하였습니다. 구약의 이세벨이 엘리야, 엘리사와 같은 위대한 선지자와 동시대에 살면서 하나님의 능력을 누구보다 많이 보았지만 끝끝내 회개를 거부했던 것처럼, 신약의 이세벨도 예수님의 제자들을 통해 또 사도 바울을 통해 예수님을 잘 알았음에도 불구하고 예수님이 주신 회개의 기회를 거절한 대가로 둘 다 자신뿐만 아니라 자기가 낳은 자녀들과 자신과 친하게 지냈던 모든 사람들이 함께 멸망당하게 되었지요.

아무리 화려하게 출발하고 세상의 모든 것을 갖추었어도 하나님 없이 자기 욕심만 차리는 이세벨은 자기도 처참하게 죽었지만 그 가문도 완전히 몰락한 것은 우리에게 큰 교훈이 됩니다. 더군다나 이세벨의 피는 전혀 섞이지 않고 아합의 피만 섞인 자손과 친척들도 모두 멸망당했으니 같은 남자로서 정말 책임감을 느낍니다. 아내의 잘못을 방치하고 오히려 이를 악용한 대가를 혹독하게 치른 것을 보면 너무 두렵습니다.

모든 손자들을 죽인 여왕 **아달랴**

이제 7편을 통해 또 다시 깨달음을 나눔으로 이 시리즈를 마무리하고 자 합니다.

7편에서는 이스라엘 역사상 유일한 여왕 아달랴의 인생을 중심으로 다루고자 합니다. 줄거리는 이렇습니다.

북이스라엘 아합과 이세벨의 딸인 아달랴 공주는 남유다 여호사밧의 장남 여호람 왕자와 결혼했지요. 바알과 아세라를 섬기며 성적으로 자유롭게 쾌락을 추구한 친정에서 자란 아달랴는 너무 대조적인 시대 분위기에 적응하지 못하며 억지로 성경 교육을 받으며 갑갑한 생활을 했지요.

기다리던 남편의 왕위 등극이 이루어지자 아달랴는 그동안 자기 스타일로 길들인 남편을 조종하여 악군으로 만들었습니다. 여호람은 자기 동생들을 다 죽이고 북이스라엘의 지방 관료들도 몇 명 죽였지요. 여호람은 아버지 여호사밧을 본받지 않고 처가의 장인, 장모를 본받아 악행을 거듭하였지요. 엘리사의 편지 경고도 무시한 여호람은 마침내 도적떼와 외부의 침입으로 많은 아내들이 잡혀 가고 자기 아들들은 다 죽었지요. 가까스로 아달랴와 아달랴가 낳은 아하시야만 살아남았지요. 그러나 여호람은 병에 걸려 2년간 고통 끝에 결국 창자가 몸 밖으로 나와 죽었지요.

아달랴의 아들 아하시야가 왕이 된 후 외삼촌인 북이스라엘 여호람 왕을 도와 아람과의 전쟁에 참전하였지요. 부상당한 외삼촌을 문병하고자 북이스라엘 왕궁에 간 아하시야는 예후에 의해 죽었지요.

아들이 죽었다는 소식을 들은 태후 아달랴는 갑자기 자기 손자들을 다 죽이고 스스로 여왕이 되었습니다. 이스라엘 역사상 전무후무한 여왕이 된 아달랴는 악행을 일삼았지요. 아달랴가 모든 손자들을 다 죽일 때 갓 태어난 요아스는 제사장 여호야다의 아내인 여호세바(여호사브앗) 공주가 숨겨 가까스로 유일하게 살아남았지요. 아기 요아스 왕자는 고모 여호세바 공주와 고모부 여호야다 제사장에 의해 왕궁 바로 옆 하나님의 성전에 숨어 생활하며 자랐지요. 요아스의 나이 7세가 되자 고모부 여호야다는 거사를 일으켜 아달랴를 몰아내었고, 요아스는 이스라엘 역사상 최연소 나이에 왕이 되었지요. 어린 요아스는 고모부가 시킨 대로 선정을 베풀며 장성해서는 스스로 성전 보수 공사도 하였지요. 그러나 고모부가 죽은 후에는 자기를 죽이고자 했던 할머니 아달랴를 본받아 악행을 저지르다가 암살당하였지요.

아달랴의 부모는 아합과 이세벨입니다. 성경은 아합의 딸이라고만 밝히지만 여러 가지 정황상 이세벨의 딸인 게 맞습니다.

이런 부모 밑에서 아달랴가 무엇을 배웠겠습니까? 어린 아달랴도 엘리야의 소문을 듣고 또 직접 만나 보기도 했을 가능성이 높지만 그게 도움이 되었을까요?

아달랴는 남유다왕국 여호사밧 왕의 아들 여호람과 결혼하여 아들 아하시야를 낳았지요. 사돈 관계를 맺은 두 집안의 자녀들 이름도 같아 헷갈리지요. 아합의 뒤를 이은 두 아들이 아하시야, 여호람인데, 여호사밧의 뒤를 이은 아들과 손자가 여호람, 아하시야이지요.

남유다의 여호람이 몇 년 앞서 태어났지만 왕은 북이스라엘의 여호람이 4년 정도 먼저 빨리 되었지요. 두 여호람이 동시에 8년간 각각 남과 북을 통치한 후 유다의 여호람이 먼저 죽고 그 후 1년이 채 못 되어 북이스라엘의 여호람도 죽지요.

성경은 처음에는 둘 다 여호람으로 표기하다가 나중에는 갑자기 구분해 한 사람을 요람으로 변경해 기록하고 있습니다. 마태복음 1장에도 요람으로 나오지만 여호람과 같은 사람이지요.

남유다의 아하시야는 아합의 아들 이름을 본 따 지은 게 확실해 보이지만, 여호람의 이름도 아합이 남쪽 것을 본 땄는지는 명확하지 않지요. 어쨌든 두 집안은 매우 좋은 사이였지요.

1. 이래도 성경을 믿어야 하나?

그런데 아달랴의 아들 아하시야가 몇 세에 왕이 되었는지 세 군데의 기록이 다 달라 또 헷갈립니다. 그게 정확해야 아달랴의 나이를 가늠하고, 또 아달랴와 북이스라엘의 아하시야, 여호람 남매간 위아래를 가늠할 수 있겠지요.

역대하 22장 2절의 기록은 한국에서 가장 많이 보는 개역개정을 비롯해 개역한글, 공동번역, KJV 흠정역, KJV에는 42세에 아하시야가 왕이 되었다고 나옵니다. 그런데 이것은 오기입니다. 아버지 여호람이 32세에 왕이 되어 8년간 통치한 후 죽었고 아들은 바로 왕이 되었는데 말도 안 되는 나이지요. 그런데 표준새번역과 NIV는 22세로 기록되었지요.

아하시야의 등극 나이를 기록한 또 다른 성경 열왕기하 8장 26절은 7개의 번역본이 모두 22세로 기록하고 있지요.

22세가 맞다면 아달랴는 아합과 이세벨의 첫째 자녀로 봐야 하지요. 이세벨이 시집온 후 36년을 살았으니 결혼 후 1년 만에 바로 아달랴를 낳았다 해도 아달랴의 결혼 나이는 11세 또는 12세밖에 안 되지요.

저는 과연 11세에 임신이 가능한지와 그 나이에 출산해도 모유가 나오는지 궁금해서 베테랑 산부인과 의사인 친구에게 또 물었지요. 친구는 임신도 되고 모유도 나온다고 명쾌하게 답해 줬지요.

그러면 아달랴는 시아버지 여호사밧과 함께 16, 17년은 살았다는 결론에 이르지요. 그리고 북쪽 아하시야와 여호람의 누나가 되겠지요.

과연 그럴까요? 22세에 아하시야가 왕이 된 것을 뒤집는 성경 기록이 또 있으니 골치가 아프지요.

역대하 18장 1절은 아달랴의 결혼을 기록하고 있지요. 그런데 2절이 문제입니다. 요단강 동편의 길르앗 라못을 되찾는 아람(현재 시리아)과의 전투에서 아합이 죽고 여호사밧은 겨우 살아 도망쳐 오지요. 그런데 이 전투가 아달랴 결혼 후 2년 만에 발생한 것으로 역대하 18장 2절이 말하고 있으니 기도 안 차지요.

이것이 맞다면 아합의 두 아들의 통치기간이 14년이니 아달랴 결혼 후 16년 밖에 안 지났기에 아들 아하시야가 왕이 된 나이는 많아도 15세라는 것 아닙니까? 이 경우엔 아달랴의 결혼 연령을 알기가 막막하지만 처음 생각한 11세보다는 훨씬 많아 10대 중반은 되겠지요. 11세 또는 12세는 아무리 옛날이라도 너무 빠르잖아요?

아달랴 결혼 후 아합이 죽기까지의 기간을 개역개정, 개역한글은 2년인 반면, 표준새번역, 공동번역, KJV, NIV는 여러 해 지나, 몇 해 후, some time later, after certain years로 기록해 그 기간이 8, 9년 정도로 길게 느껴지기 힘들지 않나요?

왜 기간이 안 맞나?

2편 '라합'을 소개한 글에서 성경의 기간은 정확하게 년, 월, 일을 따져 계산한 수치가 아닌 경우가 많다고 말했습니다. 기간의 시작 년도와 마지막 년도의 경우 한, 두 달밖에 안 되어도 1년으로 후하게 인정한 사례가 많은 것 같다고 말씀드렸지요. 이제 그 대표적인 사례를 7편의 이야기에서 찾아 설명드리고자 합니다.

열왕기하 8장을 잘 살펴보면, 세 왕의 통치 기간이 나옵니다. 북이스라엘 여호람 왕의 통치는 12년입니다. 16, 17절에 북이스라엘 여호람의 통치 제5년에 남유다 여호람이 왕이 되어 8년을 다스렸다고 기록하고 있습니다. 그런데 25, 26절에 북이스라엘 여호람의 제12년에 남유다의 아하시야가 왕이 되어 1년 다스렸다고 기록했지요. 북의 여호람과 남의 아하시야는 한 날에 예후에게 죽었지요.

북여호람 5년째 해라면 북여호람은 남은 기간이 만 8년이 안 되지요. 그런데 그 8년이 안 되는 기간 안에 남유다의 두 왕이 재임했는데 여호람이 8년, 아하시야가 1년 합해 9년이니 앞뒤가 안 맞지요. 그럼 오기(誤記)인가요? 오기가 아니고 하나의 기록하는 습관입니다.

이것은 남여호람과 아하시야의 재임 기간이 만 8년, 만 1년이 아니고 햇수로 헤아린 계산 기간임을 나타내는 것입니다. 예를 들어 우리나라 대통령의 임기는 2월말 경 시작해 2월말 끝나는 만 5년이지만 이런 식으로 햇수로 계산하면 임기 시작 년도의 10개월을 1년으로 볼 뿐 아니라 임기 마지막 년도의 2개월도 1년으로 보아 6년의 기간이 되는 거지요.

역대상하는 다윗의 후손만 다루어 분단 이후 북이스라엘에 대한 기록은 없습니다. 그러나 열왕기상하는 남북의 모든 기록을 담고 있지요. 그래서 열왕기상하는 가급적 연대기대로 기록하고 있어 남과 북의 왕들 재임 시작과 끝을 다른 한쪽의 왕 재임 기간 중 언제 발생했는지를 밝히고 있어 이를 단순히 합산하면 이런 오차는 계속 발생하게 됩니다.

앞서 6편 이세벨 이야기에서 북이스라엘의 존속 기간은 역사가에 의하면 약 210년이라고 했지요. 그러나 열왕기상·하에 나타난 북이스라엘의 왕들 총 19명의 재임 기간을 합하면 245년이 됩니다. 연말에 왕이 되어 연초에 죽었다면 실제 기간과는 약 2년 가까이 차이가

날 수 있으므로 이렇게 큰 차이가 나는 것도 이해가 되지요.

구약뿐 아니라 신약에도 기간 계산을 연수나 일수로 한 것들이 있습니다. 대표적인 예가 예수님의 부활 기간입니다. 예수님께서 십자가에 못 박혀 돌아가신 후 3일 만에 부활하였다고 성경뿐 아니라 이세상 모든 사람들이 말하고 있습니다. 과연 예수님의 부활 기간은 3일이 걸렸을까요? 예수님께서는 금요일 오후 3시에 운명하셨습니다. 그리고 예수님이 부활하신 때는 춘분이 지나서 낮이 점점 길어지는 시기였는데, 예수님이 날이 밝을 때 부활한 것이 아니고 새벽이 오기 전 캄캄한 밤에 부활하신 것으로 성경에는 나타나 있지요. 그래서 부활하신 시간은 정확히 알 수는 없지만 일요일 새벽 4시 이전으로 추정됩니다. 그러므로 시간적으로 따지면 예수님의 부활 기간은 불과 36시간 정도일 것으로 보이지요. 만 이틀도 안 되는데 모든 사람들이 왜 3일 만에 부활했다고 할까요? 그것은 기간을 만으로 계산한 것이 아니라 일수로 계산하였기 때문입니다. 금요일 오후에 돌아가셨는데 하루로, 또 일요일은 불과 서너 시간 밖에 지나지 않았지만 하루로 계산한 것입니다. 그래서 예수님의 부활은 3일이라고 이야기하는 것입니다. 그러나 이 3일 만에 부활하였다는 사실에 그 어느 누구도 잘못되었다고 이야기 하는 사람은 없습니다.

어쨌든 몇 년 몇 월 며칠부터 몇 년 몇 월 며칠까지의 정확한 기간 계산에 익숙한 오늘날 우리와 달리 고대인들의 기간에 대한 이런 기록 습관은 성경뿐 아니라 다른 민족들의 역사 기록에서도 쉽게 보이는 것 같습니다. 왜 그럴까요? 과거 왕들은 임기제가 아니고 종신제이기에 굳이 정확하게 기간 계산을 할 필요가 없기 때문이 아닐까요?

우리에게 익숙하지 못한 기록 습관을 잘 이해하면 이런 기록으로 인해 문제 될 것은 전혀 없지요. 성경의 본질을 해치는 것은 전혀 아니기 때문이지요.

오기(誤記)가 있지만 성경을 너무 사랑합니다

성경이 왜 우리를 혼란스럽게 하지요? 성경이 이래도 되나요?

저는 어릴 때부터 지금까지 성경의 정확 무오성만 배웠지 성경의 이런 오기를 어느 목사님에게도 들은 바 없습니다. 그럼 오기는 이것뿐인가요? 아닙니다! 제가 발견한 성경의 오기는 제법 있습니다.

그렇기 때문에 성경을 거부해야 하나요? 절대로 아닙니다.

저는 여전히 성경을 너무 사랑하기에 오기가 있는 성경이지만 날마다 묵상할 뿐만 아니라 암송하고자 노력합니다. 시각 장애 1급의 제 눈에 성경의 글씨가 보일 리 없지요. 그러나 스마트폰을 통해 까만색 바탕에 매우 크고 흰 빛의 글씨로 겨우 희미하게 알아보지요. 안경을 쓰듯이 화면을 눈에 바짝 붙여야 겨우 희미하게 보이기 때문에 잠시만 봐도 눈이 너무 피곤하지요. 그렇게 눈을 피곤하게 하면서도 모음과 자음이 많이 섞인 글자나 알파벳이 긴 단어는 인식을 못해 결국 가족의 도움을 얻어야 하지요.

그래서 주로 듣게 됩니다. 듣다가 의심쩍으면 피곤을 무릅쓰고 확인하지요. 확인도 못하고 도와 줄 사람이 아무도 옆에 없는 경우엔 서글퍼 눈가에 눈물이 맺히기도 합니다.

NIV를 주로 듣지만 영어는 듣기가 한국어처럼 자유롭지 못한 편이라 이런 눈으로 확인해야만 하는 경우가 너무 많지요. 식사 때 제 옆에 아내가 있는지를 몰라 수시로 말로 또는 손으로 확인해야 하는데도, 굳이 이 눈으로 NIV를 고집하는 이유는 성경을 더 풍성히 깨닫기 위함입니다. 과거 젊은 시절에는 영어 공부 삼아 영어 성경을 봤지만 이젠 그렇지 않습니다. 오직 성경을 더 잘 이해하기 위함이지요. 참고 서적을 볼 수 없는 저는 스마트폰을 통해 까만 바탕에서 쏘는 흰 빛을 통해서라도 성경을 억지로 희미하게라도 볼 수 있게 해 주신 하나님께 감사하며 성경을 가까이 하고 있지요.

오기는 적잖게 발견하는 제가 왜 이럴까요? 그 오기를 성경의 본질을 조금도 해치지 않기 때문입니다. 그래서 성경은 틀림이 없는 거룩한 것입니다.

원본이 없는 성경

그럼, 성경에 왜 이런 오기가 생겼을까요? 너무 너무 안타깝게도 성경 원본이 없기 때문이지요. 오늘날 우리가 보는 모든 성경은 원본이 아닌 필사본을 번역한 책이지요.

성경 원본은 분명 오기가 전혀 없었겠지요. 그런데 사람들이 손으로 베끼다보니 성경 원어인 히브리어에서 점 하나 잘못 찍고 선 하나 잘못 그으면 말이 완전히 달라지지요. 원본은 하나뿐인데 읽어야 할 사람은 수없이 많으니 필사본을 베낀 많은 필사본이 생겼겠지요.

그리고 오늘날과 같은 종이가 아닌 파피루스나 양피지에 적다 보니 구약만 해도 그 분량이 엄청났지요. 또 개인이 소지하기엔 너무 비싼 고가품이기에 큰 마을의 회당에 소장했지요. 워낙 고가품이라 아무나 쉽게 못 만졌지요. 관리자의 허락 하에 성경을 볼 수 있었죠. 그리고 성경을 읽어 주는 사람도 있었죠. 그래서 유태인들은 안식일에는 회당에 모이므로 예수님과 바울은 회당에서 전도를 많이 했지요.

기독교가 로마의 국교가 된 후에는 우리가 알다시피 성경은 사제들의 전유물이 되었죠. 양심적인 좋은 사제를 만나야만 일반인들은 조금이나마 성경을 제대로 배울 수 있었죠. 그러다가 마르틴 루터의 종교개혁을 시발로 성경이 일반인들에게도 주어졌고, 많은 사람들의 헌신으로 오늘엔 각종 성경이 넘쳐나지요.

그런데 어느 필사본이 기준인지 번역본이 이렇게 헷갈리면 어떡하지요? 적어도 수치와 순서는 같아야 할 텐데, 그렇지 못해 오랫동안 신앙 생활한 사람도 헷갈리게 하거나 잘못된 이해를 하도록 만든 현실이 안타깝습니다.

NIV, 개역개정을 동시에 보다가 미심쩍으면 다른 번역본도 보게 됩니다. 다번역 성경앱은 두 가지 이상의 번역본을 동시에 볼 수 있어 너무 큰 도움이 되지요.

그런데 어떤 때는 직역을 많이 한 개역개정과 의역을 많이 한 표준새번역이 완전 정반대의 뜻으로 번역된 것을 발견하고는 매우 놀랐지요. 그래서 다른 번역본을 다 살펴보면 (다번역 성경앱은 7개의 번역본이 있음) 표준새번역이 이상하다는 느낌을 많이 받았지요. 물론 표준새번역이 더 신빙성 있게 느껴지는 경우도 있었지요. 저는 쉽게 번역된 표준새번역을 즐겨보면서도 NIV와 뭔가 안 맞으면 다른 것을 다 보고 판단하는 습관이 생겼습니다.

제 경험상 뭔가 미심쩍은 부분은 다른 번역본을 함께 봐야 성경을 제대로 이해하는 데에 도움이 된다고 생각합니다. 저는 참고서적을 못 본 지 오래 되었습니다. 그런데 스마트 폰을 통해 많은 번역본을 접하며 성경 이해에 큰 도움을 받고 있습니다. 난해한 부분은 제 눈이 아무리 피곤해도 최대한 많은 번역본을 참조해 뜻을 명확히 하고자 합니다. 심지어 가톨릭과 함께 번역한 공동번역도 저에겐 큰 도움이 되지요. 공동번역은 하나님을 '하느님'으로, 여호와를 '야훼'로 표기해 처음엔 낯설었지만 그것을 문제 삼을 것은 아니지요. 하여튼 모든 번역본의 명칭과 수치와 순서가 통일되기는 불가능한 것 같으니 하나에 매달리면 곤란하겠지요.

본이 되는 지도자는 내가 되어야…

성경 묵상의 탐구를 목사와 신학자들에게만 맡기기엔 너무 안타까운 현실입니다. 하나님을 섬기는 것은 그들만의 전유물이 결코 아니지요. 모든 크리스천이 각자 하나님이 주신 대로 신학자가 되어야 합니다. 그렇다고 교회의 지도를 무시하면 곤란하지요.

좋은 지도자를 만나는 것은 예나 지금이나 너무 중요하지요. 이에 대해 저는 예수님의 말씀을 늘 가슴에 새깁니다.

마태복음 23장 2, 3절은 너무나도 중요합니다. 3절에 바리새인과 서기관들의 가르침과 전하는 말에 순종해 지키라고 하셨지요.

너무 놀라운 말씀 아닙니까? 예수님께서 그토록 책망했던 사람들의 말에 순종하고 지키라고 하니, 수긍이 갑니까? 더군다나 이 말씀은 일반 대중뿐만 아니라 제자들에게도 하셨지요. 자기들의 스승에게 흠집을 내려고 온갖 함정을 파는 그들에게 순종하라니 제자들의 마음은 어땠을까요?

그런데 3절 후반에 그들의 행동은 따라하지 말라고 하니 헷갈리지요. 행동은 따르지 말라고 하시면서 순종하라는 이유는 2절에 있습니다.

그들이 모세의 자리에 앉았기 때문이라는 것입니다. 모세는 하나님의 말씀을 직접 받아 전하고 가르친 분 아닙니까? 한마디로 그들의 말에 순종하는 게 아니고 그들이 전하고 가르치는 하나님의 말씀에 순종하라는 거지요.

이 말씀을 하신 예수님께서는 자기들은 안 하면서 남들에게는 무거운 짐을 지우는 그들에게 일곱 번이나 저주하시며 책망하셨지요.

저는 언젠가 천국 가서 나의 존재를 꼭 인정받고 싶은 몇몇 사람들이 있습니다. 저의 겉모습이 아닌 참모습을 속속들이 다 아는 가족입니다. 가족까지 속일 재간은 제게 없지요. 하나님의 말씀을 가정에서 전하며 제 행동까지도 따를 수 있는 사람이 되는 게 제 남은 삶의 목표 중 하나입니다.

2. 시아버지 여호사밧 시대의 아달랴

완전히 대놓고 하나님께 맞서며 온갖 음란한 악행을 즐겼던 어머니와 아내를 이용해 음행과 악행의 열매를 즐기면서도 하나님께도 슬쩍 다리를 걸친 듯한 아버지를 보고 자란 아달랴는 시댁에 적응하기가 매우 힘들었겠지요.

시아버지 여호사밧은 레위인, 제사장들과 지도자들 중에서 율법, 즉 성경을 가르칠만한 사람들을 뽑았지요. 그들을 유다 왕국 곳곳에 보내어 백성들에게 하나님의 말씀을 가르쳐 백성들이 바르게 살도록 힘썼지요.

그런 시아버지가 며느리 교육에도 힘쓰지 않았겠습니까? 한 번도 받아본 적 없는 성경교육은 아달랴에게는 힘들다 못해 고통스러웠겠지요.

시집올 때 자그마한 아세라 목상을 숨겨 가져 왔을 가능성이 많지요. 아세라 목상은 기둥 형태인데 위쪽 끝부분에 여신의 형상을 새겼지요.

왕의 명령을 어길 수 없어 성경교육을 받긴 했어도 아달랴는 전혀 변하지 않았죠. 시아버지에겐 성경교육을 잘 받는 것처럼 보였겠지요. 성경은 자기가 좋아하는 모든 것을 하지 말라고 금하고 있으니 정말 견디기 힘든 교육 시간이었겠지요.

어쩌면 자기 남편이 하루라도 빨리 왕위에 오르기를 손꼽아 기다리며 그러기 위해 시아버지의 죽음을 기다린 것인지도 모르지요.

아달랴는 믿음이 너무 좋은 시아버지에게는 자기 마음대로 할 수 없어 순종하는 체 했겠지만 남편은 완전히 휘어잡은 것으로 보입니다. 역대하 21장 6절에 여호람이 악한 왕이 된 이유를 아내 아달랴 때문이라고 말하지요

남편을 어떻게 휘어잡았을까요? 온갖 아양 떠는 말로만 했을까요? 호리는 말뿐 아니라 친정에서 배운 음란한 짓거리의 육탄 공세도 곁들였겠지요. 이 행동을 정당화하기 위해 아세라 여신을 소개하기도 했겠지요.

아버지 밑에서 엄격한 교육을 받은 남편 여호람은 아달랴의 언행에 처음에는 거부감을 느꼈겠지요. 아내에 대한 갈등이 점차 무너지며 남성 속에 숨은 호기심과 욕심으로 인해 다른 아내에게서는 찾을 수 없는 아달랴의 세계로 점점 깊이 빠져 들어 갔겠지요. 아달랴와 여호람 부부는 왕 앞에서는 철저히 숨기며 자신들만의 세계를 즐겼겠지요.

여호사밧은 아합과 사돈 관계를 맺은 후 아합을 돕게 되는데, 아합이 요단강 동편 길르앗 라못을 되찾기 위해 아람을 치는 전투에 참전하였지요. 아합의 참전 요청을 받은 여호사밧은 이렇게 말했지요. "내 것이 다 당신 것과 같다."

당시 여호사밧은 유다 왕국을 부국강병 국가로 만들어 소집 가능한 군인의 수가 무려 136만 명이었죠(역대하 17장). 그러니 여자들, 20

세 이하 남자들, 60세 이상 남자를 다 합하면 적어도 550만 이상이 되었겠지요. B.C. 850년경 이 정도면 굉장한 강대국이죠.

전쟁이란 중대사에 대해 아합은 하나님의 뜻을 물어 볼 생각이 전혀 없었지요. 그러나 하나님의 뜻을 중요시 하는 여호사밧의 요청으로 무려 400명의 선지자들에게서 답을 들었습니다. 그러나 이를 미심쩍게 여긴 여호사밧은 또 다른 선지자를 찾았고 그 결과 미가야를 통해 패전할 것을 듣고도 여호사밧은 참전했습니다.

구사일생으로 살아 유다 왕궁으로 돌아온 여호사밧은 예후 선지자에게 심한 꾸지람을 듣지요. 아무리 사돈이라도 하나님께서 싫어하시는 악한 아합을 도왔으니 벌을 내리고 싶지만 평소 네가 잘한 것도 많으니 봐 주신다는 하나님의 말씀을 예후 선지자를 통해 들은 여호사밧은 정신이 번쩍 들었지요.

그래서 전국을 순회하며 재판관들에게 하나님의 말씀대로 재판할 것을 명령했지요. 그리고 하나님 말씀을 잘 아는 레위인과 제사장 중에서 재판관을 임명하기도 했지요.

시아버지가 미가야의 불길한 예언에도 불구하고 친정을 도울 때 아달랴도 미가야는 아무것도 아니라며 기고만장하고 시아버지께 감사하며 애교를 부렸겠지요. 그러나 친정아버지의 전사 소식에 아달랴는 우울했겠지요.

친정아버지가 없어도 그 뒤를 이은 아달랴의 남매를 시아버지가 또 도우니 아달랴는 기분이 좋았겠지요.

여호사밧은 아합의 뒤를 이은 아하시야와 함께 지중해 연안에서 무역선을 건조했지요. 이번엔 하나님의 뜻을 물어 보지도 않았지요. '배 한 척 만드는 것쯤이야!'라고 생각한지도 모르지요. 배를 띄웠는데 풍랑이 심하게 일어 배는 산산조각 났지요. 이후 아하시야의 도움 요청을 거절한 시아버지를 보며 아달랴도 기분이 나빴겠지요.

이후 얼마 안 가 죽은 아하시야로 인해 아달랴의 마음을 달래 주려는 듯, 시아버지가 친정의 여호람 왕을 도와 모압과의 전쟁에 나선 것은 또 다시 아달랴를 들뜨게 했겠지요.

여호사밧은 여호람의 참전 요청에 아합에게 한 말을 되풀이 했지요. 내 것이 당신 것과 다름이 없다면서 흔쾌히 수락하며 이번엔 하나님의 뜻을 물어 보지도 않고 출정했지요. 전투가 시작되기도 전에 수많은 군사들이 마실 물이 없어 갈증으로 너무 힘든 상황이 되어서야 여호사밧은 하나님의 뜻을 묻고자 했지요. 엘리야의 제자 엘리사는 여호람이 자기 부모가 섬기는 신에게 가지 않고 자신에게 온 것을 크게 책망했지요. 이는 여호사밧의 참전이 잘못된 것임을 나타내는 말 아닌가요? 그러나 뒤늦게라도 하나님의 뜻을 구한 여호사밧을 엘리사는 도왔지요. 샘물이 터져 나올 계곡을 가리키며 그곳을 파라고 하면서 전쟁에서 이길 것도 예언했지요.

여호사밧은 아합을 도운 전쟁의 패전을 통해 사돈 집안을 돕는 게 하나님께서 싫어하시는 것을 잘 알았지요. 그런데 왜 계속해서 크고 작은 일을 돕게 되었을까요? 여호사밧의 신앙심은 자기 왕국의 예후 선지자가 인정했을 뿐만 아니라 북쪽에서 사역하는 엘리사도 인정했을 정도 아닙니까? 인간적인 정에 끌려 도운 거지요.

그 정 때문에 목숨을 건 전투에도 참여했으니 며느리 아달랴에겐 얼마나 잘 했겠습니까? 아무리 며느리가 자기를 속인다 해도 짧게는 8, 9년, 길게는 16, 17년을 함께 살면서 여호사밧은 정말 아달랴의 정체를 몰랐을까요? 그리고 자기 아들 여호람이 그 며느리 때문에 조금씩 변질된 것을 몰랐을까요?

잘못된 사돈 관계 형성을 어느 정도 후회하지 않았을까요? 또 아들과 며느리의 이상한 낌새도 조금은 눈치 채지 않았을까요? 그럼에도 왕위를 장남이라는 명분하에 여호람에게 물려준 것은 아달랴가 자기 집안을 말아먹을 악한 여인임을 꿈에도 생각하지 못한 방심 아닌가요?

3. 남편 여호람 시대의 아달랴

훌륭한 시아버지 밑에서 행복한 하나님 중심 생활을 못 누리고 오히려 갑갑한 생활 가운데 학수고대하던 남편의 등극이 이루어지니 아달랴의 시대가 온 거겠지요. 어머니처럼 자기 생활에 방해되는 사람들을 잡아 죽이고 싶은데 유다 왕국에서는 마음대로 할 수 없었죠. 예루살렘에는 북의 사마리아에 없는 하나님의 성전이 왕궁 옆에 있어 레위인들이 아침, 저녁으로 찬양을 드리고, 백성들이 매일 찾아 제사를 드리며, 안식일과 명절 때는 그 규모가 대단했지요. 아무리 왕비라 해도 대대로 내려오는 이런 제사를 하루아침에 저지할 수는 없었지요.

동생들을 다 죽인 여호람

그러나 아달랴는 너무 의외의 일을 저지르도록 남편을 사주한 것 같습니다. 여호람은 왕권을 강화하기 위해 곧 동생들을 다 죽였지요.

여호사밧은 장남에게는 왕위를 물려주고 동생들에게는 많은 재산을 주면서 거주지를 지방 성읍으로 정해 좋은 집도 주었지요. 그래서 동생들은 각 지방에 정착해 살기 시작했지요.

그런데 형이 갑자기 왜 동생들을 다 살해했을까요? 동생들이 반란이라도 일으켰나요? 그건 전혀 아니지요. 그러면 반역의 가능성이 있어 미리 자른 건가요? 그럴 가능성이 높지요.

솔로몬이 타락해 우상을 섬기기 위해 만든 산당들이 많았지요. 시조부 아사와 시부 여호사밧이 남쪽에도 존재하는 우상 제거는 하면서도 산당들은 그대로 두었지요. 그러니 우상은 없는데 백성들이 그곳에서 행음하며 우상에게 제사를 했지요.

아달랴와 여호람도 궁에서 가까운 산당을 찾아 여호사밧 시대 때 마음대로 하지 못한 아세라 숭배 의식을 하지 않았을까요? 남편을 자기 친정의 길을 걷도록 완전 변질시킨 아달랴가 자기 세상이 되었는데 가만히 있었을 리가 없지요. 어떤 식이로든지 자기 본색을 드러냈겠지요.

왕비뿐 아니라 왕까지 우상 숭배를 하며 백성들을 나쁜 길로 이끌어도 레위인, 제사장, 선지자들은 반역을 일으키진 않으리라고 아달랴는 생각했겠죠. 그러나 시부 밑에서 신앙 교육을 착실히 받은 시동생들은 반역의 가능성이 있다고 봤겠지요. 왕과 왕비가 마음대로 아세라를 섬길수록 유다 왕국을 거룩하게 회복시킨다는 대의명분을 동생들에게 안겨 주겠지요. 더군다나 동생들은 지방에 있으니 몰래 세력을 키우기 쉬웠겠지요. 지금 괜찮다고 마냥 괜찮은 게 아님을 아달랴는 알았지요. 엄격한 시부를 속이고 남편을 자기 사람으로 완전히 바꾼 영악한 아달랴가 아닙니까? 이런 아달랴가 동생들의 제거를 남편에게 사주했을 가능성이 높지요.

제가 이렇게 보는 이유는 열왕기하 8장, 역대하 21장 공히 여호람이 악한 아합의 길을 걷는 것은 순전히 아달랴와 결혼했기 때문이라고 밝히고 있기 때문입니다. 결혼 전 아버지 밑에서 쌓은 신앙은 다 어디로 증발했는지 아달랴의 남편 장악력은 탁월했다고 볼 수밖에 없지요. 아무리 악한 왕이라도 반역의 올가미를 덮어씌우지 않고서야 어떻게 선량한 동생들을 다 죽일 수 있겠습니까?

그런데 여호람은 이 당시 북이스라엘의 방백들 즉 지방의 지도자들도 몇 명 죽였지요. 왜 남의 나라 신하들도 죽였지요? 더 이상한 것은 북의 여호람(혼란을 피하고자 이제부터는 북의 여호람을 요람으로 표기합니다) 왕이 가만히 있었다는 겁니다. 자기 신하들을 여러 명 살해했는데도 항의조차 안한 이유가 무엇입니까? 자기 누이 아달랴 때문인가요? 그럴 수도 있겠지요.

그러나 자기가 아끼는 신하를 죽였어도 누이 때문에 가만히 있었을까요? 아끼지 않는 것은 고사하고 요람에게는 오히려 성가시고 부담스런 신하이기에 눈 감은 것은 아닐까요? 또 사전에 양해를 구하는 누이의 메시지를 받았겠지요.

그들은 북의 요람에게 왜 여호람 아니 아달랴가 죽여도 되는 존재이지요? 이들이 여호람의 동생들과 교류하며 서로 도왔나요? 아마 그럴 가능성이 높지요.

북이스라엘에는 엘리야, 엘리사 두 능력의 선지자가 활동했기에 오바댜(이세벨의 눈을 피해 선지자 백 명을 두 굴에 나눠 숨겨 주고 음식을 공급한 신실한 아합의 신하) 같이 신실한 신하들이 있었습니다. 이들이 여호사밧의 방북 왕래를 계기로 유다 왕자, 지도자들과 알고 지낼 수 있었겠지요. 이런 가운데 남유다에도 여호람이 즉위하며 아달랴로 인해 아합의 길을 걷는데 동생들은 지방에 머무르며 이들과 함께 각각 자기 나라를 걱정했을 수도 있지요.

어쨌든 여호람은 죄도 없는 자기 동생들 모두와 북의 지도자들까지 죽이는 악행을 저지른 후 더욱 본격적으로 아달랴와 함께 음행과 악행을 일삼았지요.

하나님께서 이런 여호람을 멸망시키지 않으신 이유는 다윗 때문이라고 열왕기하 8장과 역대하 21장은 밝히지요. 즉 다윗의 후손이 계속 왕위를 이어가며 그 등불을 꺼지지 않게 해 주신다고 하나님께서 약속하셨기 때문이란 거지요.

그런데 이 무렵 에돔(야곱의 쌍둥이 형 에서의 후손)이 반란을 일으켰지요. 아버지 여호사밧 시대 때 유다의 통치를 받던 에돔이 왕을 세우고 분리 독립을 선언한 거지요. 물론 조공도 거절했겠지요.

여호람은 군사를 이끌고 진격했지만 오히려 에돔에 포위당했지요. 밤중에 겨우 포위망을 뚫고 나니 유다의 군사들은 제 각각 자기 집으로 돌아가며 에돔의 독립은 성공했지요. 이 틈을 타 유다의 지배를 받던 립나도 반기를 들고 독립했지요.

아달랴는 본래 하나님을 몰랐지만 여호람은 그렇지 않은 사람이었음에도 이젠 이런 일이 연달아 발생해도 감각이 완전 굳어서 하나님 앞에서 그 원인을 찾지 못했지요. 남유다에도 아버지 당시에는 왕의 잘못을 지적해 준 예후 같은 선지자들이 있었지만 여호람의 잘못을 지적하는 선지자가 없었지요. 아마 아달랴가 이세벨처럼 선지자들을 박해했을 가능성도 있었겠지요. 오히려 아달랴는 남편으로 하여금 여기저기 산당들을 건축해 바알과 아세라를 섬기며 백성들로 하여금 행음하게 더 열을 냈지요.

너무 무서운 편지

이때 북이스라엘의 엘리야 선지자로부터 너무 무서운 내용의 편지가 왔지요.

이 편지는 아버지 여호사밧과 할아버지 아사(마아가 할머니가 아세라 목상을 만들었다는 이유로 태후에서 폐위시키고 왕궁에서 쫓아낸 사람. 개역개정과 여러 번역본이 마아가를 아사의 어머니로 표기한 것은 오류)의 길을 따르지 않고 악한 아합의 길을 걷는 잘못을 크게 질책함으로 시작됩니다. 그리고 자기보다 착한 동생들을 다 죽인 잘못도 밝히지요.

잘못을 깨닫지 못한 여호람을 하나님께서 치신다는 게 핵심이지요. 먼저 아들들, 아내들과 재산을 빼앗기고 본인은 아파하다가 창자가 튀어나와 죽는다는 것입니다.

그런데 사실 이 편지는 엘리사가 보낸 겁니다. 다번역 성경 앱의 7개 번역본 모두 역대하 21장에서 엘리야로 기록했는데 명백한 오기입니다.

엘리야는 아버지 여호사밧 시대 때 벌써 하늘로 승천했지요. 그래서 여호사밧 말년에 북의 요람을 도와 모압과 전쟁할 때 마실 물 때문에 만난 선지자는 엘리사입니다. 그런데 하늘에 있는 엘리야가 여호사밧의 아들 여호람에게 어떻게 편지를 보낼 수 있습니까?

이름도 비슷하고 엘리사가 엘리야의 제자로서 사역 시기도 겹쳐지고 활동 지역이 북으로 같으므로 성경 필사자가 착각한 것으로 봐야겠지요. 그러나 엘리야와 엘리사는 능력의 수준이 같으니 편지의 위력엔 조금도 영향이 없지요.

이런 편지를 받고도 여호람의 마음이 괜찮았을까요? 사형인 요람도 엘리사의 말을 거역하지 못했다는 소문도 들었는데, 이 엘리사로부터 받은 편지에 가슴이 뜨끔하지 않았을까요? 여태껏 자기 잘못을 지적받은 바 없고 오로지 아달랴의 말만 들었는데 이젠 정신을 차렸을까요? 엘리야의 예언을 들은 아합은 풀이 죽어 베옷으로 갈아입고 겸비한 모습을 보였는데, 여호람은 전혀 요지부동이었지요. 아달랴가 남편의 마음에 교만으로 가득 찬 어리석은 자신감을 불어 넣었겠지요.

드디어 하나님의 심판은 시작되었습니다. 사람의 마음을 움직이시는 하나님께서 블레셋(현재 팔레스타인)과 아라비아 사람들의 마음을 움직인 거지요. 원수진 일도 없는데 이들이 적개심을 품고 쳐들어와 왕궁까지 들이닥쳤지요. 여호람은 속수무책으로 밀렸지요. 눈에 보이는 대로 빼앗더니 아들들과 아내들도 다 잡아 갔지요.

살아남은 사람은 막내아들 아하시야와 그 어머니 아달랴뿐이었죠. 아달랴 모자만 살아남은 것은 여호람이 특별히 이 모자는 보호했다는 것이겠지요. 아달랴 모자는 왕과 함께 피신했겠지요.

엘리사의 편지대로 이런 불행이 닥쳐도 여호람은 끝까지 회개하지 않았으니 사람이 어떻게 이렇게 바뀔 수 있나요? 다른 사람 다 죽어도 포기할 수 없는 아달랴가 여호람 곁에 있으니 하나님께 대드는 것 아닙니까?

결국 엘리사의 예언대로 여호람은 병이 들었는데 그래도 하나님께 대들다가 2년 후 창자가 몸 밖으로 튀어 나와 극심한 고통 속에 죽었습니다.

아달랴의 아들 아하시야가 막내란 사실은 여호람이 왕위에 있었던 8년 동안은 자식을 못 낳았다는 거지요. 32세에 왕이 되었으니 한창 자식을 낳을 나이이고 그 전엔 잘 낳았지요.

한마디로 하나님께서 더 이상 아들을 허락하지 않은 겁니다. 왕이 되기도 전에 아달랴 때문에 너무 악하게 변해 왕이 되기 전 적어도 7, 8년 전부터 아들이 끊어졌지만 본인은 물론 아버지 여호사밧도 그 원인을 몰랐던 거지요.

슬퍼하는 사람 없이 버림받은 시신

이렇게 죽은 여호람의 죽음을 애도하는 백성들이 전혀 없었지요. 왕이 죽으면 예의상 백성들은 으레 향을 피웠지만 여호람은 2년이나 앓다가 죽었는데도 아무도 분향하지 않았지요. 개역개정 성경에는 "아끼는 자 없이 떠났다"고 애매하게 번역했지만, NIV에는 "He passed away, to no one's regret"로 표현해 아무도 동정이나 슬퍼하지 않았음을 나타내지요.

이렇게 비참하게 죽은 여호람의 시신은 푸대접을 받지요. 왕들의 시신을 안치하는 묘실에 들어가지 못했습니다. 하나님의 성전 옆에 솔로몬이 지은 왕궁이 있었고 그곳에서 제법 떨어진 곳에 다윗이 지은 왕궁이 있었지요. 이를 다윗 성이라 불렀는데, 이 다윗 성 안에 모든 왕들의 시신을 안치하는 묘실을 만들었는데 여호람이 최초로 이 묘실에 들어가지 못한 거지요.

아달랴는 그런 일에는 관심이 없는 듯 남편의 시신이 왕들의 묘실에 안치되지 못했음에도 아무런 조치를 내리지 않았지요. 창자가 밖으로 나와 죽었기에 왕들의 묘실에 못 들어갔을 수 있지요. 그러나 그런 제도가 있더라도 아달랴는 얼마든지 이를 무시할 사람 아닙니까? 왕권을 보고 정략 결혼한 아달랴에게 남편에 대한 진정한 사랑이 있었을까요?

4. 아들 아하시야 시대의 아달랴

여호람 왕이 죽었음에도 아달랴는 아들의 즉위를 서두르지 않았지요.

왕위를 이어 갈 사람은 자기 아들 아하시야 밖에 없었기에 아달랴는 일부러 서두르지 않은 것 같습니다. 결국 아달랴의 소망대로 예루살렘 주민들 스스로가 아하시야를 왕위에 세웠지요.

블레셋과 아라비아의 침공 때 유일하게 살아남은 아하시야가 여호람의 막내아들이란 사실은, 아달랴에게 원래 더 이상의 아들이 없었다는 것을 나타내는 것이 아닐까요? 그리고 아하시야의 즉위 나이가 22세가 아닐 가능성이 훨씬 많지요. 즉 아달랴 결혼 후 2년 만에 아합이 죽는 것으로 기록한 역대하 18장의 개역개정 성경 기록이 더 신빙성 있게 보입니다.

어쨌든 주민들 스스로 아들을 왕으로 세우게 하여 백성들이 세운 왕이란 이미지로 통치를 더 쉽게 하고자 한 아달랴는 아들을 마음대로 조종했지요. 역대하 22장 3절에 어머니가 아들을 꾀어 아들이 아버지처럼 아합의 길로 가게 만든 것으로 기록되었지요. '꾀어'라는 표현을 NIV에는 'His mother encouraged him in doing wrong'으로 표현했지요. 격려하며 용기를 북돋아 주었다는 의미입니다.

사실 아하시야는 아합의 길을 따르는 게 좀 꺼림칙하지 않았을까요? 엘리사의 편지를 무시한 아버지가 어떻게 죽는 걸 똑똑히 본 아들이 좀 망설여지는 길이 아합의 길 아닌가요? 그래서 아달랴는 아들이 망설임 없이 외가의 길을 걷도록 용기를 불어넣어 줬겠지요.

그 방법으로 아들도 아합 집안의 딸과 결혼시켰습니다. 열왕기하 8장 27절에 아하시야가 아합 집안의 사위가 되었기에 1년도 채 안 되는 통치기간에도 악한 일을 저질렀다고 했지요.

아하시야의 결혼 나이는 잘 알 수 없지만 어쨌든 어머니와 아내로부터 한껏 부추김을 당하니 용감하게 아합의 길을 걸으며 악행과 음행을 저질렀지요.

세상엔 악하고 나쁜 사람들이 더 잘되는 것처럼 보일 때가 많습니다. 그러나 하나님은 역사를 주관하시며 결코 좌시하고만 계시지 않지요.

북의 요람이 길르앗 라못을 되찾고자 하여 함께 아람(현재 시리아)과 싸울 것을 조카인 아하시야에게 요청했지요. 아달랴도 외삼촌을 도울 것을 강력히 권했겠지요.

전쟁터에서 입은 부상을 치료하려고 북의 요람이 북이스라엘의 왕궁으로 돌아가자 아하시야도 얼마 후 따라갔지요. 이때 아합과 이세벨 집안을 멸절하라는 하나님의 특명을 받은 북의 예후 장군도 전쟁터에서 군사를 되돌려 왕궁으로 진격했지요. 요람과 아하시야는 예후를 맞이하러 나갔다가 예후에게 죽게 됩니다.

예후는 아하시야가 하나님을 잘 섬긴 여호사밧의 손자라며 장례를 치러 주었지만 제대로 격식을 갖춘 장례는 아니었지요. 아하시야의 시신은 왕들의 묘실은커녕 다윗 성에도 못 들어갔지요.

이때 유다왕국에서 북의 이세벨과 요람 왕에게 문안 인사를 간 아하시야의 형제들 즉 친척들인 왕족 42명도 예후에게 죽임을 당했지요. 이들은 아달랴가 보낸 자들입니다.

갑자기 유다왕국을 이끌 사람이 다 사라진 것입니다. 아하시야가 이렇게 단명한 것은 다 하나님께로부터 말미암은 것이라고 역대하 22장 7절은 기록하고 있습니다.

5. 여왕 아달랴!

남편이 비참하게 죽은 지 1년도 안 되어 아들도 죽었다는 소식을 들은 아달랴의 마음은 어떠했을까요? 남편이 죽었을 때도 덤덤한 것 같더니 하나밖에 없는 아들이 죽었는데도 슬퍼하는 기색을 성경에서 찾을 수가 없지요.

이때 아달랴는 많아야 35세를 넘지 않은 젊은 나이였지요. 아무리 젊은 나이라도 죽음의 소식들이 한꺼번에 북쪽에서 밀려오면 인생을 생각해봄직 하지 않겠습니까? 어머니, 아들, 친형제, 친정의 친척들, 시댁의 친척들이 모조리 예후로 인해 죽었다는 소식을 듣고도 아달랴는 충격으로 몸져누운 게 아니었어요.

친정과 시댁 그리고 자신의 인생을 돌아보기는커녕 너무 무시무시한 생각으로 벌떡 일어섰지요.

자기 친손자들을 모조리 죽이고 자기가 여왕이 되겠다는 너무도 뜻밖의 욕심에 사로잡혔던 것입니다. 친척들의 죽음뿐 아니라 가장 가까운 혈육인 아들, 어머니, 친형제가 한 날에 비참하게 죽었는데도 이럴 수 있나요? 가장 나이 많은 손자를 왕으로 세우고 자기는 태태후로서 섭정을 해도 될 터인데….

아들을 지키고자 저항하는 며느리 왕비들도 있었겠지만 아달랴의 적수가 되지 못했지요. 이 가운데 며느리까지 희생되기도 했겠지요.

피도 눈물도 없는 아달랴의 거사가 성공했으니 도대체 하나님은 뭘 하고 계시는가요? 그런 가운데서도 노하기를 더디 하시는 하나님께서는 다윗과의 약속을 지키시고자 한 아기를 살려 두셨지요.

여호람의 딸인 공주 여호세바(역대하에는 여호사브앗으로 기록)가 태어난 아기 요아스를 유모와 함께 자기 침실에 숨겨 아달랴의 미친 살육을 피했지요. 요아스의 엄마도 못 지켜 유모에게 맡긴 것을 고모가 지켜준 것이지요. 고모 여호세바가 목숨을 걸고 요아스를 숨길 정도로 요아스 엄마와 좋은 사이였는지도 모르죠.

여호세바는 아달랴의 딸은 아닌 것 같지요. 아하시야의 이복누이인 여호세바는 당시 대제사장인 여호야다의 아내였지요. 너무도 악했던 여호람의 딸이 어떻게 제사장의 아내가 되었는지 놀랍지 않습니까? 더군다나 여호야다는 거짓된 사람이 아니고 누구나 따르는 덕망 있는 신실한 제사장이었죠.

또 더 놀라운 것은 나이 차이가 적어도 70세는 된다는 것입니다. 나이가 많아야 20대 중반도 안 될 젊은 공주가 아무리 훌륭한 사람이라 해도 100세 정도 노인의 아내가 되었으니 너무 놀랍지요.

저는 너무 나이 차이가 나서 여호야다가 130세에 죽었다는 기록이 오기(誤記)인 것으로 과거에는 생각했지요. 그런데 성경을 계속 묵상하며 사사시대 때까지 이스라엘이 장수한 것을 알았죠. 더군다나 제사장 집안은 엘리의 후손이 아니면 계속 장수의 축복을 누린 사실도 알았죠. 에스라 7장 서두에 에스라의 족보가 나오지요. 아론의 16대 손으로 에스라가 소개됩니다. 그런데 그 기간이 무려 1,000년이나 걸렸으니 대단한 장수의 복이죠. 여호야다의 130년 수명은 오류가 아닌 사실로 확신합니다. 그 나이에도 건강했을 뿐 아니라 엄청 젊은 공주가 그렇게 큰 나이 차를 뛰어넘을 정도였으니, 여호야다의 신실한 인품이 부럽기만 합니다.

아마도 남편 여호야다가 궁중 출입이 자유로운 아내에게 요아스를 숨겨 보호할 것을 부탁했을 수도 있겠지요. 어쨌든 요아스는 고모와 고모부의 각별한 보살핌을 받으며 하나님의 성전에서 무럭무럭 잘 자랐지요.

아달랴는 유다 왕국의 모든 왕족의 씨를 말렸다고 판단하고 거침없이 왕이 되어 나라를 다스렸지요. 바알과 아세라를 섬기기 바쁜 아달랴는 하나님의 성전은 안중에도 없었지요. 아마 왕궁 창문을 통해서도 성전을 보는 것조차 싫어했겠지요. 그러니 왕궁 바로 옆에서 어린 아이가 생활하며 자라는 것을 전혀 몰랐겠지요. 모든 일이 합력하여 선을 이룬다는 로마서 8장 말씀이 생각나네요.

아달랴는 통치를 잘 했을까요? 친손자들을 모조리 죽이는 아달랴에게 감히 직언할 용기가 신하들에게 있었겠습니까? 오로지 여왕의 비위를 맞추기 급급한 아첨배들과 이런 여왕을 이용해 자기 배만 불리려는 간신배들로 넘쳐났겠지요. 또 젊은 나이에 홀로 된 자유 여왕의 사랑을 독차지하려는 야심가들의 치열한 경쟁도 있었겠지요. 소수의 뜻있는 신하들은 말도 하지 못하고 한탄하며 하나님께 기도만 하였겠지요.

여왕 아달랴의 통치를 엿볼 수 있는 구절이 있습니다. 역대하 24장 7절이지요. 사악한 아달랴의 아들들이 하나님의 성전 문을 부수고 들어가 성전에서 사용하는 성물들을 바알의 신전으로 옮겼다는 내용이지요.

하나님의 성전을 소홀히 한 정도가 아니고 아예 성전을 파괴하는 명령까지 내렸으니 기가 찰 노릇입니다. 그릇, 접시, 쟁반, 젓가락, 주전자 등의 각종 성물들은 모두 금으로 만든 거지요. 이걸 바알 신전의 음란한 의식에 사용했으니 말입니다.

그런데 7절에 아달랴의 아들들이 그런 짓을 했다니 이상하지 않습니까? 하나밖에 없는 아들이 죽어 엄마가 여왕이 되었는데 아들들이라니 이게 말이 됩니까? 그동안 아들을 또 많이 낳아 속성으로 뺑튀기라도 했단 말입니까? 아달랴는 즉위 7년째 해에 죽는데, 또 오기입니까?

제가 보기엔 오기가 아니라 당시의 언어문화를 이해하면 될 것 같습니다. 당시 이스라엘 민족은 연배가 부모뻘이거나 자기보다 월등히 신분이 높은 연장자에게는 존경의 뜻으로 아버지, 어머니라고 불렀지요. 반면에 자식뻘 되는 아랫사람에게는 사랑으로 아들, 딸로 불렀지요. 또 비슷하면 형제로 불렀지요. 즉 아달랴의 아들들이란 표현은 아달랴가 총애하여 아들로 부르는 사람들을 역대하 저자가 그대로 기록한 것으로 보입니다.

그런데 문제는 아달랴가 바알과 아세라를 섬겼으니 거리낌 없이 아들들이란 젊은 신하들과 음행을 즐겼을 가능성이 매우 높다는 거지요. 과거 우리나라 통일신라시대 때 진성여왕이 삼촌인 각간 위홍을 불러들여 음행을 즐겼듯이 절대 권력을 쥔 왕은 남녀를 불문하고 그렇게 한 게 역사지요. 세상 역사는 이를 사랑으로 미화시키지요.

6. 여왕 아달랴의 비참한 죽음

제사장 여호야다가 더 이상 참을 수 없을 정도로 아달랴의 폭정이 7년째 이어졌습니다. 여호야다와 여호세바 공주 부부가 아달랴 몰래 키운 요아스 왕자가 고작 7세에 접어들었는데 거사를 결심할 정도로 아달랴의 악행은 극에 달했지요. 역대하 23장 1절에 마침내 여호야다가 용기를 냈다고 기록되어 있습니다.

아달랴를 제거하고 어린 요아스를 왕위에 앉혀 다윗의 등불이 꺼지지 않겠다고 약속한 하나님의 말씀을 이루기 위해 거사를 결심했지요.

7세 요아스를 왕으로

먼저 여호야다는 여왕의 호위대에 근무하는 지휘관 중 신실한 백부장

4명을 불렀지요. 이들에게 자신의 결심을 밝히고 동참을 요청하니 이들은 흔쾌히 허락하는 언약을 맺었지요. 이 백부장들은 여호야다의 지시 하에 전국을 돌아다니며 뜻을 같이하는 동지들을 은밀히 모았지요. 백부장들이 뜻을 함께 하는 레위인들, 지도자들과 일반 백성들을 데리고 약속된 날에 예루살렘으로 돌아왔지요. 여호야다는 이들을 모두 성전 마당으로 불러들였습니다. 여호야다는 성전 창고에 보관 중인 다윗이 바친 칼, 창, 방패를 나눠 주고 임무를 분담시켰지요. 요아스 왕을 호위하는 일은 레위인과 제사장 중에서 뽑았고, 나머지는 백부장들의 지휘 하에 3개 조로 나누어 성전문, 왕궁, 기초문을 지키게 하였지요.

여호야다는 제단 앞에 어린 요아스를 세우고 왕 즉위식을 거행하였습니다. 요아스의 머리에 왕관을 씌우고 손에는 하나님의 율법책을 쥐어주고 머리에 올리브기름을 부으며 왕이 되었음을 선포했지요.

그리고 여호야다가 엎드려 절하며 "왕이여! 만세수를 하옵소서!"라고 외치니 모두 따라 외치며 엎드려 절했지요. 그리고 나팔수가 나팔을 불며 성전 마당은 그야말로 즐거운 축제의 소리로 떠들썩했지요.

비참하게 처형당한 여왕 아달랴

성전에서 들려오는 나팔 소리, 노래 소리, 함성으로 인해 아달랴는 실로 오랜만에 성전으로 갔지요. 매일 아침, 저녁으로 성전에서 찬양 부르는 레위인의 음악이 사라진 지 오래 되었는데, 아무리 안식일이라 해도 너무 소란스러워 궁금했던 거죠.

성전에 들어선 아달랴는 너무 뜻밖의 광경에 자기 눈을 의심했지요. 어린 아이가 제단 앞에 왕관을 쓴 채 서 있고 칼을 든 사람들이 그 아이를 호위하고 있는데 문과 곳곳에 무기를 든 사람들이 보였지요. 자기 신하들 몇몇과 지휘관들이 어린 아이 앞에 도열해 서 있고 백성들은 나팔과 노래에 맞추어 환호하고 있었지요.

아달랴는 반역을 직감하고 흥분해 자기 옷을 찢으며 "반역이다! 반역이다!"라고 외쳤지만 아무도 아달랴를 보호하려고 나서지 않았지요.

갑자기 조용해지며 성전의 모든 사람들은 여호야다의 명령만 기다렸지요. 여호야다는 백부장을 불러 여왕을 이곳에서 끌어낼 것과 성전 마당에서 여왕을 죽이지 말 것을 명하고 여왕 편을 드는 자는 다 죽이라고 말했습니다.

이때 사람들이 길을 열어 아달랴가 제 발로 걸어 나간 것처럼 개역개정 성경에 표현되었지만 그게 아니지요. 백부장들에게 잡혀 끌려가니 군중들이 비켜준 것이지요. 자기 스스로 흥분해 잡아 찢은 옷 조각 사이로 여왕의 속살이 드러났겠지요. 끌려가며 반항할수록 옷은 더 크게 찢어졌겠지요. 정말 볼썽사납게 끌려가니 수많은 사람들의 구경거리가 되었겠지요.

그렇게 끌려 간 곳은 말들이 왕궁으로 드나드는 말문 입구였지요. 한마디로 아달랴는 사람이 아닌 짐승이란 거지요. 그곳에서 아달랴는 칼에 찔려 죽었지요.

장례를 치러 주었다는 기록이 없는 것으로 보아 시신은 그 곳에 방치 된 듯합니다. 그렇다면 어머니 이세벨처럼 말발굽에 짓밟혔겠지요. 어쩌면 그런 의도로 백부장들이 아달랴를 말문으로 끌고 갔는지도 모르지요.

역대하 23장 마지막은 NIV에서 '…the city was quiet, because Athaliah had been slain with the sword'로 기록했지요.

아달랴가 칼에 맞아 죽은 것을 유다 땅의 모든 백성들이 즐거워했고, 아달랴의 죽음으로 예루살렘이 평온해졌다고 기록하니 한 사람의 종말이 너무 서글프지 않나요?

아달랴가 이렇게 잡혀 끌려갈 때 아달랴에게 그렇게 아첨하던 간신배들은 다 어디로 갔나요? 또 여왕의 사랑을 독차지 하려던 야심가들은 다 어디로 갔나요? 잔인한 무소불위(無所不爲)의 권력을 휘두르며 뭇 남성들을 마음대로 손에 넣은 아달랴가 너무 쓸쓸히 비참하게 죽은 것으로 비극은 끝났나요?

7. 끝나지 않은 가문의 비극

손자 요아스의 비극

백성들은 바알 신전으로 몰려가 바알의 제사장을 죽였고, 여호야다는 성전의 무너진 시스템을 복원했지요. 즉 제사장들의 번제와 레위인들의 찬송을 부활시켰지요.

고모 덕분에 살아남은 요아스는 고모부 덕분에 7세에 왕이 되어 40년간 나라를 다스렸지요. 고모부 생전에는 그의 말을 따라 통치를 잘했지요.

장성한 성인이 되어서는 아달랴로 인해 파손된 하나님의 성전 보수를 고모부에게 지시했지요. 성전 보수가 빨리 안 되니 100세가 훨씬 넘은 고모부 여호야다를 다그치며 재촉하기도 했지요. 여호야다는 백성들의 자발적인 넘치는 헌금으로 성전 보수뿐 아니라 부족한 성물들도 만들었지요.

이런 여호야다가 130세에 죽으니 백성들은 슬퍼 애도하며 그의 시신을 다윗 성에 안치하지요. 더군다나 왕들의 묘실에 들어갔지요. 왕이 아님에도 불구하고 왕 대접을 받은 유일한 사람이지요.

고모부가 죽은 후 지방의 관리들이 예루살렘으로 상경해 요아스를 꾀었지요. 나이가 40세가 넘었을 터인데도 감언이설에 넘어 간 요아스는 나쁘게 변했습니다. 할머니 아달랴처럼 아세라를 섬기며 간신배들과 어울렸지요. 그러자 많은 백성들도 덩달아 타락했지요.

하나님께서 선지자들을 백성들에게 보내 돌아올 것을 경고했지만 요아스와 백성들은 무시했습니다.

이때 죽은 고모부의 아들인 스가랴 제사장에게 하나님의 말씀이 임했지요. 너희들이 하나님을 버렸기에 하나님도 너희를 버려 너희가 형통치 못할 것이란 스가랴의 말이 귀에 거슬린 사람들은 스가랴를 죽일 음모를 꾸밉니다. 마침내 왕의 명령을 받은 사람들이 성전 마당에서 스가랴를 돌로 쳐 죽이지요.

스가랴는 죽어가면서 하나님께서 보시고 갚아 주실 것을 기도하지요. 예수님께서 바리새인과 서기관들을 질책하시며 아벨로부터 스가랴에 이르기까지 흘린 의로운 피를 너희에게 돌리겠다고 마태복음 23장 35절에 말씀하고 계시죠. 800여년 후 예수님께서 기억하신 스가랴의 무고한 피를 하나님께서는 곧 갚아 주셨지요.

스가랴가 억울하게 죽은 그해 연말에 갑자기 아람이 쳐 들어와 요아스에게 큰 타격을 입히게 됩니다. 하나님께서 아람의 군사를 유다의 큰 군사가 이기지 못하도록 하셨지요. 아람 군사들은 탈취한 물건들과 사로잡은 사람들을 본국 다마스커스로 가져갔지요. 이 일로 왕권이 크게 약화된 요아스는 잠을 자다가 두 신하에게 살해당했지요.

배은망덕한 요아스는 다윗 성에 안치되긴 했으나 왕들의 묘실에는 들어가지 못했지요. 뿐만 아니라 800여년 후 마태가 기록한 복음서 1장 예수님의 족보에 아버지 아하시야와 함께 빠지는 불명예도 당하게 됩니다.

증손자 아마샤의 비극

아마샤는 25세에 왕이 되어 29년간 통치했지요. 왕권을 강화한 후 아버지를 암살한 두 신하를 처단하지요.

초기에는 아버지처럼 하나님을 잘 섬겼습니다. 에돔과의 전쟁을 위해 군사를 징집하니 30만밖에 안 되었지요. 고조부 여호사밧 시대 136만과 비교가 안 되지요. 그래서 북이스라엘에 100달란트(일당을 10만원으로 치면 1,200억원)의 거액을 지불하고 용병 10만 군사를 사 들였죠.

그런데 하나님께서 용병을 돌려보내라는 거예요. 승리하게 해 줄 뿐 아니라 용병 지불 비용을 그 이상으로 챙겨줄 테니 아까워 말라는 거예요. 하나님께서 북이스라엘을 싫어하니 손잡지 말라는 것입니다.

거금을 이미 줬지만 하나님 말씀에 순종했습니다. 전쟁에서 이기면 돈을 더 크게 버는데 돌아가라니 화가 난 용병들은 돌아가면서 유다 백성을 3,000명이나 죽이고 재물을 약탈해 갔지요.

하나님 말씀대로 에돔과의 전투에서 대승을 거둔 아마샤는 이때부터 이상해졌어요. 에돔이 섬기는 우상을 자기의 수호신으로 삼아 예루살렘으로 그 신상을 가져왔지요. 그러나 "에돔 사람들이 전쟁에서 져도 아무 도움도 못 주는 죽은 것을 수호신으로 섬기느냐?"는 선지자의 질책에 아마샤는 버럭 화를 냈지요. 입 닥치지 않으면 쳐 죽이겠다고 협박도 했지요.

기고만장한 아마샤에게 하나님께서는 북이스라엘의 용병들이 저지른 만행에 복수하고픈 마음을 불어 넣었습니다. 북이스라엘의 요아스(이세벨을 처단한 예후의 손자)에게 선전포고를 하고 벧세메스로 출정했지요. 싸우지 말자고 해도 달려드는 아마샤에게 대승을 거두며 아마샤를 사로잡은 요아스는 예루살렘으로 진군해 왕궁과 성전의 각종 귀중품들을 빼앗고 성벽을 약 180m 허문 뒤 많은 사람들을 잡아 갔지요.

이후 왕권이 급격하게 약해진 아마샤는 15년 이상 신하들에게 시달리다가 라기스로 도망했으나 결국 그곳에서 살해되어 시체가 되어 예루살렘으로 실려 왔습니다.

역대하 25장 마지막은 아마샤의 시신이 어디에 안치되었는지 7개 번역본의 표현이 일치하지 않아 불분명합니다. 아마 왕들의 묘실에 못 들어가고 아버지, 증조부와 함께 안치된 것 같습니다. 그리고 마태복음 1장의 예수님 족보에 3대째 연속 누락되는 부끄러움을 당합니다.

아비의 죄로 3, 4대까지…

사실 아달랴는 후손들에게 전혀 관심이 없었지요. 손자들을 모조리 죽여 오히려 시댁의 씨를 말리려 하지 않았습니까?

저는 마태복음 1장의 예수님 족보를 오랫동안 아무 생각 없이 보다가 구약과 일치하지 않는다는 것을 발견한 건 성경 암송을 2008년부터 시작하면서지요. 마태가 몰라서 또 실수로 몇 명 뺀 게 아니고 분명 고의로 즉 성령이 시켜서 뺀 것이란 생각에 그 이유를 묵상하고 또 묵상했지요. 그래서 이 긴 7편의 글을 깨달은 지 2년 만에 정리를 한 거죠.

왜 뺐나요? 정답은 알 수 없지만 십계명에서 힌트를 얻었죠. 하나님 께선 십계명 중 2계명에 말씀 하신대로 행하신 것을 저는 깨달았습니다.

여호람, 아달랴, 아들 아하시야, 손자 요아스, 증손자 아마샤는 모두 불행하게 죽었지요. 그리고 아들, 손자, 증손자는 분명 조상이 맞는데도 예수님의 족보에서 사라졌어요. 악하기는 여호람이 훨씬 악한데, 아들, 손자, 증손자를 뛰어넘어 여호람(요람)이 웃시야을 낳은 것으로 연결되어있는 이유는 예수님의 족보에서 빠진 그 3대가 아달랴의 피가 섞였기 때문이 아닐까요? 성경은 있는 그대로 기록하였기에 다말과 그 아들, 룻과 그 아들이 예수님 족보에 올랐지요. 그런데 어머니 때문에 빠진 사람이 3대에 이르니 너무 놀랍지 않습니까? 그리고 4대째 웃시야는 족보에 오르긴 했어도 교만한 죄로 나병환자가 되어 왕임에도 별궁에 갇혀 살다 죽은 뒤 왕들의 묘실에 들어가지 못했지요.

십계명대로 아비의 죄를 정확하게 3, 4대까지 물었으니 너무 무섭지 않습니까?

장로인 제 아버지는 생전에 제 아내에게 떨리는 목소리로 사과한 적이 있습니다. "네 남편의 발이 저렇게 된 것은 다 내 잘못이다. 내가 젊은 시절 방탕하고 음란하게 살아 내 아들이 저런 고생을 하는 것 같구나. 미안하다."

다치지도 않았는데 발이 변형되고 극심한 켈로이드 체질로 흉터가 생기고 엄청 커지며 발바닥의 흉터는 서서 걷는 무게로 터져 진물이 나 매일 치료하고 있었지요.

하나님을 몰랐던 할아버지는 평양 강동의 거부로 좋은 평판을 들었지만 미남에 신체 좋은 아버지는 따르는 여자들이 많았죠. 술과 여자에 도박까지 그야말로 끝판 인생을 사셨던 아버지는 예수를 믿어 기사회생하며 젊은 시절의 죄로 인한 저주를 끊으려는 듯 날마다 새벽을 깨우며 성경을 붙잡고 사셨습니다.

하나님께서는 아비의 죄를 3, 4대까지 벌하시겠다고 말씀하셨지만 사실 후손들 본인하기 나름이죠. 본인이 잘함으로 저주를 축복으로 바꾼 사례는 성경에 많이 나오지요.

그런데 하나님을 사랑하고 그 계명을 지키는 자에게는 1,000대까지 사랑을 베푸시겠다고 하신 말씀에 저는 주목하고 있지요. 1대를 30년으로 계산하면 천 대는 3만 년이 되지요. 이 지구상에 그 어느 가문도 3만 년이나 된 가문은 없지요. 성경을 근거로 계산하면 인류의 역사는 약 6천년 정도밖에 안 되지요.

그럼에도 천 대까지 복을 주시겠다는 것은 영원한 복을 말하지요. 이 영원한 복은 다말과 라합과 룻이 누렸지요. 어떻게 그 복을 누립니까?다윗의 자손으로 오신 예수 그리스도를 통하여 그 복을 누린 거지요.

이런 복을 이야기하니 너무 거리가 멀고 이상으로만 들립니까? 그러나 저는 이 1,000대까지 주시겠다고 하는 복이 제 후손들에게 그대로 이어지기를 간절히 소망하고 믿지요.

lead us not into temptation!
(시험에 들게 마옵시고)

현실 세계에서 하나님의 복을 누리는 가문이 되기 위해서는 이 세상에 넘쳐나는 아달랴의 유혹을 이겨야 한다고 생각합니다. 우리에게는 아달랴의 유혹이 너무 많지요. 여호사밧은 자기 아들이 며느리에게 그렇게 무너지리라고 생각이나 했겠습니까? 만약 예상했다면 아달랴를 며느리로 맞아들이지 않았겠지요. 여호사밧이 분명 아달랴의 부모가 어떻게 생각하는지 알고 있었을 터인데 아달랴를 며느리로 맞이한 것은 '우리는 괜찮다'는 교만이 있었기 때문 아닐까요? 그러나 믿었던 아들은 며느리에게 철저히 유혹 당해 유다 왕국은 오랫동안 고통에 빠졌지요.

이와 마찬가지로 오늘날 교회 안에도 아달랴는 많지요. 훌륭한 목사님으로 소문나 있는 분이 여성도와 부적절한 관계를 맺음으로 인하여 교회에 큰 파문을 일으키는 경우를 우리는 언론 매체를 통하여 접하곤 합니다. 그런 소식을 들을 때마다 같은 그리스도인으로서 너무 부끄럽고 안타까운 일이지요. 그런데 왜 이런 일이 발생할까요? 훌륭한 목사님으로 소문나 있어도 실상은 하나님의 말씀과 기도생활에 소홀히 한 결과가 아닐까요?

우리의 싸움은 육체의 힘에 의존한 싸움이 아니기에 말씀과 기도로 성령 충만함으로 이길 수 있다고 바울은 에베소서 6장에서 강조하지요.

예수님께서도 사탄의 유혹을 하나님의 말씀으로 이기셨지요. "사람이 떡으로만 사는 게 아니고 하나님의 입에서 나오는 말씀으로 산다"고 하셨지요. 말씀을 매일 먹어야 영이 건강해 유혹을 이깁니다. 밥을 매일 먹듯이 내용은 알아도 성경을 매일 음미하면 깨닫는 맛이 다릅니다. 그리고 우리 모두 성경을 완전히 아는 게 아니므로 성경을 가까이 해야 합니다.

베드로후서 3장 끝부분에 베드로가 자기보다 새까만 후배인 사도 바울을 높이 평가하면서 사도 바울의 편지 가운데에 "우리가 깨닫기 힘든 부분이 있다"고 솔직하게 고백합니다. 이 고백은 깨닫지 못하는 부류에 베드로 자신도 포함된 것을 나타내는 고백으로 보이지 않나요?

그러면서 이 사도 바울의 편지를 무식하고 믿음이 적은 사람들이 억지로 마음대로 해석하는 것을 베드로는 경고하였지요. 그리고 베드로는 예수님을 알아가는 지식에서 자라날 것을 당부하며 베드로후서를 끝맺지요.

그럼 사도 바울이라고 하나님의 그 모든 것을 다 알았겠습니까? 바울도 고린도에 보낸 편지를 보면 이것은 예수님의 말씀이 아니고 자신의 견해인 것을 밝히는 부분이 있지요. 즉 바울도 베드로도 하나님의 말씀의 뜻을 100% 완전하게 깨닫지 못한 부분이 있다는 거지요. 그러면서 바울도 우리에게 베드로처럼 자라날 것을 당부하였지요.

베드로와 바울이 이럴진대 오늘날 그 어느 누구도 하나님의 말씀을 완전하게 깨닫는다고 할 사람은 없다고 봐야 하겠지요. 그러나 저는 그래도 바울이 말한 것처럼 하나님께서 우리에게 주신 지혜와 믿음의 분량대로 하나님의 말씀을 알기 위해 노력해야 한다고 생각합니다. 이 말씀에 굳게 서지 못하면 아달랴의 유혹에 쉽게 넘어 가지요.

그리고 예수님께서 우리에게 가르쳐 주신 주기도문에 "시험에 들게 하지 마옵시고"란 표현이 있지요. 이 시험은 NIV에서는 'temptation'으로 표현하였지요. 예수님께서 40일 금식 후 마귀에게 시험을 당했다고 성경은 말하고 있지요. 그 시험도 NIV에서는 'temptation'으로 표현했지요. 즉 '유혹'이란 뜻이지요.

우리를 유혹하는 것들은 이 세상에 너무 많지요. 또 자신의 욕심에 이끌려 스스로 유혹을 만들어 내기도 하지요. 그래서 이 유혹을 이기기 위해선 예수님께서 가르쳐 주신 대로 기도해야만 하지요.

그런데 많은 사람들이 "나는 너무 바빠서 시간을 정해 놓고 기도하기가 힘들다. 그러나 내가 시간이 나면 언제라도 기도하겠다."라고 말하는 사람들이 꽤 있지요. 그러나 이 말은 우리가 섬기는 하나님을 싸구려로 만드는 것 아닙니까?

≪아라비안나이트(천일야화)≫에 알라딘이 마술 램프를 주워서 그 마술 램프 속에 갇혀 있는 거인 종 지니를 아무 때나 자기 편리한 시간에 불러내어 도움을 받는 것과 무슨 차이가 있나요?

다니엘은 대 페르시아 제국의 총리가 되었음에도 불구하고 하루에 세 번씩 시간을 정해 놓고 기도를 하였다고 했습니다. 총리란 직책이 결코 한가로운 직책이 아님에도 불구하고 하루에 세 번씩이나 예루살렘을 향하여 창문을 열고 하나님께 기도하였다는 것은 다니엘의 삶의 무게 중심이 어디에 있는가를 보여주는 것이지요. 즉 내 일이 우선인지, 하나님 중심으로 생활하는 것이 우선인지, 이 우선 순위에서 다니엘은 하나님 중심을 우선으로 둔 것이지요.

저도 하나님의 말씀과 기도로 내 영을 날마다 깨우며 내 안에 계신 성령 하나님의 도우심으로 내 안에서 꿈틀거리는 모든 유혹을 이기고자 합니다. 그리고 성도의 아름다운 교제의 기쁨을 목장 안에서 일구어 세상 즐거움을 완전 능가하고자 최선을 다하려고 합니다.

많이 부족하고 서글픈 출발로 인생의 어려움을 계속 겪고 있으면서도 오히려 이것을 기회로 하나님을 맛보아 경험하며 모든 어려움을 이겨내고 마침내 자랑스러운 믿음의 명가를 만든 '다말, 라합, 룻, 한나!'

누릴 건 다 누리면서도 그 잘난 아들을 여색에 빠뜨리고 마침내 나라가 두 동강나게 하는 출발점이 될 정도로 어리석고 부끄러움을 보여준 '밧세바!'

모든 것을 다 갖추었음에도 불구하고 끝없는 욕심으로 인해 하나님의 능력을 그 누구보다도 많이 경험하면서도 이집트의 파라오처럼 끝

까지 하나님을 대적하며 자기도 망하고 후손도 망하게 한 모녀 '이세벨과 아달랴!'

저는 믿음의 명가를 만들기 위해서는 저보다도 아내의 역할이 훨씬 더 중요함을 뒤늦게 깨달은 것이 너무도 후회막급입니다. 그러나 뒤늦게라도 깨달았으니 아내를 더욱 사랑하고 존중하며 하나님의 말씀으로 아내와 나누고 아내를 위해 더 간절히 기도하며 믿음의 명가를 만드는데 보탬이 되고자 합니다.

저의 아들은 많은 것을 갖춘 아내를 만나기보다는 조금 부족해도 하나님을 붙잡고 인생의 파고(波高)를 지혜롭게 이겨내는 아내를 맞이하여 믿음의 명가를 만들어가기를 간절히 소망합니다.

저의 두 딸은 살몬, 보아스처럼 아내를 진정으로 사랑하는 남편을 맞이하여 자신의 부족함에도 불구하고 하나님을 의지함으로 모든 것을 이기며 믿음의 명가를 만드는 여인이 되기를 간절히 기도합니다.

8. 하나님이 찾으시는 한 사람

이세벨과 아달랴 만큼은 아니라 할지라도 동서고금을 막론하고 사람들은 양심과 감각과 지각이 무디어진 채 살아가고 있지요. 자신이 그렇게 무딘 가운데 사는 것을 '남들도 다 이렇게 하는데…' 라고 하면서 합리화시키지요. 그러나 하나님은 무디어지지 않은 바른 한 사람을 찾으시고, 또 바른 한 가문을 찾아서 엄청난 축복을 약속하셨지요. 부록으로 넘어가기 전에 하나님께서 찾으시는 세 가지 사실을 깊이 생각하고 우리를 돌아보며 이 본문을 마무리하고자 합니다.

물질 관계에서 의로운 한 사람

첫 번째로 생각할 것은 예레미야 5장 1절 말씀입니다. "예루살렘 곳곳을 뒤져서 정의를 행하며 진리를 구하는 한 사람이라도 찾으면 이 도시를 용서해 주겠다."고 하신 말씀이 너무 놀랍지 않습니까?

'정의를 행하며 진리를 구하는 한 사람'을 KJV 흠정역에서는 '공의를 집행하며 진리를 구하는 사람'으로 비슷하게 번역하였습니다. 그런데 이 정의와 공의가 무엇인지를 다른 번역에서는 좀 더 구체적으로 번역하였지요. 표준새번역에서는 '바르게 일하고 진실하게 살려고 하는 사람'으로, 공동번역에서는 '바르게 살며 신용을 지키는 사람'으로, NIV에서는 'one person who deals honestly and seeks the truth(정직하게 거래하며 진리를 구하는 사람)'으로 번역되었지요.

그러므로 하나님이 찾으시는 한 사람은 경제 관계, 즉 다른 사람과의 물질 관계에서 의로운 사람을 찾는다는 거지요. 왜 하필이면 이런 물질 관계에서 의로운 사람을 찾고 있을까요? 예수님께서 말씀하셨듯이 물질이 있는 곳에 우리의 마음이 있기 때문입니다. 물질 관계에서 우리의 은밀한 마음 상태가 확실하게 나타나기 때문에 하나님께서 이런 물질 관계에서 의로운 사람을 찾으시는 거지요.

그런데 이 물질 관계에서 정말 의로운 한 사람이 있다면 예루살렘을 용서해 주신다고 하셨는데, 예루살렘은 단순한 하나의 도시가 아닙니다. 예루살렘은 남유다왕국을 대표하는 도시이고 크게는 이스라엘 전체를 대표하는 도시입니다. 그렇기 때문에 예루살렘을 용서한다는 것은 이스라엘 민족 전체를 용서해 주신다는 의미로 해석할 수도 있지요.

하나님께서는 이런 의로운 사람을 누구에게서 찾는 것입니까? 세상 사람들인가요? 아닙니다. 하나님을 잘 섬긴다고 하는 유태인 사회에서 찾으시는 겁니다. 즉 오늘날 이런 사람을 찾는 것도 하나님을 섬긴다고 하는 우리 크리스천에서 찾는 것으로 보아야겠지요.

열심히 적극적으로 일하며 성공하여 남을 도와주기까지 하는 사람이 실상은 은밀하고 교묘하게 남의 것을 도둑질하며 남에게 피해를 입히며 마음의 상처를 주는 경우를 우리는 주변에서 쉽게 찾아볼 수 있지요. 그런데도 우리는 양심과 지각이 무디어져서 그런 사실을 제대로 분별하지 못하고 오히려 "저렇게 적극적으로 해야 성공한다."라고 하면서 그런 사람을 본받기를 원하고 심지어는 존경까지 하지요. 그리고 자기가 잘못된 길을 가고 있어서 양심에 가책을 조금이라도 느낌에도 불구하고 이를 바로 잡지 못하고 어정쩡한 태도로 결단을 내리지 못할 정도로 우리의 지각은 무디어졌지요.

저는 6년 전 2011년에 당회와 총목자모임의 2번 투표를 통해 장로후보로 최종적으로 결정되었지요. 공동의회에서 가부만 묻는 통과절차를 앞두고 제 눈 때문에 후보직을 사퇴하였지요. 장로후보로 결정될 정도로 나름 교회에서 인정받고 있는 것 같았고, 그리고 교회 밖 세상 사람들에게도 '믿을 만한 사람'이라는 평가를 많이 받고 있다고 생각했지만, 그럼에도 불구하고 저는 물질 관계에서 하나님이 찾으시는 의로운 사람과는 거리가 먼 사람이었음을 고백할 수밖에 없습니다.

온갖 편법이 일상화된 부동산 중개업에 25년 이상 종사하면서 저는 '남에게 피해를 주지 않고 도움을 준다.'라는 각오를 수시로 다졌지요. 그러나 제 직원과 손님들에게 피해가 가지 않는다는 확신이 들면 다운 계약서, 심지어는 업 계약서도 작성하였지요. '현실에 맞지 않는 제도와 법규가 너무 많아 그대로 지키다가는 사무실 유지도 힘들다.'

고 생각하면서 법정 수수료보다 더 많은 수수료를 받는 것을 당연하게 생각하였지요. '과연 나에게 실망하고 기분 나빠하는 사람이 한 명도 없을까?'라는 생각을 하면 자신이 없지요.

저의 경제 행위가 이러하였기에 하나님의 이 말씀 앞에서 정말 비통한 심정으로 회개합니다. 저의 내면세계가 이럼에도 불구하고 많은 사람들에게 좋게 보인 위선적인 모습을 너무나도 부끄럽게 생각합니다.

의무와 사명을 다하는 의로운 한 사람

두 번째로 생각할 것은 에스겔 22장 31절입니다. "이 땅을 위하여 성을 쌓으며 성 무너진 데를 막아서서 나로 하여금 멸하지 못하게 할 사람을 내가 그 가운데서 찾다가 찾지 못하였으므로…"라는 말씀이 너무 놀랍지요.

'성을 쌓으며 성 무너진 데를 막아서서'라는 표현을 다른 번역본에서 이렇게 번역하고 있지요. NIV에는 'a man among them who would build up the wall and stand before me in the gap on behalf of the land'라고 하여 하나님 앞에서 무너진 성벽을 쌓고 성벽의 틈을 메우고자 노력하는 사람으로 묘사하였지요. 그리고 KJV와 공동번역에도 역시 비슷하게 하나님 앞에서(before me) 바로 서는 사람으로 표현하고 있지요.

무너진 성벽을 쌓고 그 성벽의 틈을 메우기 위해서 노력해야 할 사람이 누구인가요? 이는 아무런 힘이 없고 가난하고 연약한 백성이 아닙니다. 그럴만한 힘이 있고 또 마땅히 그렇게 해야 하는 지위에 있는 공직자와 군인, 사회지도자들이 이에 해당되지요.

사회의 안전을 위해서 마땅히 노력해야 하는 의무와 책임이 있음에도 불구하고 그런 의무와 책임을 하나님 앞에서 정말 완벽하게 행하는 사람이 없다는 거지요. 그런 한 사람을 하나님께서 찾았지만 찾지 못했기 때문에 예루살렘의 멸망을 하나님께서 막지 않았다는 것이지요.

오늘날 의무와 사명은 고사하고 부정부패가 너무도 심각한 우리나라에서 이 부정부패를 막기 위하여 '김영란법'까지 생겼을 정도이니 의무와 책임을 다하는 한 사람을 찾기가 얼마나 어렵겠습니까? 이 의무와 책임을 다하는 것도 인간적인 수준이 아니고 하나님 앞에서 의무와 책임을 다하는 수준인고로 그 한 사람을 찾기가 너무 힘들다는 것은 오늘날 대한민국에서 기독교인이 차지하는 비율이 매우 높은 것을 생각하면 너무 부끄럽지 않습니까? 측량할 수 없는 바닷물이 썩지 않고 그대로 유지되는 것은 3% 밖에 되지 않는 소금이 바닷물에 존재하기 때문이라는 것을 많은 사람들이 알고 있지요. 3%의 소금만 있어도 바다가 자생력을 가지는데 오늘날 대한민국에서는 근 20%에 육박하는 크리스천이 있다고 교회에서 자랑삼아 내세우는데도 대한민국이 여전히 깨끗하지 못한 것은 바로 우리 크리스천들이 잘못 되었기 때문 아닐까요?

하나님이 발견한 의로운 사독 가문

세 번째로 생각할 것은 에스겔 48장 9-11절 말씀입니다.

하나님께서는 의로운 한 사람을 우리 일반인과 모든 공직자와 지도자에게서 찾기를 원하셨지만 찾지 못하셨지요. 그런데 하나님께서 발견하신 의로운 한 제사장 가문이 있었습니다. 바로 사독 제사장 가문입니다. 그래서 하나님께서는 이 사독 가문에게 말로 다 할 수 없는 축복을 약속하셨습니다.

에스겔은 환상 중에 성전을 보았습니다. 그 기록이 40장부터 마지막 48장까지 나오지요. 에스겔은 환상 중에 성전 구석구석을 측량하고 성전 곳곳에서 행해지는 일들을 보았습니다. 그러던 중 47장에 의하면 성전 문지방에서 생수가 흘러나오는 것을 보았지요. 이 생수는 점점 많이 흘러나와 마침내 강물을 이루어 죽음의 바다인 사해까지 흘러갔지요. 그런데 정말 놀라운 기적이 일어났습니다. 성전에서 흘러나온 성령의 강물이 흐르는 곳마다 죽은 생명체가 살아났지요. 마침내 죽은 바다인 사해까지도 물이 신선하게 바뀌어 온갖 종류의 고기들이 살게 되었지요.

48장에는 이 성전을 중심으로 하나님께서 이스라엘 백성들에게 새롭게 땅을 분배해주실 것을 약속하셨지요. 모두가 지파별로 분배를 받았는데 유독 한 가문만이 하나님께로부터 특별한 땅을 선물로 약속받았지요. 하나님께서는 사독 제사장의 후손들에게 가장 노른자위 땅인 성전 바로 옆에 붙은 땅을 약속하셨습니다.

그런데 이 땅의 규모가 얼마나 되는지 아십니까? 길이가 2만 5천규빗이고 폭이 1만규빗에 이르는 직사각형 땅입니다. 1규빗은 45~50cm로 추정되지요. 45cm로 계산하면 사독 가문에게 약속된 땅이 약 1,500만평 이상이 됩니다. 50cm로 계산하면 약 1,900만평에 이르는 엄청난 땅입니다.

이 정도의 면적이면 4인 가족에게 80평의 넓은 대지가 분배되어 약 40만 명의 인구가 아파트 하나 없이, 또 골목 주차가 없는 쾌적한 생활을 할 수 있는 공간이지요. 공장과 농경지를 제외한 관공서, 상가, 학교, 공원, 체육시설 등의 필요한 시설은 얼마든지 들어설 수 있는 면적이지요. 요즘처럼 고층 아파트를 짓는다면 100만명도 여유롭게 살 수 있는 주거단지가 나오지요.

　이렇게 넓은 땅을 약속받은 사독 가문의 사람들은 과연 몇 명이나 되었을까요?

　사독은 다윗과 솔로몬 시대의 신실한 제사장입니다. 그리고 에스겔이 이런 말씀을 들었을 당시에는 사독의 5대손인 에스라 제사장이 활동하던 때였습니다. 사독부터 에스라까지의 기간은 약 400여년입니다. 이 400여년이 흐른 후 사독의 후손들이 과연 얼마나 번성하였을까요?

　야곱의 가족이 이집트로 이주한 이후 430년, 그리고 대수로는 4대만에 인구가 폭발적으로 증가한 것과 똑같이 생각할 수 있을까요? 사독의 후손 경우에는 야곱의 후손과 상황이 완전히 다릅니다. 야곱 후손의 경우에는 이집트가 방패막이가 되어 야곱의 후손들이 전쟁이 없는 평화로운 생활을 하며 하나님이 주신 장수의 복을 누리며 폭발적인 인구 증가가 가능했지요. 그러나 사독 후손의 경우에는 전쟁이 끊어지지 않았습니다. 다윗 때부터 일상화된 전쟁이 남유다왕국이 망하는 순간까지 이어졌지요. 게다가 남유다왕국이 바벨론에 의해 망할 때에는 바벨론의 잔혹한 처형이 있었지요. 예루살렘에는 거지와 다름없는 아주 가난한 사람들만 남겨 두었고 쓸 만한 사람은 바벨론으로 다 끌고 갔으며, 이 와중에 도망치지 못하고 붙잡힌 나머지사람들 중 대부분은 처형되었지요. 이런 형편에서 사독 제사장 가문이 아무리 복을 받아 번성하였다 할지라도 얼마나 되었겠습니까?

　얼마 되지도 않은 사독 가문에게 이렇게 방대한 땅을 약속하신 이유가 무엇인지 아십니까? 그 이유를 에스겔 48장 11절에 밝히고 있습니다. 수많은 사람들이 다들 '남이 이렇게 하니까…' 라고 말하며 자신의 잘못을 합리화시키는데도 불구하고 사독의 가문은 그렇지 않았습니다. 사독의 후손들은 다른 사람들이 하는 것처럼 행동하지 않고 하나님을 섬김에 있어서 신실하였기 때문에 이 방대한 땅을 사독의 후손에게 줄 것이라고 약속하셨지요.

그러면 사독 후손들 외에는 유태인들 가운데 제사장이 없었나요? 결코 아닙니다. 사독 후손들 말고도 많은 제사장들이 있었습니다. 얼마나 많은 제사장이 존재하였는지를 알려 주는 것이 에스라 2장입니다. 바벨론이 페르시아제국에 망한 후 유태인들은 3번에 걸쳐서 예루살렘으로 돌아갔지요. 1차로 돌아간 사람들의 수가 에스라 2장에 의하면 약 4만 2천명이 됩니다. 그런데 그 중에 약 10%인 4천명이 넘는 사람들이 제사장이었습니다.

이렇게 많은 제사장들이 있었지만 대부분 사독의 후손과는 달랐습니다. 예레미야서와 에스겔서를 보면 하나님의 종이라고 일컫는 제사장들과 선지자들의 악행으로 인하여 하나님께서 한탄하신 말씀들이 여러 번 나오지요. "내가 그들을 보내지 않았다. 그들은 가짜 제사장, 가짜 선지자들로서 내 이름을 빙자하여 자기 마음대로 행동하고 있다. 나는 그들을 벌할 것이다."라곤 하셨지요. 마침내 에스겔 34장에서는 이런 나쁜 목자들과 힘센 양들에 대한 경고 메시지로 가득 차 있지요. 하나님께서는 이들을 심판하시고 하나님 당신이 직접 목자가 되어 양들을 돌보실 것을 밝히셨지요. 이렇게 가짜가 활개 치는 현실에서 오로지 사독의 후손들만이 신실하게 하나님 말씀을 따랐으니, 하나님께서 이렇게 엄청난 축복을 약속하신 겁니다. 사독의 후손들이 남들처럼 행동하지 않고 신실하게 하나님만 바라보며 섬기기가 쉬웠겠습니까?

2차로 예루살렘에 돌아간 에스라는 예루살렘에서 회개운동을 일으켰지요. 바벨론 포로 생활에서도 에스라의 말을 듣지 않았던 사람들이 자신의 조국인 예루살렘으로 돌아가서는 에스라의 말을 들었지요.

그러나 에스라의 말을 듣고 회개하며 완전히 돌이키는 것은 한순간에 불과하였지요. 느헤미야 13장에 의하면 3차로 예루살렘에 돌아온 느헤미야 총독이 잠시 예루살렘을 비우고 페르시아 왕을 만나 일을 보는 사이에 예루살렘은 또 다시 원위치로 돌아갔지요. 느헤미야가 다시 되돌아왔을 때 그 사이에 엉망이 된 것을 보고는 대노하였지요. 그래서 느헤미야는 대제사장 엘리아십이 당시 이스라엘과 적대관계였던 암몬 사람 도비야에게 스룹바벨 총독이 재건한 성전의 한 부분을 마음대로 사용할 수 있도록 내어준 것을 다시 찾았지요. 에스라보다 더 높은 대제사장부터가 이러니 일반인들의 회개가 과연 얼마나 지속되었겠습니까? 백성들은 말을 듣지 않고 같은 제사장조차도 사독의 후손들을 별종 취급하며 왕따 시키는 현실에서 오로지 하나님만 바라보고 신실하게 섬기는 것이 쉬운 일이겠습니까?

사독의 후손들을 생각하면 저는 너무 부끄럽지요. 저도 남들처럼 행동한 경우가 너무도 많았기 때문입니다. 비록 왕따를 당하는 한이 있어도 사독의 후손들처럼 해야만 하는데 솔직히 말해 제 힘만으로는 불가능하다고 생각합니다. 오로지 성령의 도우심으로 가능하다고 믿기에 늘 성령 충만하기를 사모하지요.

사두개인과 바리새인

신약시대 예수님 당시에 스스로 사독의 후손이라고 일컫는 지도자들이 있었지요. 바로 사두개인들입니다. 사두개인은 사독의 후손이 아님에도 불구하고 에스겔을 통해 하나님께서 사독의 후손에게 약속하신 엄청난 축복을 이용하여 이스라엘 사회에서 신망을 얻고자 사독의 후손으로 자처하였지요. 사두개인은 가짜 사독의 후손이기에 사독의 후손들의 신앙과는 완전히 다른 면모를 보여 주었지요. 즉 영적 세계를 부인하여 천사도 없고 영혼도 없다고 생각하지요. 그래서 부활도 없다고 주장하지요.

이런 사두개인들이 예수님께 찾아와 예수님을 넘어뜨리려는 질문을 하였지요. 계대결혼으로 말미암아 한 여자가 7명의 형제와 결혼하였는데, 이들이 모두 죽고 다시 부활하면 이 여자는 과연 누구의 아내가 되겠느냐는 질문이었지요. 예수님께서는 사두개인들이 영적 세계를 모르니 이런 질문을 한다면서 부활한 후에는 이 땅에서의 혼인 관계가 지속되지 않는다고 간단하게 대답하시며, 사두개인들을 더 이상 가르치고자 노력하지 않았지요. 오히려 예수님께서는 사두개인들을 철저히 무시하였지요. 예수님께서 사두개인들을 무시한 이유는 그들을 싹수가 노란 사탄의 무리들로 보았기 때문이지요.

예수님께서 당시의 또 다른 지도자들인 바리새인과 서기관(율법학자)들에 대해서는 매우 많이 나무라시며 가르치고자 노력하셨지요. 마태복음 23장에는 바리새인들과 서기관들에 대하여 7번이나 저주를 하면서까지 그들의 잘못을 지적하시며 바로 잡으려고 노력하셨지요. 왜 그럴까요? 그들은 사두개인들과는 달리 희망이 있는 사람으로 보았기 때문입니다. 그래서 예수님께서는 성도들을 핍박하는 바리새인 사울을 만나 회개시켜 위대한 사도 바울로 변화시키지 않으셨습니까?

저는 분명히 사두개인은 아닙니다. 그러나 제가 사독의 후손과 같은 사람이라고 말할 수도 없습니다. 저는 오히려 바리새인과 서기관들처럼 위선적이고 많은 잘못이 있어서 예수님께 지적을 당하는 사람입니다. 성경을 깊이 묵상할 때마다 저는 제 자신이 너무 부끄럽고 왜 그렇게 잘못된 세월을 오랫동안 보냈는지, 제 자신이 생각해도 이해되지 않습니다.

제가 젊은 시절에 진실한 크리스천 친구를 사귀지 못하고 제 주변에 많은 세상 친구들을 사귀면서 저는 양심과 지각이 너무 무디어졌지요. 제가 진실한 크리스천이었다면 그나마 제 자신을 조금이라도 많이 방어를 하였겠지만, 제 자신이 진실하지 못하다보니 친구들과 어울려 이런 저런 짓을 하면서도 양심의 가책은 전혀 느끼지 못했지요. 오히려 어떤 경우에는 세상의 재미와 쾌락을 추구하는데 있어서 앞장서기까지 했으니 하나님이 보실 때 얼마나 기가 막혔겠습니까? 그런데도 불구하고 바울을 회개시켜 주신 예수님처럼 저를 완전히 놓지 않으시고 붙잡아 주신 하나님께 정말 감사를 드립니다.

저의 신앙이 그런 잘못된 길을 걸었던 것은 제가 너무도 인본주의적인 신앙을 배우고 자랐기 때문이라고 생각합니다. 인본주의적인 신앙관에 이끌려 저는 감히 창조주 하나님을 이용하여 저의 욕심을 채우려고 하였지요. 그래서 제가 기도하는 대로 또, 제가 소망하는 대로 되지 않으면 하나님께 항의하고 대들기도 하였지요.

그런데 제 눈에 이상증세가 나타난 10여 년 전부터 인본주의적인 색채를 지우고자 많이 노력하고 있지요. 과거였다면 "제가 무엇을 잘못하였기에 제 눈이 이렇게 되어야 합니까? 극심한 캘로이드 체질로 인하여 손바닥만 한 흉터가 몸에 대여섯 곳이나 생기는 고통이 부족하여 이러한 고통마저 주시는 겁니까? 제 손과 발은 많이 변형되어 남들 앞에서 양말도 벗지 못하는 처지인데 눈마저 이렇게 만드시는 겁니까?"라고 대들었을 터인데, 저는 10여 년 동안 한 번도 그런 생각조차 하지 않았습니다. 이제는 정말 하나님 중심의 신본주의적인 신앙관을 가지고자 생각하며 하나님께 순응하는 것을 배워가고 있지요. 그래서 저는 "제가 이 모든 것을 이겨낼 수 있는 힘을 주십시오. 그리고 이런 몸으로도 남들에게 당신을 증거 할 수 있도록 도움이 되는 사람이 될 수 있게 해 주십시오. 그리고 제 남은 생애가 얼마이든지간에 좀 더 알차게 살 수 있도록 도와주십시오."라고 기도하고 있지요. 저로 인하여 많은 고통을 겪고 있는 제 아내와 어머니를 위해 간절히 기도하며 또 제 자녀들이 저로 인하여 부담되지 않도록 기도할 따름이지요.

그런데 워낙 오랜 세월동안 인본주의적인 신앙생활을 하였기에 아직도 그 잔재가 제 몸에 남아 있어 하나님께 죄송하지요. 그리고 두 눈이 멀쩡하고 손가락을 제대로 펼 수 있을 때에는 제 스스로 하나님을 향해 두 손 높이 들고 찬양한 적이 한 번도 없었기 때문에 너무 죄송하지요. 앞도 못 보면서 오그라든 두 손을 높이 들고 하나님을 찬양할 때에는 너무너무 죄송하여 눈물이 흐를 때가 많지요. 그래서 뒤늦게 이렇게 엉망이 된 몸으로 하나님께 찬양 드리는 것을 용서를 빌며 그래도 받아 주실 것을 기대하며 감사로 찬양을 드리지요.

과거에는 하박국 선지자의 말처럼 아무것도 없다 할지라도 하나님 한 분 만으로 즐거워하며 찬양 드린다는 찬양을 모든 교인들이 신나게 부를 때 이해가 되지 않았습니다. '저 사람들이 정말로 아무것도 없이도 하나님 한 분 만으로 만족하는 것이 진짜라서 저렇게 신나게 찬양을 드리나? 가식된 찬양이 아닌가? 라는 의문을 품으며 저는 그 찬양을 할 때마다 입을 다물었지요. 그러나 이제는 그 누구보다도 제가 그 찬양을 신나게 한답니다. 정말 하나님 한 분 만으로 만족한 저희 가문이 되기를 간절히 소망하지요.

다말, 라합, 룻, 한나처럼 믿음의 명가를 만드는 데, 또 사독의 가문처럼 하나님이 인정하시는 가문을 만드는 데 이 글이 도움 되기를 간절히 소망하면서 본문을 마치고자 합니다.

부록

용서, 화해, 사랑

믿음의 명가를 만들기 위해서 반드시 필요한 과정이 있겠지요. 바로 '용서'입니다. 이 용서는 모든 가정에 해당될 정도로 거의 모두에게 필요합니다.

다말에게만 용서가 필요했던 것이 아니지요. 라합도 용서가 필요했지요. 자기 스스로 창녀가 되지 않았다면 자기를 창녀로 만든 사람이 너무너무 원망스러웠겠지요. 그리고 창녀가 된 자신을 감싸주기보다는 모른 척 할 정도로 냉대했던 가족들도 원망스러웠겠지요. 룻도 마찬가지지요. 그렇게 어렵게 사는데 자신을 얕잡아보며 비아냥거리는 주변사람들이 분명 있었겠지요.

한나에게도 용서해야 할 사람이 있었지요. 자녀를 많이 낳고 자신에게 온갖 모욕을 한 브닌나도 용서의 대상이지만 브닌나를 또 아내로 맞이하여 자신이 이렇게 괴롭힘을 당하게 만든 남편도 매우 원망스러웠겠지요.

또 다윗의 장남인 암논이 이복동생인 다말을 강간한 것에 대하여 아버지로서 제대로 조치를 취하지 못하고 다말의 오빠인 압살롬이 암논을 용서하도록 만들지 못한 것이 그 가정에 엄청난 재앙을 불러오지 않았습니까? 그리고 그 압살롬을 아버지가 제대로 용서하지 못하였기에 압살롬이 아버지에게 반기를 드는 골육상쟁의 피비린내가 벌어지지 않았습니까?

1. 용서는 기도 응답의 전제조건

용서는 하나님의 무한하신 사랑의 핵심일 뿐만 아니라, 기도에 응답받기 위한 절대적인 전제 조건임을 예수님께서 가르치신 기도에서 강조하신 것을 아십니까?

마가복음 11장 25절에 기도할 때 먼저 용서하라고 하셨지요. 그 앞부분인 20-24절은 예수님께서 저주하신 무화과나무의 고사로 인해 의심 없는 믿음의 기도를 가르치신 것이지요. 그런데 우리 한글 성경이 앞부분과 25절이 마치 별개의 가르침인 것으로 번역되어 있어서 40년 넘게 성인 예배에 참석하며 앞부분의 설교만 듣고 용서를 몰랐지요. "산을 옮길 만한 기도는 믿음의 기도다. 기도한 것은 의심하지 말고 이미 받은 것으로 믿어라."는 강조만 들었지 용서는 언급도 안 되었지요.

8년 전 2008년에 눈이 잠시 보일 때 성경이 너무 그리워 평소 제가 즐겨 보던 NIV 성경을 암송했지요. 그런데 성경에는 25절이 And로 시작되어 앞부분과 한 묶음의 가르침으로 나타납니다. 그리고 한글, 영어 할 것 없이 성경에는 26절이 아예 없어 한 묶음으로 봄이 맞지요.

마태복음 6장 5-15절도 기도를 가르치고 있습니다. 예수님께서 주기도문을 가르치신 후 14, 15절은 용서로 마무리하셨지요. NIV 성경에는 14절 시작을 For, 15절은 But으로 시작하여 기도를 가르친 13절까지와 연결됨을 나타내지요.

저는 성경을 암송하며 기도와 용서의 관계를 심각하게 고민했습니다. 하나님께서 용서하지 않으시면 우리는 죄인의 단계에 머무르겠지요. 잠언서는 분명히 죄인의 기도는 하나님께서 듣지 않으신다고 했습니다. 또 의인의 기도가 간구하는 힘이 있다고 성경은 말합니다. 죄인의 기도는 회개의 기도만 하나님께서 받아주시겠지요.

하나님의 용서의 도를 알고도 이를 거부하면 하나님의 용서를 받지 못해 우리 기도는 죄인의 기도가 되어 응답받을 수 없기에 용서를 마지막에 계속 강조하신 것이 아닐까요?

도저히 갚을 수 없는 엄청 큰 빚

마태복음 18장 18절부터는 예수님께서 기도에 대하여 가르치신 내용이 나옵니다. 그런데 예수님의 가르침이 끝나자마자 베드로가 질문하기를 "나한테 잘못한 사람을 내가 일곱 번 용서하면 됩니까?"라고 예수님께 물었지요. 기도를 가르치셨는데 베드로가 난데없이 얼마나 용서해야 하는지를 물은 것은 좀 이상하지 않습니까? 이 사실로 보아 기도 응답과 용서는 절대적인 관련이 있는 것을 알 수 있습니다. 베드로의 질문에 예수님께서는 일흔 번씩 일곱 번까지라도 용서하라고 하셨지요. 세상에 490번이나 용서해 줄 사람이 있습니까?

그리고 예수님께서는 용서해야 하는 이유를 비유를 들어 설명하셨는데, 그 내용이 마태복음 18장 23절부터 마지막 35절까지 나타납니다. 이 비유에 의하면 어떤 왕에게 일만 달란트를 빚진 사람이 있었지요. 한 달란트는 6천일 동안 일해야만 벌 수 있는 돈이지요. 하루 일당을 10만원으로 계산하면, 일만 달란트는 6조원이 되지요. 그런데 당시 로마가 거두어들이는 1년간 세금이 약 2만 달란트 정도였다고 하니 일만 달란트의 위력은 단순히 6조원에 그치지 않는 것을 알 수 있지요. 세계 최강대국 1년 예산의 절반만큼이나 빚을 진 사람이 있었다니 아무리 가정이라해도 놀랍지 않습니까? 그런데 그 사람이 바로 '우리' 아니 '나' 란 사실을 깨닫고 있나요?

일만 달란트를 빚진 사람이 그 돈을 도저히 갚을 수가 없기에 왕은 그 빚을 면제해 주었지요. 일만 달란트의 빚을 면제받았으니 얼마나 기뻤겠습니까? 그런데 일만 달란트를 면제받은 사람이 길을 걷다가 자신에게 일백 데나리온의 빚을 진 사람을 만났지요. 한 데나리온은 노동자가 받는 하루 일당이었습니다. 그러니 일백 데나리온은 하루 일당을 10만원으로 계산하면 1,000만원 정도가 되지요.

일만 달란트의 빚을 면제받은 사람이 자신에게 일백 데나리온 빚진 사람을 만나니 그 사람의 멱살을 잡고 언제까지 다 갚을 거냐고 다그치면서 당장 갚으라고 으름장을 놓으며 빚진 사람을 감옥에 가두었지요.

이 광경을 본 한 신하가 이 사실을 왕에게 알렸지요. 왕은 노발대발하여 일만 달란트의 빚을 면제받은 사람을 잡아오라고 하였지요. 자신이 면제받은 것은 실로 엄청난 금액임에도 불구하고 자신에게 얼마 안 되는 돈을 빚진 사람을 용서하지 못하고 횡포를 부린 사람에게 왕은 이렇게 말하였지요. "너도 이 돈을 다 갚을 때까지 감옥에 있거라. 내가 면제해준 것을 취소한다."

그리고 예수님께서는 "너희가 용서하지 않으면 하늘에 계신 아버지도 너희를 용서하지 않으신다."라고 말씀하셨지요. 우리가 하나님께 용서받은 것은 말로 표현할 수 없을 정도로 크지요. 우리의 죄 값으로 지옥 가야 할 우리들을 하나님 아버지께서 자신의 독생자인 예수님을 희생양으로 삼아 십자가에 못 박아 죽이는 번제물로 삼으심으로 인하여 우리의 죄를 용서받았으니 용서받은 대가가 너무 크지 않습니까? 이에 비하면 우리에게 잘못한 사람이 있다 하더라도 그 잘못이 일백 데나리온 밖에 되지 않는다는 것이지요.

용서를 고백하고 구하는 주기도문

예수님이 가르치신 주기도문에는, 우리가 우리에게 잘못한 사람을 용서한 것 같이 우리 죄를 용서하여 달라는 내용이 있지요. 이렇게 가르치신 이유도 우리가 하나님께 용서를 받아야 우리의 기도가 응답 받을 수 있기 때문에 이처럼 가르치신 것이지요. 그러므로 이 부분을 좀 더 깊이 생각해 보겠습니다.

왜 이것이 기도 응답과 관련이 있는지를 먼저 말씀드립니다. 마태복음 6장에 예수님께서 주기도문을 가르치자마자 바로 용서를 거론하신 것을 주목할 필요가 있습니다. 13절까지 주기도문이 끝나고 14절에 "기도하는 너희가 먼저 용서해야 하나님께서 너희를 용서하신다."고 하셨지요. 이어 15절에는 반대로 "너희가 용서하지 않으면 하나님도 너희를 용서하지 않으신다."고 강조하셨지요. 주기도문과 연계해 곧장 용서를 가르치신 것은 주기도문조차 용서가 뒷받침되지 않으면 헛된 기도가 될 것을 우려하셨기 때문 아닌가요?

그리고 주기도문의 용서 부분은 우리가 먼저 용서한 상태에서 기도하는 것으로 되어 있지요. "앞으로 용서하겠다"는 결심을 나타내는 말이 아니지요. 이미 용서했음을 고백하는 기도의 표현 아닙니까?

그리고 주기도문의 순서를 보면 우리의 필요를 구한 후, 즉 일용할 양식을 구한 후 이 용서를 고백하고, 또 하나님의 용서를 구하도록 되어 있음도 주목해야 합니다. 하나님께서 우리를 용서하지 않으시면서 앞서 우리가 간구한 우리의 필요를 흔쾌히 들어 주시겠습니까? 일용할 양식은 반드시 우리에게 필요한 것 아닙니까? 없어도 되는 것을 내

욕심으로 구하는 게 아니지 않습니까? 일용할 양식이 없으면 결국 죽지 않습니까? 생명과 직결되는 필수 사항을 구하는데도 하나님의 용서를 받아야 얻을 수 있다니 하나님이 너무해 보이십니까? 하나님이 너무 쩨쩨해서 용서를 가지고 트집 잡는 것처럼 보이십니까?

천만에요! 쩨쩨하고 너무한 건 바로 우리 인간입니다. 내가 하나님께 용서 받은 게 얼마나 큰지를 깨닫지 못하기 때문에 남을 용서하지 못하는 것입니다. 스스로 깨닫지 못해 누군가가 가르쳐 주면 겉으론 알아들은 척 해도 속으론 인정을 안 하는 겁니다. 가르쳐 줘도 깨닫지 못하니 남의 잘못이 훨씬 더 크게 보여 용서를 하지 못하지요. 도대체 누가 너무합니까? 하나님입니까? 인간입니까?

용서 받은 게 일만 달란트나 된다는 예수님의 비유에 빚이 너무 크다보니 무감각하게 들리나요? 예수님의 생명 값어치가 일만 달란트도 안 됩니까? 보통 인간의 목숨도 우주보다 더 귀하다고 하지 않습니까?

하나님이 우리를 먼저 용서했나요? 아니면 우리가 남을 용서한 것이 먼저인가요? 당연히 하나님의 용서가 먼저 이루어졌지요. 즉 하나님과 우리 사이의 관계 회복을 위한 용서는 하나님께서 일방적으로 먼저 하셨지요. 그런데 왜 우리가 먼저 용서한 것처럼 우리를 용서해 달라고 기도하도록 가르치셨죠? 이는 주기도문의 용서는 우리와 하나님과의 원초적 관계 회복, 즉 구원 받기 위한 용서의 개념이 아님을 나타내는 말이기 때문입니다. 만약 우리가 천국 가기 위한 용서 받음이 한 번으로 부족해 주기도문처럼 계속 용서를 빌어야만 한다면, 우리가 받았다는 구원은 불완전해 죽는 순간까지 불안하겠지요. 성경은 그렇게 말하지 않습니다. 단 한 번의 용서로 우리의 구원 문제는 완전히 해결된 것이라고 말하지요.

그런데 주기도문으로 하나님께 계속 용서를 구하게 한 것은 우리의 필요를 채워 주시고자 응답 받는 기도를 하라는 뜻 아닌가요? 그런데 우리는 내가 할 작은 용서도 안 하면서 필요만 보채니 너무 딱하지 않나요? 왜 주님이 우리에게 용서를 강조하십니까? 주님이 먼저 우리에게 이루 말할 수 없는 빚을 용서해 주셨기에 이에 비해 작은 것을 용서하라는데 그게 너무 무리한 걸까요? 그게 너무 무리한 주님의 요구로 느껴진다면 미안하지만 예수님을 엉터리로 믿는 겁니다.

　그런데 주기도문의 이 부분이 NIV에는 "forgive us our debts as we also have forgiven our debtors."로 적혀있지요. 왜 죄를 'debts'로 표현했을까요? debts는 '채무'라는 뜻의 복수형이지요. 죄를 채무로 표현한 이유가 무엇입니까?

　그 당시에 이스라엘뿐 아니라 지중해 근방의 모든 나라에서는 빚을 갚지 못하면 노예로 끌려갔지요. 그러니 죄를 용서 받지 못하면 죄의 노예가 된다는 뜻 아니겠습니까? 죄의 노예가 되면 어떻게 되나요? 기도 응답은 둘째 치고 천국에도 갈 수 없겠지요. 그러나 이 용서는 구원 문제와 관련 있지 않고 기도 응답과 연관 있으니 천만 다행입니다. 그렇지만 구원함을 받지 못한 사람들, 즉 하나님과의 근본적 관계 회복을 위한 용서를 받지 못한 사람들은 죄의 노예가 되어 천국은 꿈도 못 꾸지요. 그러니까 우리는 반드시 죄를 용서 받아야만 하지요.

　그런데 이 용서 부분을 기도할 때마다 되풀이하도록 예수님께서 가르치신 이유가 무엇일까요? 이것은 기도 응답과 관련이 있기 때문입니다. 기도 응답과 관련이 있다는 것을 알 수 있는 말은 "우리가 우리에게 잘못한 사람을 용서해주었듯이"라는 부분이지요. 우리가 용서하지 않으면 하나님께서도 우리를 용서하지 않으시는데 우리가 어떻게 기도 응답을 기대할 수 있습니까? 그리고 우리에게 잘못한 사람을

NIV에서는 'debtors' 즉 채무자들로 표현한 것은 마태복음 18장 끝부분에 나오는 일백 데나리온 빚진 자들과 같은 의미이지요. 우리에게 잘못한 사람들은 그 잘못이 일백 데나리온 정도 밖에 되지 않지만 우리가 하나님께 용서 받은 빚은 일만 달란트나 되니 우리가 어떻게 용서를 하지 않을 수 있겠습니까?

그런데 요셉과 다말처럼 용서의 대상이 대부분 가족인 것이 서글픈 현실이지요. 만약에 다윗이 아들 압살롬을 확실하게 용서하였다면 압살롬이 아버지에게 반란을 일으켰을까요? 다윗이 아들을 용서한다고 하면서도 어정쩡하게 받아들이고 확실한 용서를 하지 않은 것이 너무 아쉽지 않습니까? 또 하나 엄연한 사실은 내가 용서를 받아야 할 것도 분명히 많다는 것입니다. 가족이니 서로 상처를 주고받으면서도 한 울타리에서 어쩔 수 없이 사는 거지요. 그러다가 부모님 사후에는 남들 같은 관계가 되지요.

특히 부부 간에는 용서와 화해가 더 안 되어 끝내 이혼에 이르지요. 용서를 요구하시는 예수님을 섬기는 자칭 타칭 크리스천 사이에도 이혼율은 높아만 가고 있어서 이혼을 금하고 용서를 가르치는 예수님의 말씀이 구겨지고 있지요.

2. 진정한 회개와 용서

진정한 믿음은 진정한 회개가 있어야

제 나이만큼 신앙생활을 하며 지난날을 돌이켜 보니 중학생 시절이 가장 순수하고 뜨거웠던 것 같습니다. 꿈 많은 중·고, 대학생 시절을 보냈지만 대학 졸업 후 꿈과 반대의 상황에 놓였지요. 대학 시절 내내 일반적인 샐러리맨 생활은 하지 않겠다는 자만감에 빠져 있으면서도 미래 준비를 미루다가 4학년이 되어서야 어설픈 준비에 나섰지요. 20년 동안 고작 100명 합격한 변리사 고시에 겁도 없이 뛰어 들었지요. 내리 낙방하며 군대 면제 받은 세월을 까먹고 있었으니 교회 가는 게 싫었지요.

그래도 중학생 시절 시작한 교사와 성가대는 계속 했지요. 저는 억지로 하는데 한 여집사님은 너무 기쁨으로 모든 직분을 감당하며 주일을 간절히 기다리는 모습이 저와 너무 대조적이었지요. 그런데 하루는 그분이 저희 집에 찾아 오셨지요. 많은 이야기를 어머니와 함께 우리는 나누었지요.

그분이 가신 후 저는 너무 답답했습니다. 그분과 제 신앙생활이 너무 차이가 많음을 또 느꼈지요. 한 교회에서 한 하나님을 섬기며 같이 교사와 성가대를 하는데 왜 이런 차이가 나는지….

제가 처한 상황이 아주 안 좋아도 하나님을 섬긴다는 청년으로서 뭔가 제 신앙에 큰 문제가 있음을 느끼며 결심했지요. '믿으려면 바로 믿고, 그게 아니면 교회를 끊지.'라고 결론 내린 거지요. '이 나이에 부모 때문에 교회를 다닐 순 없다.'는 생각이 든 것입니다.

저는 고민 끝에 저를 이렇게 고민하게 만든 그분께 전화했지요.

"저도 집사님처럼 신앙생활을 기쁘게 하려면 어떻게 해야 합니까?"

"모든 죄를 진정으로 회개하세요. 종이에 여태껏 지은 죄를 다 적어 가며 회개하세요. 진정으로 회개해야 기쁘고 능력 있는 삶이 가능합니다."

눈물 없는 회개가 진정한 회개인가?

저는 그때까지 교회의 주일 예배, 수요 예배, 금요 철야 기도회, 각종 수련회와 부흥회 등의 설교를 통해 수도 없이 회개를 했었지요. 하나님께선 회개한 잘못을 다 용서하시고 기억도 안 하신다는데 또 회개하라니, 이게 무슨 말인가? '내가 여태껏 수도 없이 한 회개는 다 거짓이었나? 진정한 회개를 하라니?'

저는 자존심이 상했지만 그분의 영적 파워에 눌려 순종하기로 했지요. 250명이 넘는 어린이들을 말씀의 세계로 조용히 빨려 들게 하는 능력은 그분만의 영적 파워였지요. 목사님도 시끄러움을 아예 무시하고 설교하시는데 그분이 나서면 갑자기 조용해지니 저는 놀라움과 감탄까지 하곤 했지요. 이런 분이 진정한 회개를 하라니 순종해야 했지요.

아무도 없는 집에서 홀로 간단히 목욕을 먼저 했지요. 그리고 간편한 옷을 입지 않고 외출복을 입었지요. 물론 양말도 신었지요. 그리고 백지에 죄를 생각나는 대로 적기 시작했습니다. 수련회 때도 이런 필기를 한 적이 없는데, 또 적었지요. 백지에 빼곡히 적으니, 웬 죄가 그리도 많은지 제 스스로 놀랐지요.

그분이 시킨 대로 차례차례 회개 기도를 하는데 걸린 시간은 20분 정도면 충분했습니다. 더 이상 할 말은 없는데, 찝찝했지요. 이번에는 진정한 회개가 되어야 하는데 또 지금까지의 경우와 같다는 생각이 들어 괴로웠지요. 그분이 시키니 따라하는 건지 진짜로 하나님이 인정하시는 회개를 하는 건지 헷갈리더군요. 속이 후련하지 않으니, 또다시 재탕 기도를 했지요.

다시 잘못을 조목조목 놓고 회개를 비는데 제 자신이 처량하게 느껴지며 '도대체 내가 무슨 짓을 하고 있나? 이렇게 잘못을 빌면서 눈물 한 방울 안 흘리는 게 진짜 잘못을 뉘우치고 비는 거냐?'라는 생각이 머리를 강타했지요.

가만히 생각해 보니 제가 그때까지 회개한 기도는 눈물 한 방울 없이 고함만 지른 기도였음을 발견했습니다. 제가 가장 순수했던 중학생 시절에도 눈물은 없었지요. 남들 다 우는데 저만 고함지르며 눈이 말짱하니 이상했지요. 그래서 눈을 세게 감아 눈가에 눈물이 맺히도록 연출을 한 경우도 많았지요.

이런 생각에 도달한 저는 하나님께 눈물을 달라고 기도하기 시작했지요. 우습지 않습니까? 잘못을 비는 자가 스스로 흘려야 할 눈물을 용서해 주실 분에게 구하고 있으니 말입니다.

그래도 눈물은 없었지요. 답답해 슬픈 곡의 찬송을 조용히 불렀지요. 또 예수님이 고난당하시며 십자가에 못 박히시는 고통의 장면을 상상했지요. 그럼에도 불구하고 눈물은 없고 한 시간 반 동안 꿇은 무릎은 점점 굳어 아플 뿐만 아니라 발에 쥐가 나 뻣뻣해짐이 무릎까지 올라와 견디기 힘들었지요.

'도대체 내가 왜 이러는 거야? 역시 나는 안 되는가 보다. 그만 둘까? 지금까지 한 게 너무 아깝잖아? 그런데 이런 게 기도 맞아? 내가 쇼를 하는 것 아닌가?

별별 생각이 다 드는 게 제 자신이 이상하고 처량하게 느껴지며 아무 생각 없이 멍하니 앉아 있었지요. 마음속으로 하던 기도도 멈춘 채 약 10분 정도 무념무상의 상태에 있으니 갑자기 눈물이 딱 한 방울 뺨을 타고 내리더군요. 정말 우습지 않습니까? 이게 회개인가요?

용서를 빌어야 진정한 회개

제 자신이 너무 서글프고 초라하게 느껴지는 순간 '사람에게 용서를 빌어라!'는 소리인지 생각인지 아주 작게 느껴졌지요. 사람에게 잘못을 비는 것을 회개로 배운 적이 없어 이런 생각을 전혀 못했지요. 또 그때그때 사과했고 굳이 용서 빌 일도 없었지요.

그런데 이런 느낌을 받으니 곰곰이 생각해 보았지요. 제가 하나님께 회개하고자 적은 대부분이 가족에게 잘못한 것임을 발견하고 너무 놀랐지요. 그리고 적은 게 하나님께 잘못한 게 없고 다 사람과의 관계였지요. 하나님께만 잘못한 경우는 우상 숭배, 하나님을 무시하고 원망하는 것이었지요. 저는 하나님을 원망한 적은 있어도 다른 잘못은 없는 것 같았어요. 그런데 하나님께만 용서를 구했으니 이런 바보가 어디 있어요? 더군다나 제 스스로 흘려야 하는 눈물까지 구했으니 웃기는 쇼를 했던 것이지요.

가족이 아닌 사람과는 풀 게 없었는데, 가족에게는 너무 많았지요. 한 울타리에서 매일 부대끼며 어쩔 수 없이 살며 잊어버리는 것뿐이죠. 그러다가 싸우면 다 생각해내 공격하다가도 또 어쩔 수 없이 한솥밥을 먹고 사는 악순환이 되풀이 되는 거지요.

이 진리를 깨달으니 더 이상 미련하게 눈물을 구할 필요가 없었지요. 제사 드리는 도중에 형제와 화해할 일이 생각나면 먼저 화해를 한 다음에 제사를 드리라는 주님의 말씀은 기도에도 똑같이 적용된다는 것을 느낀 거지요. 너무 미련한 시간을 두 시간 정도 보내 어처구니없었지만 저의 중심을 보신 하나님께서 깨닫게 하신 것을 감사하며 그 자리를 정리했지요.

마침 그 날은 시집간 누나가 자형과 함께 온다고 해서 집에 오신 어머니는 저녁 준비에 바쁘셨지요. 저는 부모님과 형제들에게 어떻게 용서를 빌지를 생각했습니다. 어제, 오늘 또 최근에 용서 빌 만한 특별한 잘못도 없어 좀 이상했지만 계속 다짐을 했지요.

드디어 모두 저녁 상 앞에 둘러앉았지요. 아버지의 식사 기도가 끝나 저녁을 먹는데 저는 계속 망설였지요. 자형이 있어 더 어색했지만 이 기회를 놓치면 안 되기에 급한 마음으로 말문을 열다 보니 미리 생각했던 멋진 다듬어진 말은 다 까먹고 투박하게 말씀을 드렸지요.

먼저 무릎을 꿇고 감정이 격해 말을 하다 보니 그 당시에 제가 무슨 말을 했는지 정확하게 기억나지는 않습니다. 어쨌든 같은 사과의 요점은 이렇게 말했을 것입니다. "아버지, 그동안 제가 잘못한 것 다 용서를 빕니다. 제가 아버지께 대들었던 것 정말 죄송합니다. 용서해주십시오." 식사 도중 난데없이 아들이 무릎을 꿇고 아버지께 용서를 비니 아버지도 얼떨떨하셨겠지요. "갑자기 왜 그러느냐? 다 지나간 일인데 밥이나 먹자." 아버지의 말씀에 저는 다시 한 번 용서를 빌었던 것으로 기억합니다. 그러자 아버지께서는 "그래 모두 용서했다. 다 잊어버렸는데 뭘 그러느냐? 밥이나 먹자."라고 말씀하셨던 것으로 기억납니다. 아버지의 말씀에 저는 이어서 어머니께 용서를 빌었고, 모든 형제들에게도 한꺼번에 용서를 빌었지요. 왜냐하면 제 눈에서는 벌써 눈물이 쏟아지며 말소리가 제대로 나오지 않았기 때문입니다. 그래서 일일이 용서를 빌 수가 없었던 것으로 기억합니다.

저는 식사하는 그 방에 그대로 앉아 있을 수가 없어서 낮에 홀로 기도 드렸던 방으로 갔지요. 그 방에서 저는 이루 말할 수 없는 눈물을 흘렸지요. 제가 태어나 그때처럼 많은 눈물을 흘린 적은 없었지요. 제가 잘못했던 가족들에게 용서를 비니까 폭포수 같은 눈물이 쏟아지는데, 그동안 저는 어리석게도 하나님께 눈물을 구했으니 얼마나 우스운 일입니까? 그렇게 많은 눈물을 흘리는데 제 마음속 깊은 곳에서부터 갑자기 엄청난 기쁨이 느껴졌습니다. 저는 용서 받은 기쁨을 눈물과 함께 범벅이 되어 크게 느꼈지요. 그리고 이런 기쁨을 허락하신 하나님께 너무너무 감사했지요.

그 이후로 저의 신앙생활은 완전히 달라졌습니다. 기쁨이 샘솟는 그 여집사님처럼 주일이 기다려졌지요. 그리고 그때부터 저의 기도생활은 시작되어 지금까지 이어지고 있지요. 결혼에 대한 생각도 바뀌었지요. 그전에는 제 아내가 될 사람은 'non-christian도 상관없다. 예쁘고 똑똑하면 된다. 교회는 내가 데리고 가면 될 것 아닌가?'라는 교만으로 가득 차 있었지요. 그러나 그 이후에는 첫째 조건이 크리스천이어야 한다는 것으로 바뀌었지요. 그리고 저는 그 이후에 처음으로 금식기도를 하게 되었지요.

그때 그 당시의 경험이 그 이후에 저의 신앙관을 완전히 바꾸었지만 제 사회생활을 완전히 바꾸는 데는 좀 더 많은 시간이 걸렸지요.

용서를 비는 또 다른 경험을 간단히 소개하겠습니다. 제가 2015년에 한 말기암 환자에게 복음을 전한 적이 있지요. 이 말기암 환자는 제 목장의 목원 언니이지요. 이 분이 2015년 5월에 말기암 선고를 받은 후 마음이 낙담해 있을 때에, 저는 다짜고짜 그 언니에게 장문의 문자를 보냈지요. 약 10일 동안 매일 하루에 한 통씩 작성해 보냈습니다. 보통 사람 같으면 30, 40분이면 충분히 작성할 것을 저는 10배 이상 시간이 더 걸려 작성하였지요. 잘 알지도 못하는 저에게서 매일 장문의 편지를 문자로 받은 언니는 마침내 마음 문을 열고 예수님을 주님으로 영접하였지요. 예수님을 영접했다는 소식을 목원에게 들은 후 제 경험을 들려주며 가족들에게 용서를 빌 것을 권하였습니다.

언니는 중·고등학생 두 자녀에게 과거의 잘못을 열거하며 용서를 빌었지요. 두 자녀는 저의 아버지처럼 말했다더군요. 다 잊어 버렸는데 새삼스럽게 왜 이러시냐는 반응을 보인 두 자녀는 엄마와 함께 교회 예배에 처음 참석한 이후 지금까지 잘 출석하며 엄마를 위해 기도하고 있었지요.

언니는 이제 남편에게 용서를 빌었지요. 자녀에게 용서를 비는 모습을 다 지켜 본 남편은 자기에게 용서를 비는 아내를 껴안고 서로 많이 울었다더군요.

진정한 회개는 눈물이 있어야 하고 눈물 있는 진정한 회개는 용서를 빌어야 이루어집니다. 이 용서는 가족이 진정으로 하나임을 느끼게 하는 체험도 주지요.

다 잊어 버렸다고 하는 것은 말 그대로 잊은 것에 불과하지 용서는 아니기에 언제든 되살아 날 수 있지요.

3. 내 아버지!

제 아버지는 6.25 전쟁 때 북한에서 남한으로 내려오신 분이지요. 그래서 제가 어릴 때 아버지로부터 자주 들은 말씀이 '삼팔따라지' 라는 말이었죠. 아버지는 우리 가정에서는 거의 왕 같은 존재이셨습니다. 아버지가 화를 내시면 너무 무서웠고 화를 안내셔도 아버지와 정답게 대화를 나누어 본 기억이 없지요. 아버지는 우리 집이 가난해도 우리 집안에서는 왕 같은 존재였기에 아버지의 말씀은 곧 법이고 명령이었지요. 아버지께 심하게 맞은 기억은 없지만 워낙 무서운 분이니 아버지의 말씀을 거역할 수도 없고 토를 달 수도 없었지요. 그리고 이런 남편을 둔 어머니는 아버지에게 두들겨 맞기도 했지요. 어린 시절에 엄마를 때리는 아버지가 너무 무서웠고 싫었지요.

저는 아버지가 너무 너무 밉고 싫었는데, 고등학교에서 만난 친한 친구는 저에게 너무도 충격적인 말을 하였지요. 그 친구는 말하기를 자기는 자기 아버지를 이 세상에서 가장 존경한다는 것이었지요.

저는 아버지가 미워 죽겠는데 제 친구는 아버지를 가장 존경한다니, 저는 그 친구에게 제 아버지를 욕할 수가 없었지요. 사실 저는 등굣길에 이런 아버지를 저에게 허락하신 하나님을 원망하면서 하루는 하늘을 향해 삿대질을 하며 하나님께 욕했던 기억도 납니다. 이렇게 제가 미워했던 아버지였지만 제 친구에게 기죽기 싫어서 아버지의 험담을 할 수 없었지요.

그리고 저는 곰곰이 생각해 보았지요. '어떻게 아버지가 존경의 대상이 되나? 나는 나폴레옹을 가장 존경하는데, 자기 아버지를 가장 존경한다니 이럴 수가 있나?'라고 생각하면서 친구에게 아버지를 내세울 뭔가를 열심히 찾았지요. 존경은커녕 미움과 원망의 대상인 아버지였지만 그래도 내 아버지이기에 쪽 팔려 그런 사실을 말할 수 없었지요. 오히려 오기가 생기며 내 아버지를 가장 존경하진 못해도 좋은 면이 있음을 내세우고 싶었을 뿐이지요. 어쨌든 골똘히 생각하니 그렇게 미운 아버지인데도 아버지의 장점이 쉽게 발견되었지요.

첫째, 아버지는 누구보다도 부지런하셨습니다. 술에 취해 낮잠을 주무시는 경우를 제외하고는 정상 상태에서는 잠시도 쉬지 않고 무언가를 했지요. 자전거를 닦든지 화장실을 청소하든지, 저의 아버지는 쉬지를 않았지요.

둘째, 아버지는 누구보다 더 강직한 분이셨습니다. 너무 강직해서 융통성이 없었지요. 부러지면 부러졌지 휘는 법이 없었지요.

제가 중학생 때 주일 예배를 드리던 도중, 목사님이 강단에서 제 아

버지를 갑자기 치리하셨습니다. 그 이유가 그 날 제 아버지의 대표기
도 내용 때문이었지요. 지난 주 있었던 공동의회에서 찬반 투표를 하
였는데, 찬성하는 사람은 투표용지를 그대로 내고 반대하는 사람은
받은 투표용지를 반으로 찢어서 내는 투표방식이었는데, 이것을 가지
고 아버지가 회개기도를 한 것이지요. 그 회개기도의 내용이 "공산당
도 안 하는 투표방식으로 지난 주 저희 교회에서 한 것에 대하여 잘못
을 회개합니다."라는 것이었지요. 교회에서 치러진 투표를 공산당에
비유하였다 하여 예배 도중 목사님은 예배를 잠시 중단시키고 누군가
와 대화를 나눈 후 갑자기 아버지를 치리한 것입니다.

저는 치리가 무엇인지도 모르면서 어린 마음에 어른들의 웅성거리
는 분위기를 보고 아버지께 상당히 안 좋은 일이 발생했음을 직감했
지요. 이렇게 아버지는 너무 우둔할 정도로 강직했기에 저에겐 그런
모습이 좋게 보였지요.

셋째, 아버지는 너무 솔직했습니다. 아버지가 너무 솔직해 남들에
게 이용당하는 경우를 여러 번 보았지요.

넷째, 아버지는 인내심이 대단히 강했습니다. 제 어머니도 인내심
이 강했기에 우리 오남매도 부모님을 닮아 인내심이 강한 편이
지요.

이렇게 아버지의 장점을 발견하고 나니 자신의 아버지를 가장 존경
한다는 친구에게 조금이나마 위신이 섰지요. 아버지의 장점을 찾아내
긴 했지만 제 아버지를 좋아하기에는 너무 부족했지요. 워낙 아버지
에 대한 미운 감정이 쌓여 있었기 때문이지요.

그런데 대학교에 입학하여 친구를 사귀다 보니 또 이런 친구를 만
났지요. 자신의 아버지를 가장 존경한다는 친구를 대학생이 되어 또
다시 만나게 되니, 저는 다시 한 번 아버지에 대하여 생각을 해보았습

니다.

'자신의 아버지를 가장 존경한다는 사람들이 꽤나 있구나. 그런데 나는 왜 아버지를 존경의 대상으로 전혀 생각하지 못하고 있지? 성경에서도 하나님께서 부모를 공경하라고 하지 않는가? 공경은 존경의 의미를 포함하지 않는가? 그런데 나는 하나님의 말씀에 매여 아버지를 억지로 의무적으로 사랑해야만 하는 단계를 언제쯤이나 벗어날 수 있을까?'

이런 생각을 하면서 아버지에게 대화를 시도해 보았지만 여태껏 하지 않던 대화를 하려니 서로 간에 잘 안 되었지요. 워낙 오래 대화가 없이 상명하달식의 지시와 복종만 있었기에 테크닉 부족으로 어색하기만 했지요. 그런데 여동생은 아버지께 애교를 떨며 대화를 잘 풀어 저와의 사이에 중간 역할을 해 주었지요. 그러던 중 아버지도 무엇인가를 시도해 보고자 하는 모습이 느껴졌지요. 가정 예배 인도를 한 번씩 제게 맡기는 것을 통해 느꼈지요.

그러다가 사회생활을 하며 아버지를 이해하게 되었습니다. 결혼 후에 고향 대구를 떠나 타향살이를 했지요. 객지임에도 불구하고 교회의 얼굴이라고 할 수 있는 회지 발간의 책임자인 편집장을 맡아 계간지를 만들었지요. 120쪽 분량의 그 계간지에 아버지를 주제로 글을 실으며 고교 시절 자기 아버지를 가장 존경한다는 말을 했던 그 친구에게 책을 보냈지요. 그런데 저는 그 친구에게 또 약간의 충격적인 말을 들었지요.

"네 글을 보니 고교 시절 자기 아버지를 가장 존경한다고 말한 친구가 있는 것 같은데 도대체 그 놈이 누구냐?"

"그 놈이 바로 니 아이가?"

"뭐라 카노? 내가 그런 말을 했다고? 진짜가?"

"아무리 세월이 흘러도 그렇지 이제 23년 밖에 안 지났는데, 그 말을 기억 못하고 있어? 난 그때, 니 말 땜에 얼마나 큰 충격을 받았는데."

누구나 부러워하는 엘리트인 친구는 대학을 졸업할 무렵부터 아버지와 관계가 나빠지기 시작해 명절 때 만나는 것조차 힘들게 여기니, 고교 시절의 자기 말을 스스로 완전히 잊은 거지요. 다행히 그 친구는 아버지와의 관계가 완전히 회복이 되었지만 많은 기간이 걸렸지요. 고교 시절 그 친구의 말에 충격을 받은 저는 사회생활을 하면서 빨리 아버지와의 관계가 완전히 회복되었는데, 그 친구는 완전히 회복되는데 너무 많은 시일이 걸려 그동안 매우 안타까웠지요.

지나간 아버지의 인생

저는 대학을 졸업하고 제가 꿈꾸던 대로 일이 잘 풀리지 않아 세상의 높은 벽을 실감했지요. 공학을 전공하고서도 적성에 안 맞아 4학년 때 게시판에 붙은 변리사 시험 공고를 보고 도전을 했지요. 그러나 계속 낙방하며 군대 면제받은 기간을 다 날렸지요. 1985년의 낙방은 그 충격이 너무 컸지요. 처음으로 평균 60점을 넘었는데 영어에서 과락을 맞았지요. 전공도 아닌 논술형 법률 과목은 모두 60점을 넘겼는데, 영어를 40점도 못 받았으니…. 그 해는 영어를 선택한 수험생은 다 떨어지고 2명만 합격했는데, 이들은 프랑스어, 일어를 선택한 사람들이었지요. 정말 쪽 팔려 아무 데도 말을 하지 못했지요.

'이젠 어쩌지?'라며 고민하다가 제1회 공인중개사 시험 공고를 보고 원서를 냈지요. 제가 한다기보다 아버지의 노후 일자리 마련 차원에서 응시했지요. 워낙 오랜 기간 출판사와 학원들이 과대광고를 한

터라 응시자가 무려 20만 여명이나 되었고 합격자도 무려 6만 여명이 되었지요. 원서를 낸 후 비로소 책을 사 공부한 기간이 한 달 조금 넘었음에도 용케 합격했지요. 자격증이 있다는 소식을 들은 제 숙부님께서 당신의 주택 점포를 저에게 제공하시며 사무실 비품까지 갖추어 주셔서 저는 27세 젊은 나이에 부동산 중개업에 뛰어 들었지요.

자격증만 있었지 부동산에 대해 전혀 아는 게 없었던 저는 "자네 아버지는 어디 계시냐?"라며 저를 공인중개사로 인정하지 않는 손님들에게 시세 파악, 등기와 지적도 등 각종 서류를 보는 법 등 모든 것을 배워야만 했지요. 숙부님께서 틈틈이 가르쳐 주시긴 했어도 워낙 백지 상태라 손님들에게 무시당하며 배워야만 했고, 또 당시가 부동산 불황기라 저는 1년간 고작 20만원의 수입을 얻고 결국 1987년 봄에 문을 닫았지요. 제가 문을 닫자마자 부동산 바람이 크게 불어 숙부님은 너무 아쉬워하셨지요. 반년이 지나 아버지 친구분의 권유로 아저씨와 함께 하며 처음으로 돈 맛을 보기도 했지요. '아~! 이런 세상도 있구나!' 하고 저는 부동산 중개업에 제 인생을 걸기로 결심했지요. 그런데 기쁨도 잠시뿐이었지요. "먹고 살만한 자네가 뭐가 아쉬워 돈에 욕심내서 친구 아들의 장래를 막고 있느냐?"라며 아버지 친구분들이 쑥덕거려 심기가 불편해진 아저씨께서 더 이상 일을 하실 수 없었지요.

1988년 서울 올림픽이 한창일 때 저는 새로운 파트너를 만났지요. 제 모교회에 오신 초신자를 목사님 소개로 만나 대구의 중심 동성로로 들어가는 계기가 되었지요. 29세인 저보다 열댓살 많고 과거 큰 부자였기에 저의 부족을 메워 주리라는 기대는 순전히 저의 착각이었지요. 1년간 함께 하며 한 푼도 못 벌고 아저씨와 몇 달간 일하며 조금 있던 것도 다 허비해 빈털터리가 되었지요. 부동산은 해야 하는데 막막한 저는 여동생에게 500만원을 빌려 1989년 9월에 30세의 나이에 비로소 독립을 했지요. 동생을 통해 빌려 시작한 사업이기에 정신을 새롭게 하고자 새벽 제단을 쌓기 시작해 지금까지 하고 있지요. 불과 3년 사이에 제 얼굴은 앳된 티를 완전히 버리고 오히려 늙게 보여 누구와도 대화가 가능하게 되었지요. 20대 후반 3년간 많은 좌절을 겪은 저는 아버지가 젊은 시절 겪었을 좌절을 생각했습니다.

제 아버지는 1929년에 평양 강동에서 큰 부자의 장남으로 태어났습니다. 제 할아버지는 자수성가해 농민상회란 큰 백화점 같은 상회를 경영하셨지요. 아버지는 없는 물건이 없이 모든 것을 다 팔아 요즘의 백화점에 해당한다고 자랑하셨지요. 매장도 넓어 100평을 넘는다고 하셨지요. 또 할아버지는 15만평의 대농지를 소유해 소작을 주었지만 인심이 후해 서로 소작농을 원할 정도였다고 합니다. 한학도 뛰어나 동네 사람들의 자녀 이름을 도맡아 지어 주셨다지요. 심지어 할아버지는 이름이 신통찮은 당신의 아내 즉 제 할머니의 이름도 새로 지어 호적에 올렸지요. 그리고 글 모르는 분들의 대서 역할도 충실히 하여 늘 주위 사람들에게 칭찬과 인사를 듣는 훌륭한 분이라고 아버지 형제분들의 자랑이 대단했지요.

이런 멋진 할아버지의 사랑을 받은 아버지는 강동군에서 초등학교를 졸업한 후 평양 제일중학교에 진학하자 할아버지는 돼지를 한 마리 잡아 잔치를 하셨다지요. 중학교는 5년제로서 요즘의 중학교와 고등학교 과정이 합쳐진 것이었지요. 제일중학교는 당시 평양에서 최고 명문이었다고 들었습니다. 아버지 고향인 강동군은 평양시에 속하지 않아 평양으로 유학을 간 것이지요. 아버지가 친구들과 함께 집에 오면 할아버지와 할머니는 아주 대접을 잘해주셔서 덕분에 동생들도 좋아했다고 제 고모님이 말씀하시지요. 저는 어머니 다음으로 고모님을 지금까지 좋아하지요. 그렇게 큰 부자인데도 할머니는 검소해 밥과 반찬을 남기는 것을 싫어하셨지요. 그런 할머니가 아버지의 친구들에게 엄청 잘해 주셨다니 아버지를 얼마나 좋아 하셨는지 짐작이 갑니다.

5년제 중학교를 졸업하기 전 우리나라가 일제 강점기 통치에서 해방 되는 기쁨을 누렸지요. 그러나 해방의 기쁨은 순간이었지요. 소련 군이 밀려들며 밤에는 여인을 마구잡이로 겁탈하는 소련군인들 때문에 바깥출입을 피해야만 했다지요. 소련군이 나타나면 집집마다 숟가락으로 밥그릇을 두드리며 "개조심!" 신호를 알렸다고 아버지는 회상하셨지요.

아버지가 중학교를 졸업하기 전 평양 시내의 몇 안 되는 대학이 다 사라지고 갑자기 생소한 김일성대학 하나만 문을 열었지요. 세상 물정에 너무 어두웠던 할머니와는 달리 할아버지는 너무 밝았기에 갑자기 혜성처럼 나타난 30대 초반의 김일성 정체를 파악하는데 그리 오래 걸리지 않았지요. 할아버지는 아버지의 공산당 대학 입학을 금하셨고, 아버지도 쉽게 대학 진학을 포기하셨지요. 대학을 다니지 않았음에도 아버지는 학교의 선생님이 될 수 있어서 수학 교사 생활을 하며 결혼도 하셨지요. 그러나 너무 잘 나가던 아버지는 공산당 치하에서 좌절의 쓴 맛을 보기 시작하셨지요.

강동군에서 할아버지만큼 부자가 한 분 계셨는데, 그분은 목사님이었답니다. 공산당의 표적이 된 그분을 공산당은 이렇게 쫓아내더라고 아버지께서 회상하셨지요.

선동 역할을 맡은 공산당원이 군민들을 모아 그 목사님 집으로 쳐들어갔답니다. 다짜고짜 그 집안 마당으로 들어선 성난 군중 앞에서 선동가가 곡식 창고 문을 부수고 말했답니다. "우리는 먹을 게 없어

뱃대지가 쫄쫄 굶고 있는데, 이 목사란 놈은 창고에 이렇게 쌓아 놓고지 뱃대지만 불리고 있습네다. 이 악질 나쁜 놈을 가만히 놔둬가 되겠습니까?" 그리고 또 다른 창고를 열어서는 또 이와 비슷한 말로 군중들의 마음을 들끓게 하였답니다. 마지막 창고를 열어서는 "이 악질 놈을 우리 동네에서 쫓아내야 되지 않겠습니까?" 그렇게 말하면 군중 속에 섞여 있던 또 다른 공산당원이 "옳소! 저 반동분자 새끼를 이 동네에서 영원히 쫓아냅시다!"라고 하면서 박수를 친답니다. 그러면 여기 저기 섞여 있던 공산당원들이 박수를 치면서 고함을 지른답니다.

이런 과정 끝에 목사님 가족은 그 집과 모든 것을 빼앗기고 강동군에서 추방당했는데, 공산당은 쌀 두 말을 자루에 담아 주었을 뿐이랍니다. 옷, 그릇 등 기타 물건은 한 가지도 안 주고 쌀만 두 말을 주고 쫓아내는 장면을 아버지가 직접 보고 할아버지께 알려 주었답니다.

다음은 할아버지 차례임을 걱정했는데, 결국 할아버지 집에도 떼를 지어 쳐들어 왔답니다. 역시 똑같은 방법으로 일을 진행하고 있었는데, 예상치 못한 일이 발생했지요. 할아버지의 농토를 빌려 소작을 하시던 분들이 공산당원들을 막아서며 "이 분은 악질이 아닙니다. 반대로 아주 좋은 분입니다. 이 분 덕분에 우리는 농사를 지으며 지금까지 잘 살았습니다. 우리 말고도 이 어른의 은혜를 입은 사람이 많습니다." 생각하지 못한 돌발 상황에 공산당원들은 머쓱했고 군중들의 호응도 없어 할아버지 추방은 좌절되었다고 고모님은 말씀하셨지요. 현장을 목격한 고모님은 용기 있는 소작농들의 증언에 너무 고마워하셨지요.

이후 아버지는 21세에 결혼하셨는데, 할아버지가 장티푸스 전염병에 걸려 누우셨지요. 북한에선 치료약을 구할 수 없었는데, 남한의 미군 부대에 약이 있다는 소식을 들은 아버지는 사람을 급히 서울로 보냈지요. 평소에 그렇게 건강하시던 할아버지는 약이 도착하기 전에 결국 세상을 떠나셨지요. 시집간 누나 두 분을 제외한 4명의 동생과 어머니까지 책임진 아버지의 시련과 좌절은 이때부터 시작되었지요.

할아버지가 돌아가신 후 한반도는 젊은 김일성의 야욕으로 동족상쟁의 비극적 소용돌이에 휘말렸지요. 아버지는 북한 인민군에 끌려가지 않으려고 숨어 지내다가 안방 구들장을 파고 숨기도 했지요. 불안한 아버지는 혼자 남하해 남한의 갑종 군사학교에 입학했지요. 전시상황이라 6개월 만에 졸업하고 소위 계급장을 달고 한국전쟁에 뛰어들었다고 합니다.

장남이 혈혈단신으로 남하한 후 할머니도 1·4 후퇴 때 출가한 두 딸을 제외한 3남 1녀를 데리고 피난길에 올랐지요. 아버지의 아내는 만삭이라 친정으로 돌려보냈지요. 피난길에 할머니는 만삭이 된 며느리의 친정을 찾아 할아버지 소유의 모든 땅 문서를 며느리에게 맡겼지요. 할머니는 모든 땅 문서와 보험 증서를 며느리가 사용하는 이불 속에 넣어 제 고모와 함께 바느질로 꿰맸지요. 그리고 남한에서 쓸 지폐를 좀 많이 챙겨 놓고, 엄청 많은 현금은 피난길에 나서기 전 집 마당을 파 장독을 심고 그 장독 안에 다 넣고 뚜껑을 덮은 후 다시 흙으로 덮어 다졌지요.

무슨 보물섬 같은 이야기가 제 집안에 발생했다니 저는 이런 이야기가 너무 신기했지요. 통일 후 보물 지도 같은 문서를 다 찾아 땅을 찾게 되면 참 좋겠다는 상상을 하며 제 아내와 아이들이 함께 웃었지요. 땅을 찾으면 당시의 법을 따지면 장남인 아버지의 몫이 가장 크겠지요. 그러나 현행법대로 해도 7남매가 균등배분하면 2만 평이 넘는데, 이를 다시 제 형제 5남매가 균등 배분하면 4천 평이 넘으니 평양시내에서 그만한 땅이면 제법 부자가 아닐까요? 상상하면 재미있고 즐겁지요.

잠시 피난 간다고 생각했던 할머니는 남한에서 북한 돈을 전혀 사용하지 못했지요. 북한 돈을 남한 돈으로 바꾸어 주는 환전소가 있는 것을 몰랐던 할머니는 고향으로 되돌아갈 기미도 전혀 안 보여 그 아까운 지폐를 불 피우는 불쏘시개로 사용했지요.

귀하게 자란 어린 삼촌들은 구두닦이, 신문팔이 등을 하며 고되게 살아야만 했지요. 아버지는 2군 사령부가 있는 대구에서 근무하다가 대구까지 피난 온 가족들을 피난민 숙소에서 극적으로 만났지요. 비참한 상황을 본 아버지는 쌀 한 가마를 사 군용 지프차에 실어 할머니께 전달하였지요. 이것이 아버지가 피난길 가족을 돌본 처음이자 마지막이었습니다.

당시 대위였던 아버지는 술에 취한 상태에서 평소 못 마땅했던 소령을 심하게 구타하는 사건을 일으켰지요. 상명하복의 군에서 더군다나 전시 상태에서 발생한 이 사건은 사령관을 난처하게 만들었지요. 평소 아버지를 좋게 보고 아끼던 사령관은 아버지를 영창에 넣지 않고 군복을 벗는 선에서 마무리해 주었지요.

불명예 제대한 아버지는 이때부터 완전히 인생이 엉망이 되었지요. 할아버지와 같은 사업 능력은 없어도 매우 근면하신 아버지는 북청 물장수와 같은 생활을 하셨지요. 밑천이 없이도 부지런하기만 하면 되는 물장수 생활에 싫증을 느끼신 아버지는 그만 술과 노름에 빠지셨지요.

동생들이 피땀 흘려 모아 겨우 장만한 허름한 주택을 노름으로 날려 화가 치민 동생에게 두들겨 맞기도 했지요. 통일이 요원해 보여 결국 남한에서 다시 결혼했는데 처가에서 맡긴 주택 자금을 노름으로 날려 이번엔 처남들의 원성을 크게 샀지요.

아버지의 인생을 생각해 보니 제가 겪은 시련과 좌절은 아무것도 아니었습니다. 대학을 졸업하지 않고도 수학 선생님을 할 정도로 똑똑했던 아버지는 분명 큰 꿈이 있었겠지요. 그러나 이 나라의 역사가 아버지의 꿈을 막았지요. 공산당 치하에서 모든 것을 포기해야만 했던 아버지의 좌절감이 얼마나 컸겠습니까?

또 할아버지가 조금만 더 사셨더라면 하는 아쉬움이 너무 크지요. 40대 후반에 돌아가신 할아버지의 빈자리를 채워야 한다는 중압감 때문에 술을 가까이 하시게 된 것 같습니다. 술을 드셔도 할아버지가 계셨으면 자제력이 있어 군에서 상관을 폭행하는 어처구니없는 일은 벌어지지 않았겠지요. 또 노름에 빠지지도 않았겠지요.

아버지가 겪은 시련의 원인인 이 나라의 역사와 할아버지의 죽음은 아버지가 어떻게 대응할 수 없는 불가항력이었지요. 아버지가 겪은 모든 시련을 다 이기고 남보란 듯이 성공해 존경할 만한 사람들이 극소수이지만 있습니다. 그러나 저는 제 아버지가 그렇게 되어야만 했다고 요구할 생각은 전혀 없습니다. 아버지의 젊은 시절을 생각해 보니 실망감보다는 안타까움이 더해졌지요. 아버지는 군인이 제격인데 너무 아쉽지요. 어쨌든 뒤늦게라도 하나님 만나 장로까지 되셨으니 감사하지요. 학창 시절 그렇게 증오했던 감정은 온데간데없이 사라지고 오히려 죄송한 마음이 들더군요.

아버지의 눈을 내 눈에 붙이고
(인생을 정리하시는 아버지의 용서 기도)

2001년 봄. 아버지가 경북대학교 병원 응급실에 계신다는 소식을 들은 후, 만 9년을 아버지는 풍으로 고생하셨지요. 2년 정도 지나니 전혀 못 걸어 완전히 누워만 계셨지요. 원래 언변이 좋지 않았던 아버지는 하반신 마비로 꼼짝을 못하니 멍한 상태로 보내게 되었지요.

그래서 걱정이 된 저는 2004년 여름부터 매일 집으로 전화를 드려 아버지와 통화를 했지요. 제 통화가 끝나면 입담 좋은 큰딸이 나서서 재미있게 할아버지께 재롱을 부렸지요. 2005년부터는 통화 마지막에 제가 기도를 했고, 아버지는 따라 하셨지요. 2005년 봄부터 제 눈이 사물을 식별할 수 없을 정도로 이상이 생겼지만 계속 출근했기에 퇴근 후 통화했지요. 저와 제 딸이 일방적으로 말하고 아버지는 주로 간단한 대답만 하셨지요.

아버지의 젊은 시절 좌절을 생각하며 아버지에 대한 감정을 다 풀고 나니 이젠 아버지를 이기려고 하는 아주 나쁜 버릇이 생겼지요. 언젠가 교회 일로 다툰 적이 있었지요. 제 아버지가 이상적인 장로가 되기를 원하는 마음에서 날카롭게 공격하곤 했지요. 제가 37세에 늦게 결혼한 이후 9개월 정도 지난 주일에 집으로 돌아가는 차 안에서 아버지께 심하게 대들었던 잘못이 늘 마음에 걸렸지요. 어머니뿐 아니라 아내도 있는데 제가 이성을 잃고 운전 도중 핸들을 치며 고함을 질렀지요. 며칠 후 사과를 했지만 늘 찝찝했지요. 그래서 근 10년이 지나 날마다 드리는 전화로 저는 또 다시 사과가 아닌 용서를 눈물로 빌었지요.

10년 전엔 제 주장은 맞는데 말하는 방법이 잘못 되었을 뿐이라는 생각에 용서를 빌었던 것이 아니고 어정쩡한 사과에 그친 거지요. 그런데 날마다 통화를 하며 그게 계속 마음에 걸리는 겁니다. '사과란 진솔한 말 대신 유감이란 애매한 표현을 즐겨 쓰는 정치인을 볼 때 얼마나 실망스럽던가? 주장이 아무리 맞아도 방법이 잘못이면 이것은 무조건 잘못이다. 사과가 아니고 용서를 빌 잘못이다. 갓 결혼한 며느리가 보는 가운데 이 무슨 창피인가?' 용서를 너무 늦게 빌고 또 전화로 빌어 정말 죄송했다고 했습니다. 아버지는 "괜찮다"고 짤막하게 답하셨지요. 호흡기 장애가 있어 말하기가 힘드신 아버지는 그 말도 힘들게 하셨지요.

아버지가 소천하시기 2주 전 놀라운 일이 발생했지요. 2009년 10월 20일부터 아버지는 하루 종일 큰 소리로 똑같은 짤막한 기도를 반복하셨습니다. 호흡기 장애로 숨이 차 길게 말하기 힘드신 아버지가 힘차게 외친 기도는 네 가지였습니다.

첫째, "저를" "용서해" "주소서"를 세 부분으로 나눠 반복하셨지요. 호흡이 되면 한꺼번에 빨리 하신 후 한참 쉬셨지요. 그리고 "○○○을 용서합니다." "○○○을 용서하소서."를 반복했지요.

둘째, "하나님, 감사합니다."를 반복하셨지요.

셋째, "하나님을 찬양하라."를 반복하셨지요.

넷째. "○○○을 축복합니다." "○○○을 축복하소서."를 반복하셨지요. 아버지가 용서 기도하신 분들과 아시는 분들의 이름을 부르며 축복하셨지요.

이런 기도를 하시는 도중에 찬송을 부르셨는데 숨이 가빠 '스타카토'로 끊어서 기쁨으로 간절히 하셨지요.

제 아버지가 원수지간으로 지낸 분은 별로 없었지요. 그런데도 이름을 부르며 용서 기도 하시는 것을 보신 어머니는 놀랐지요. 이름을 들으니 평소 아버지가 별로 좋아 하지 않던 분들이었지요. 그런데 한 사람이 빠진 것 같아 이름을 불러 주며 "당신이 나쁘게 생각하는 이 사람을 용서해야 안 됩니까? 별것도 아닌 것은 다 용서하면서 왜 이 사람은 빼 먹어요?"라고 어머니가 말씀하시니 용서를 거부하셨지요. 하루 종일 거의 말이 없는 아버지께서 잠시 주무시는 시간을 제외하곤 밤낮을 가리지 않고 두 손을 모아 큰 소리로 기도하시는 것을 인생을 정리하는 기도로 보신 어머니가 말씀하셨지요. "당신의 이 기도는 하나님께서 시키시는 것 같다. 그런데 이 사람을 빼 먹으면 안 되지요. 이 사람도 불쌍한 사람인데 용서하이소." 어머니의 계속된 권유로 아버지는 그분도 용서하시고 그분을 위해서도 축복 기도까지 하셨지요.

저의 5남매 부부와 손자, 손녀가 모두 모여 이런 모습을 직접 보았지요. 21명의 자손이 감사로 가정 예배를 드릴 때 딸들은 눈물을 흘렸고, 예배를 인도하던 장남인 저도 목이 메는 감격을 누렸지요. 새벽 기도를 위해 교회 가시기 전에 먼저 집에서 한 시간 정도 성경을 읽고, 찬송하고, 기도를 홀로 하신 후 교회에 가셨고, 낮에도 늘 성경을 벗으로 삼던 아버지이셨지요. 풍으로 누우신 후 아무것도 못 하시고 말씀도 없어 저러다간 예수님도 잊을까 봐 매일 전화 드렸는데, 생각지 못한 너무 좋은 신기한 일이 발생했으니 이 어찌 감격스럽지 않겠습니까? 가정 예배를 드린 그날 밤 아버지께서 제 손을 잡으시고 "영훈이의 눈을…." 이라고 말씀하신 아버지의 숨찬 음성이 제가 들은 마지막 음성이었지요.

가정 예배를 드린 며칠 후 2006년 11월 3일 밤에 아버지의 소천 소식을 듣고, 우리 가족 5명은 대구 가톨릭대학 병원으로 갔지요. 고속도로에서 그동안 할아버지께 재롱을 떨었던 이제 5학년인 딸이 무거운 정적을 깨고 "아빠! 인생은 다 이런 거예요. 너무 슬퍼마세요"라고 말해 운전하던 아내와 저는 웃었지요.

병원에 도착한 저는 응급실 한편 침상에 누인 아버지의 식어가고 있는 시신을 만지며 북받쳐 오르는 감정을 겨우 진정시켰지요. 그러나 어머니와 형제들은 미리 안과와 의논한 대로 저를 입원시켰지요.

이미 다섯 번이나 수술을 받았고 그 중 윤부 이식과 각막 이식까지 받은 상태였지만 또 사물의 유무 인식도 잘 못하니 아버지의 각막을 오른쪽 눈에 이식하고자 미리 이야기가 다 된 상태였지요.

너무 기가 막히지 않습니까? 아버지가 돌아가셨는데 장례를 진두지휘해야 할 장남이 빈소도 못 지키고 아버지의 눈을 이식받기 위해 수술을 받다니 이런 불효가 또 어디 있습니까? 제 도착 소식을 들은 의료진은 수술을 위한 검사 준비에 돌입했고, 저에겐 상복이 아닌 환자복이 주어졌지요. 수술을 거부하는 제 목소리는 약해졌고 팔에 링거 주사 바늘이 꽂히자 체념했지요. 다들 장례식장에 갔지요. 잠시 후 쌍둥이 두 딸이 와서 제 보호자 역할을 했지요. 제 자신이 너무 서글프고 처량해 눈물이 흘렀지요.

한밤중에 일반 병실로 옮긴 저는 모두 자는데 홀로 캄캄한 밤에 침상에 앉아 이 생각 저 생각을 하며 잠 못 이룬 밤을 보냈지요.

"아~! 하나님! 너무 하시네요. 꼭 이렇게 해야만 합니까? 이래야만 제가 볼 수 있습니까? 제가 아버지의 눈을 받을 자격이 있습니까? 그렇게 증오하여 하늘을 향해 손가락질하며 저런 사람을 왜 내 아버지로 주셨냐고 당신께 대든 제가 무슨 염치로 아버지의 눈을 받습니까? 며느리가 말리는 데도 무시하고 미친놈처럼 대든 제가 도대체 무슨 자격으로 아버지의 눈을 간직합니까?"

"아버지, 너무 죄송합니다. 장남이란 놈이 빈소도 못 지키고 염치없이 이렇게 당신의 눈을 기다립니다. '영훈이의 눈을!' 제가 마지막으로 들은 당신의 이 말씀 때문에 정말 뻔뻔스럽게도 저는 이 병실에 있습니다. 저의 모든 잘못과 불효를 용서해 주이소."

다음 날 아침이 되니 두 딸들이 다시 와서 모든 장례 절차가 잘 되고 있으니 아빠는 신경 쓰지 말라고 하며, 벌써 가족들이 도착해서 바쁘다고 전해 주었지요.

　레지던트 의사가 들고 온 수술 동의서에 초등학교 5학년 막내딸이 사인을 하는 진풍경이 벌어졌지요. 오후 1시경 수술실로 갈 때는 아들과 어린 조카들이 대거 와서 저를 호위했지요.

　전신 마취 수술을 받고 3시간 지나 병실로 옮겨 눈의 통증을 심하게 느꼈지만 진통제를 놔 주겠다는 간호사의 제의를 사양했지요. 불효막심한 놈이 아버지의 눈을 받으며 진통제 맞을 자격도 없는 놈이라 생각했지요. 오른쪽 눈의 통증을 참으며 누워 있는데 누군가 제 손을 잡으며 "장군! 내다. 박경이다."라는 낯익은 반가운 목소리가 들렸지요. 장군은 고교 시절 제 별명이었지요. 서울에서 내려온 절친한 친구는 백발의 기막힌 제 몰골에 아무 말 없이 손만 따뜻하게 잡고 있었지요. 문상을 왔다가 제 병실까지 찾은 친구들과 친척들이 목요일까지 이틀간 병실이 소등된 시간에도 많아서 주무시는 다른 환자들에게 미안했지요. 찾아온 분들이 한결같이 자신이 누구임을 밝히곤 손을 꼭 잡기만 할 뿐 할 말을 잊고 있었지요. 정적을 깨야 할 사람은 바로 저였기에 통증과 갈증을 참으며 이런 말을 되풀이했지요. "나는 괜찮다. 하나님 은혜로 산다. 너도 하나님 섬겨라. 삼촌도 하나님 섬기세요. 천국가신 아버지의 소망입니다." 두서없이 간단하게 한 말이지만 저의 이 말에 충격 받아 후에 하나님을 섬기게 된 친구도 있지요.

　보증으로 근 백 억대의 재산을 다 날리고 졸지에 신용불량자가 되었다가 풀린 절친한 친구는 "너의 아들에게 인생의 허망함을 꼭 가르치라."고 부탁하기도 했지요. 저는 퇴원 후 겨우 6학년인 아들에게 친구가 부탁한 대로 가르치고 덧붙였지요. "하나님 없는 인생은 허망할 수밖에 없다. 하나님 잘 섬겨라."

　제가 성경을 연구하며 의학적 질문을 하면 충실히 답해주는 절친한 친구는 저도 아는 여직원과 함께 왔지요. 백발이 된 제 몰골이 딱해 보였던지 갑자기 여직원의 지갑을 털어 50만원을 제 딸에게 주고 갔지요. 고령에서 치과 문을 닫기 무섭게 달려와 이틀 연속 밤늦게까지 저 대신 친구들을 대접한 절친 등 너무 고마운 사랑을 많이 받았지요.

너무 감사하고 부끄러운 가운데 문상객이 끊어진 한밤중에는 이 생각 저 생각을 하면 눈물이 왈칵 쏟아지려는 것을 참아야만 했지요. 저를 담당한 레지던트 여의사가 감정에 북받쳐 울면 꿰맨 각막에 충격이 가 터질 수 있으니 안 된다고 주의를 주었기 때문이지요. 금요일 아침 발인을 할 때 휠체어를 타고 가도 좋다는 허락을 교수님께 받았지요. 그러나 이 여의사가 몰래 말렸지요. "환자분의 딱한 사정 때문에 교수님이 마지못해 허락한 겁니다. 장례식장과 병원 건물이 연결되지 않고 떨어져 있어 안돼요. 바깥의 찬 공기와 특히 바람이 눈에 안 좋아요. 환자분 마음은 충분히 이해가지만 아버님의 각막을 어렵게 이식했는데 더 조심해야 되잖아요?"

결국 발인 예배 참석은 포기하고 두 딸과 함께 병실에 있으며 "아버지, 용서하이소. 장남이란 놈이 아버지의 마지막 가시는 곳에 가 보지도 못하면서 염치없이 당신의 흔적을 받았네요. 이 죄인이 아들 맞습니까? 아닙니다. 울지도 못하는 죄인입니다."

입담 좋은 제 딸도 괴로운 제 마음을 달래주지 못한 채 오후가 되니 모든 장례 절차를 마친 형제들이 병실로 들어섰지요. 6.25 참전 용사라 국립묘지 안장이 가능하다고 전부터 보훈처에서 확인해 주었는데, 막상 상을 당해 신청하니 아버지의 불명예제대 기록으로 무산되어 겨우 시립 납골당으로 모셨다고 하였지요. "오빠가 고향을 떠난 지 11년이 지났어도 오빠 친구들이 많이 와서 좋더라."고 동생이 말했지요. 누나는 "아버지 장례를 치러 보니 우리 5남매가 모두 열심히 잘 살고 있음을 느꼈다."고 말했지요. "제일 큰 홀을 이 서방이 빌려 걱정했는데 낮에도 손님이 계속 오더니 밤에는 가득 차 기분 좋더라."고 어머니는 말씀하셨지요. 누나의 큰 딸이 성인임에도 저를 배려해 초등 6학년인 제 아들이 할아버지의 영정 사진을 들었다는데, 화장터에서 이 철부지 장손이 몰래 매점에 가서 컵라면을 사먹고 있어서 사진 들 장손을 찾는 소동이 벌어지기까지 했다니 제가 조카에게 너무 미안했지요. 형제들의 위로를 많이 받았지만 여전히 마음이 무거운 채 야간 진료를 받으며 이젠 울어도 괜찮다는 말을 여의사에게 들었지요.

병실의 모든 환우들이 잠든 밤에 저는 침상에 앉아 아버지에 대한 죄송한 마음으로 잠 못 이루며 뜨거운 눈물을 흘렸지요. 그런데 갑자기 제가 암송하던 예수님의 말씀이 떠올랐지요. 부활하신 예수님께서 자기를 세 번이나 "모른다."고 부인한 수제자 베드로에게 던지신 질문이지요.

"Do you truly love me more than these?"(네가 이 사람들보다 나를 더 사랑하느냐?) 두 번째 질문도 "Do you truly love me?" 세 번째 질문도 "Do you love me?"로, "more than these 이 사람들보다 더" "truly 진실로"가 차례로 빠지며 강도가 조금씩 떨어진 것은 베드로의 처지를 동정했을 뿐 뜻은 다 똑같지요. 요한복음 21장 15-17절을 영어로 암송하면서도 베드로의 "You know that I love you."(내가 주님을 사랑하는 것을 주님이 아십니다.)라는 고백을 못하고 있었지요. 그때까지 이 질문과 답이 저에겐 아킬레스건이었지요. 이 본문으로 누군가 설교하면 제 마음은 늘 아팠고 고백은 못하고 오히려 속으로 설교자를 나무라며 원망했지요. '자기는 예수님을 진정 사랑하나? 언행을 보면 사랑이 아니고 이용하는 것 같은데. 자기도 사랑하지 않으며 우리에게 예수님을 사랑하라고 강요하나?'

예수님을 진정 사랑한다는 것은 저에겐 너무 큰 부담이었습니다. 그렇게 되면 제 모든 것을 포기하고 선교사로 아프리카 같은 곳에 가든지 이 땅의 빈민촌 또는 그런 곳에서 목사로 죽도록 고생하는 삶이 펼쳐질 것 같은 생각이 늘 앞섰지요. 그런 고생이 싫어 저를 위해 십자가에서 온갖 고통을 당하신 예수님을 사랑한다는 고백을 못했지요. 정말 웃기는 일 아닙니까? 누가 그런 거룩한 사명을 저같이 이기적인 놈에게 맡긴다고 지레 겁먹었으니 한심하지요.

그런데 그날 밤 드디어 저는 베드로의 고백을 뜨겁게 했지요. 난생 처음으로 "주님! 사랑합니다. 진정으로 사랑합니다."를 고백하는데 뜨거운 눈물이 볼을 타고 줄줄 흘러 내렸습니다. 눈물로 사랑의 고백을 한참 한 후 이젠 용서를 빌었습니다.

"주님! 나이 50이 되어 겨우 이 고백을 해 너무 죄송합니다. 제 나이 만큼 주님을 섬겨 오며 주님이 애타게 기다리신 이 고백을 이제야 하는 저를 용서해 주십시오. 저는 정말 나쁜 이기적인 놈입니다. 주님을 감히 종처럼 부려 먹으려고만 했습니다. 전지전능하신 주님을 제 종으로 삼아 항상 제 필요를 채우려고만 했습니다. 제가 그동안 교회에서 충성한 것은 다 당신의 축복을 받기 위한 미끼였습니다. 그런데 당신은 알면서도 일부러 때때로 제 미끼에 호응해 주시고 저를 보살펴 주셔서 너무 감사합니다. 이 못난 놈을 용서해 주시고 이번에 제 아버지의 눈까지 제가 고이 간직할 수 있게 해 주셔서 너무 감사합니다. 이 못난 놈의 너무 늦은 사랑 고백을 용서하시고 받아주옵소서!"

이제 어떻게 살아야 하는지 생각 중 예수님께서 베드로에게 하신 말씀이 생각났지요. 'Feed my lambs!' (내 어린 양을 먹이라), 'Take care of my sheep!' (내 양을 치라), 'Feed my sheep!' (내 양을 먹이라).

제가 먹이고 돌볼 어린 양과 다 큰 양이 누구인지를 곰곰이 생각했지요. 제 어린 자녀들과 아내와 교회에서 제가 맡은 고등부 반 학생들 그리고 제 목장 식구들이 해당되고, 또 멀리 있는 형제들과 친구들도 통화의 어려움은 있지만 해당이 되겠더군요.

돌보는 것은 기도와 사랑의 섬김으로 지금처럼 하면 되겠는데, 목사도 아닌 제가 뭘 먹일지를 곰곰이 생각했지요. 제 교회가 가정 교회를 지향하고 제가 목자이니 목장과 고등부 모임에서 성경을 근거로 지금보다 더 진솔한 삶을 나누는 게 먹이는 좋은 방법임을 깨닫고 결심했지요. 그리고 가정 예배도 더 진솔하고 충실히 하기로 생각했지요.

그날 밤 저는 25년 전 아버지와 가족들에게 용서를 빌며 흘렸던 감격의 눈물을 또 다시 뜨겁게 흘렸지요. 아버지의 죽음과 아버지의 마지막 선물을 통해 주님을 또 다시 경험하게 될 줄은 정말 몰랐지요. 사랑을 고백하며 용서를 비는 제 눈물은 감사와 희열로 가득 차며 모두 잠든 병실에서 홀로 주님과의 뜨거운 교제를 이어 갔지요.

4. 성도 간 갈등과 용서, 화해

많이 망설였는데 부끄럽지만 진솔한 고백을 하고자 합니다. 이 고백은 제 생명 같이 사랑했고 대구를 떠난 18년 동안 하루도 잊지 않고 기도해온 제 모교회의 치부를 드러내는 것이기에 정말 망설였습니다. 그러나 예수님께서 자신의 모든 치부를 드러내며 십자가에 달리시면서 우리에게 요구하신 것이 회개라고 생각되기에 용기를 내어 고백합니다. 이 땅의 모든 크리스천들이 자신을 돌아보는 계기가 되었으면

합니다.

저는 중2 때 대구 중부경찰서에서 폭행 혐의로 조사 받은 적이 있습니다. 교회가 두 패로 나누어지며 어른들의 몸싸움을 계단에서 보고 있었을 뿐인데, 제가 때리고 밀어 다쳤다고 저까지 고소했기 때문이지요. 경찰서로 가기 전 평소 저를 늘 귀여워해 주시던 제 친구 할머니 권사님이 하신 말씀은 지금까지도 기억납니다. "어떻게 이 어린 것을 고소하노? 영훈아! 니가 본 그대로 사실대로만 말해라. 겁내지 마라." 몇 마디 묻고 조서를 작성한 경찰관이 "아무 잘못도 없는 니 같은 아이까지 고소하는 교회에 와 다니노?"라고 말할 때는 너무 부끄러웠습니다. 풀이 죽어 "사람들이 싸웠지, 하나님이 시킨 게 아니잖아요?"라고 모기소리만 하게 말하니 못 들은 듯 말이 없었습니다.

요즘 교회의 파열음이 언론에 노출될 때마다 중2 때처럼 답답하고 부끄럽습니다. 세상 사람들이 교회를 욕하며 걱정할 때는 얼굴이 확 달아오릅니다. 아무리 언론에 교회의 좋지 못한 뉴스가 보도되어도 제가 정말 본이 되고 좋은 모습을 평소에 보여 주었다면 제 주변 사람들은 저를 봐서라도 마구잡이로 교회를 욕하지는 않을 것 아닙니까? 그런데 제가 그런 영향을 못 끼친 것이 더 부끄럽습니다. 현실 세계에서 교회 관련 나쁜 소식은 계속 될 터이니 저라도 제 주변 사람을 커버하는 역할을 해야겠다고 다짐했지만 더 많은 노력이 필요함을 느낍니다.

저는 29세 때 유년주일학교 부장직 제의를 사양했다가 평교사도 못 했지요. 건강이 허락하는 한 교사로 봉사할 것을 하나님께 약속했던 저는 30세에 부장을 맡으며 무엇이든 시키는 대로 맡았지요. 31세에 경상비 재정 장부 회계가 추가되었고, 그 이듬해 건축 헌금 장부 회계와 선교 헌금 장부 회계까지 추가되었지요. 그 당시 영입된 의욕적이고 유능한 지휘자의 요청으로 성가대 총무까지 맡으며 주일에는 누구보다 바빴지요. 새벽 기도 때 교회 12인승 차를 가져갔다가 주일 아침에 어린이들을 가득 태워 오는 것으로 아침을 열고, 밤 10시 반이 지나 성가 연습이 끝나면 대원들의 귀가 운전으로 12시가 넘어야 밤을 닫았지요. 이런 생활을 결혼 전까지 5년 정도 했습니다. 교회와 접한 부동산의 매입을 극비리에 성사시켰고, 개인 명의로 된 통장을 다 교회 명의로 바꾸었고, 뒤늦게 부과된 취득세에 대해 구청과 시청에 이의 신청해 이기기도 했지요.

39세인 1998년 말에 울산에 가서는 1년 만에 교회의 회지 발간 편집장을 맡아 계간지를 발행하였고, 사회 교육원 준비 위원장을 맡아 개설 강좌와 강사를 결정해 사회 교육원을 출범시켰지요. 그리고 단독 주택 6채와 4층 연립 주택 4가구를 모두 매입하는 일을 맡았고, 그 매수 자금과 예배당 건축 공사비를 대출받는 일까지 맡아 처리하였지요. 그리고 16년간 목자를 하고 있으며, 교회내부적 갈등을 보게 되었습니다. 하나님 아버지와 예수 그리스도의 사랑과 용서를 구현하는 교회 내 갈등과 분열을 조금이나마 용서와 화해와 사랑으로 바꾸는 것에 도움 되기를 소망하며, 부끄럽지만 제 경험과 소견을 말하고자 합니다.

목사와 평신도의 갈등

믿음의 명가를 이루기 위해서는 자기 가정만 잘 이끌면 되는 것이 아닙니다. 우리는 교회생활을 반드시 해야만 하기에 교회 공동체 생활을 통해서도 아무런 갈등이 없어야만 하지요. 교회에서 갈등이 발생하면 자기 가정생활에도 영향이 갈 수밖에 없지요. 그래서 이 부분을 저는 진솔하게 제 경험을 바탕으로 나누고자 합니다.

중1 때 처음 성인 예배에 참석하며 담임 목사님과 접촉한 이후 지금까지 모두 11분의 담임 목사님을 겪었지요. 그분들은 모두 일장일단이 있는 좋은 분들이었지요. 모든 분들을 다 존경했던 것은 아니었지만, 그 11분의 목사님들과 다 사이좋게 지냈지요.

30세 이전 젊은 시절에는 목사님은 무조건 존경하고 그분께 순종하며 주의 종으로 떠받들어 섬겨야 한다고 어릴 때부터 배웠지요. 그리고 그분들은 어린 저에게 잘해 주었기 때문에 제가 그분들을 싫어할이유가 없었지요.

30세 이후에는 교회에서 이런 저런 봉사직을 맡으며 목사님과 동역한다고 생각했기에 사이좋게 지낼 수밖에 없었지요. 그러나 나이가들면서 생각이 조금씩 바뀌게 되었습니다. 왜냐하면 목사님도 완전한신이 아닌 허물있는 사람이라는 것을 깨달았기 때문이죠. 또 무엇보다도 제 자신이 더 많은 허물과 약점을 지닌 인간이기에 목사님께 유달리 엄격한 잣대로 요구해선 안 된다고 생각했기 때문이지요.

저는 목사님과 사이좋게 지냈지만, 때로는 목사님과 갈등을 이기지못해 다른 교회로 떠나가는 교우들이 있었지요. 그때마다 저희 부부는 목사님이 쫓아내지 않는 다음에야 절대로 교회를 옮겨 가지 말자는 다짐을 했지요. 그 이유는 저희들이 떠돌이 신자가 되지 않고자 함이었지요. 고향 대구를 떠나 울산에 와서 교회를 선정할 때 심사숙고끝에 결정하며 울산을 떠나지 않는 한 교회를 옮기지 않는다는 다짐을 했지요. 목사님과 평신도의 갈등이 모두 목사님의 잘못만은 절대아니지요. 자기 마음대로 하려는 직분자들의 잘못도 저는 목격한 바많지요.

그러나 교회에서 가장 중심이 되는 목사의 역할이 절대적이기에 본이 되는 3분 목사님을 소개하며, 이 땅의 모든 목사님들이 진정으로 존경 받는 목사님이 되기를 소망합니다. 그래서 갈등 없는 교회가 되기를 간절히 소망합니다.

제가 가장 존경하는 목사님은 중 1 때 함께 했던 옥중 성도 이인제 목사님입니다. 제 모교회에 5년간 시무하시고 미국으로 가셨지요. 초등학생 시절엔 잘 모르다가 중학생이 되어 그분의 설교를 들으며 제 신앙은 급성장했지요. 제 신앙 인생에 가장 순수하고 좋았던 시기가 중학생 시절이었던 것은 목사님의 영향으로 생각되지요. 그분의 설교를 겨우 1년 남짓 들었는데도 그 때가 가장 좋았던 것으로 기억되니 좀 더 오래 계셨더라면 저에게 훨씬 좋았겠지요.

이인제 목사님은 안이숙 여사의 책 《죽으면 죽으리라》에도 등장하시지요. 일제강점기 시절 신사 참배를 거부하여 감옥에서 고생하셨지요. 말로만 듣던 옥중 성도 출신을 목사님으로 모셨으니 영광이고 감사할 일이지요. 초등학생 시절 늘 젊은 전도사님만 보다가 처음 겪은 목사님으로 인해 목사님은 다 그분 같은 줄로 알았지요.

저는 그분의 설교를 노트에 적었지요. 노트는 분실한지 오래 되었지만 아직도 기억에 생생한 설교는 에스겔 47장 말씀입니다. '하나님의 성전에서 흘러나온 물이 발목에서 무릎으로 또 허리로 차더니 이내 강물을 이루었으니 억지로 걸어 건너려다간 빠져 죽으니 성령의 강물에서 마음껏 수영하며 즐기라'는 요지이지요. 연세가 70을 넘기신 듯한 목사님은 목소리가 크지 않았지만 힘이 있었고 확신에 찼지요.

목사님은 하나님의 사랑을 강조하셨을 뿐만 아니라 몸소 철저히 실천하셨지요. 돈이 생기면 필요한 사람에게 다 나누어 주셨지요. 물욕이 없어 받으실 생각도 없었지요. 목사님께 70년대 초 50만원을 빌려 손전등을 만들어 파는 가내 공장을 하신 분이 있었지요. 제 아버지가 70년대 후반에 그 공장에 취업해 총무로 근무했지요. 그 회사는 나날이 발전해 아버지께서 그만 두실 때는 대구에서 가장 큰 성서공단에 진입했지요. 사장님 부부는 하나님을 등진 지 오래되었지요. 이인제 목사님의 돈을 빌려 사업을 시작했다는 사장님의 말을 들은 아버지는 이인제 목사님이 가끔 한국에 오실 때마다 은혜를 갚으라고 사장님께 알렸지요. 이 핑계 저 핑계로 사장님은 계속 외면했지요. 그런데도 회사는 점점 커졌지만, 제 아버지가 소천하신 몇 년 후 결국 부도로 망했다는 뉴스를 TV에서 들었지요. 사장님 부부가 목사님께 배은망덕하며 누구보다 충실했던 아버지께 너무 섭섭하게 대하는 데도 승승장구하여 이해가 안 가더니 결국 망하는 것을 보고 참 안타까웠지요.

이렇듯 목사님은 베푼 것으로 끝나고 대가를 바라지 않는 참사랑을 늘 보여 주셨지요. 이런 목사님을 모두 존경했지요. 어머니가 목사님이 좋아하시는 음식을 만들면 아버지께서 저를 시켜 갖다 드리게 하셨습니다. 미국에서 목사님이 어쩌다 나오시면 제 친구 아버지는 호텔로 모시며 모든 수발을 들었지요. 다 나눠 주고 아무것도 없는 목사님을 하나님께서 알아서 보살펴주심을 저는 느꼈지요. 목사님은 자녀를 4명 낳고 사모님과 사별하셨지요. 그러자 엄청 젊은 처녀를 하나님께서 붙여 주셨지요. 제가 본 두 번째 사모님은 미국에서 목사님을 먼저 보내시기까지 근 40년 이상 함께 사셨지요. 사모님은 아직 살아 계시는데 연세가 95세이시지요.

목사님은 물욕뿐 아니라 목회에 대한 욕심도 없었지요. 큰 교회를 맡겠다는 욕심이 없었지요. 오히려 작고 힘든 교회를 섬기셨지요. 제 모교회에 오실 때도 교회가 가장 힘든 시기에 오셔서 안정시킨 후 미국으로 가셨지요. 70세가 넘어 미국 가셨는데도 목사님을 필요로 하는 곳이라면 어디든 가서서 섬기신다고 제 절친한 친구가 전해 주었지요. 그런 곳은 아무도 안 가는 오지였답니다. 편히 지내실 연세이지만 감옥도 불사한 주님에 대한 사랑으로 한 명의 성도도 사랑한 거지요. 왜소한 체격에 힘도 없는 분이 90세에도 오지의 교회를 섬기셨다니 제가 어찌 존경하지 않겠습니까? 완전 백발이지만 천진난만하게 늘 환하게 웃으시던 그분의 모습을 저는 잊을 수가 없습니다. 교인들 한 영혼 한 영혼을 진정 사랑한 이인제 목사님이 더욱 그리워집니다.

제가 직접 겪어 보진 않았지만, 너무 유명한 두 분 목사님에게서 꼭 본받을 마인드를 소개합니다.

분당우리교회 이찬수 목사님의 설교를 들으며 세 가지 사실에 놀랐습니다.

첫째, 2만명 출석 교인을 10년 동안 5천명으로 줄이고 그동안 교회를 분가하겠다는 겁니다. 더 줄이는 것이 맞는데 그렇게 되면 지역 사회를 섬기는 사역들을 포기해야 하고, 그러면 되레 교회가 비난의 표적이 될 수 있어 더 줄이지 못하는 아쉬움이 크다고 하시더군요. 목장의 분가만 보아온 저로서는 교회의 분가도 있을 수 있다는 생각에 놀랐지요. 10년 중 절반이 지난 것 같은데 계획대로 잘 되어 한국교회에 정말 좋은 본보기가 되길 간절히 기도합니다.

둘째, 이찬수 목사님께서 담임목사에 대한 재신임 투표를 7년마다 계속 실시한다는 것이 제게는 너무 충격적이었지요. 대한민국의 거의 모든 교회가 단 한 번도 재신임 투표를 실시하지 않는데, 이 교회는 7년 주기로 계속 한다니 이찬수 목사님의 용기가 대단하지 않습니까? 이는 하나님과 교우들 앞에서 늘 바로 서고자 노력하고 있음을 보여주는 자세가 아니겠습니까?

셋째, 지난 주 자신의 설교가 잘못된 해석으로 엉터리였다고 진솔하게 사과하며 무엇이 잘못 되었는지 소상하게 설명하는 것에 놀랐습니다.

저는 목사님도 얼마든지 실수를 하는 사람으로 보았기에 설교의 실수도 그럴 수 있다고 생각했지요. 그런데 오래전에 제가 겪은 목사님께서 자기 설교의 잘못된 부분을 이 많은 사람이 듣고도 아무도 지적해 주지 않아 자기는 계속 실수한다고 섭섭함을 꽤 오래 토로하신 적이 있지요. 그러나 목사님의 설교 실수를 말씀드리기는 쉬운 일이 아니지요.

그런데 이찬수 목사님께서 자기 스스로 설교의 잘못을 깨닫고 진정으로 사과하고 모든 잘못을 바로 잡는 것을 볼 때 너무 감동적이었지요.

우리들교회 김양재 목사님께서 성도의 이혼을 막고자 평신도 앞에서 여러 번 무릎 꿇고 빌기까지 했다는 사실에 저는 놀랐습니다.

김양재 목사님은 이혼은 하나님의 뜻이 아닌 것을 지식으로 안 게 아니고 온 몸과 마음으로 확신했기에 그렇게 결사적으로 말렸겠지요. 또 성도를 진정으로 사랑했기에 자기 잘못이 없는데도 무릎 꿇고 빌기까지 하며 가정을 살리려고 했지요. 많은 목사님들이 우선순위를 교회의 행정과 각종 프로그램에 둡니다. 그런데 김양재 목사님은 나날이 빠르게 성장하는 바쁜 교회에서도 우선순위를 상처받은 한 영혼에 두며 말로만의 사랑이 아닌 행동하는 사랑을 보여 주는 듯하지요.

또 김양재 목사님은 자기 사돈도 치리하는 솔직한 모습을 보여 놀랐지요. 예배당을 건축하는데 중요한 역할을 맡은 사돈이 과거 건설소장 시절 알고 지내던 한 업자에게 예배당 설비공사 입찰 참여를 시켜 구설수에 올라 덕스럽지 않다는 게 이유였지요. 뇌물을 받은 것도 아닌데 지인의 입찰 참여 금지 규정을 어겼다는 이유로 굳이 치리하여 한 집에 사는 딸 부부와 목사님은 지극히 불편해져 냉기류가 흐름을 울먹이며 고백하는 설교를 들으니 가슴이 찡하더군요.

한 달 후 치리당한 사돈의 간증을 들으며 과연 '목욕탕 교회'로 불릴 만하다는 생각을 했지요. '목욕탕 교회'로 불릴 정도로 목사님 자신이 자신의 수치를 다 드러내니 교인들도 부끄러움을 무릅쓰고 다 끄집어내고 있지요. "나는 과거 동성애자였다"와 같은 비밀들이 목장에서 뿐만 아니라 전 교우 앞에서 간증으로 다 드러남을 보고 처음엔 거부 반응이 있었지요. '저렇게까지 해야 하나? 회개는 하나님과 당사자에게 진정 용서를 구하면 족한데 너무 과한 것은 쇼 아닌가?' 그런데 이 생각은 바뀌었지요. '저렇게 발가벗고 다 까발리는 게 맞는 것 같다. 모두에게 밝히며 다짐함으로 똑같은 실수를 줄이는 효과가 크겠다. 하나님께 회개하고 내 가족들에게 사과하고도 나는 똑같은 잘못을 계속 범해 계속 회개와 사과를 되풀이 하지 않는가? 솔직하게 솔선수범하는 김양재 목사님을 본받자.'

제가 소개한 세 분 이인제, 이찬수, 김양재 목사님을 따르면 교우들과의 갈등은 거의 없을 것으로 확신합니다. 나아가 진정 존경 받는 목사님이 될 것입니다.

십 수 년 전에 우리나라의 유명한 부흥 강사 목사님의 명함을 받고 의아했던 기억이 있습니다. 한 면은 한글로, 또 한 면은 영어로 인쇄되었지요. 그런데 영어가 그 목사님에 대해 저로 하여금 생각하게 만들었지요.

'Rev. ○○○'으로 인쇄된 것을 보았기 때문입니다. 목사를 뜻하는 말로 미국에선 'Rev.'를 많이 쓰기에 틀린 단어는 아닙니다. 그런데 'Rev.'는 'reverend'(존귀한, 존경받아 마땅한)의 약자로 'revere'(우러러 공경하다)에서 파생한 말이지요. 남들이 이렇게 불러 주어

정착된 듯한데, 이젠 스스로 그렇게 소개하니 좀 이상한 단어 아닙니까? 미국인들이 가장 많이 본다는 NIV, KJV 두 성경에는 목사를 'pastor' 로 표현했지요. 그런데 'pastor'는 'pasture'(목초지, 목장, 가축에게 목초를 먹이다)와 관련되어 파생된 단어로 보이지요. 그래서 어딘지 모르게 신분이 좀 낮은 느낌이 드는 단어이지요. 미국에서는 뜻은 같아도 'Rev'의 의미가 'pastor'보다 한 단계 더 높은 격으로 통용된다고 들었습니다. 그런데 필리핀에서는 'pastor'를 일반적으로 쓴다고 미국과 필리핀에서 오래 살고 있는 제 후배가 말했지요. 미국은 그렇다 치더라도 왜 한국인 목사가 성경의 단어는 버리고 세상이 쓰는 'Rev.'를 쓰며 스스로 높아지고 존경을 요구하는지 씁쓸함을 느꼈지요. 하나님 아버지와 예수 그리스도께서 스스로 낮추어 자신을 우리를 돌보는 목자로 부르셨는데 어찌 인간은 스스로 높이는지….

그동안 제가 겪은 11분의 담임 목사님과 그보다 훨씬 많은 부교역자들이 다들 좋은 분들이었지요. 그래서 그분들을 비롯하여 제가 알고 있는 50여명의 목사님들 이름을 날마다 부르며 정말 신실하고 본이 되는 종이 되기를 하나님께 간절히 기도한 지 오래 되었습니다.

교우 간 갈등과 화해

믿음의 명가를 만들기 위하여 교회의 교우들 간의 관계도 사랑과 화해가 넘쳐나야 함을 느낍니다. 교우간의 관계가 잘못되면 자기 가정의 믿음 생활에도 큰 흠집이 나게 되어 있지요. 그래서 이 부분도 부끄럽지만 저의 경험을 진솔하게 나누며 보탬이 되기를 소망합니다.

목사와 평신도의 갈등 못지않게 평신도끼리도 서로에게 상처를 주는 경우가 허다한 게 현실입니다. 특히 교회 봉사를 많이 할수록 더 그렇습니다.

앞서 밝혔듯이 저는 어린 시절부터 교회의 풍파를 겪었습니다. 중 2 때 저를 경찰에 고소하며 억울한 누명을 씌우고자 한 분들이 누구인지 전혀 모릅니다. 알고 싶지도 않습니다. 그래서 그 일로 누구를 원망하며 마음에 앙금 품은 일이 없었지요. 어린 나이에 크리스천이 부끄러웠을 뿐이지요.

그런데 장성해 교회의 여러 직분을 맡은 30대 때에는 그렇지 않았습니다. 당시 교회는 담임 목사님이 갑자기 큰 교회로 떠나시며 담임 목사 공백 상태에서 1년간 극심한 소용돌이에 빠졌습니다. 졸지에 장로님 중심의 노장파와 제 또래의 30대 소장파로 나뉘어졌습니다.

발단은 건축 헌금 회계 담당자가 재정을 유용한 사건 때문이었습니다. 그러나 그분은 오히려 억울하다며 장부를 감사한 장로님에게 화살을 돌렸습니다. 그래서 젊은 사람들이 장로님들의 감독 책임을 물으며 당회를 불신하게 되어 크게 시끄러웠지요. 목사님이 떠나시기 수개월 전에 저에게 건축 헌금 장부 일체를 감사하도록 지시한 것으로 보면 유용 사태를 감지하셨던 것 같지요. 그런데 목사님이 깔끔하게 마무리하지 않고 교회를 옮겨 아쉬움이 너무 컸지요. 제 모교회의 역사상 전도와 교인들 돌보기에 남달리 힘쓰며 가장 전성기를 만드신 훌륭한 목사님이신데, 그 목사님이 떠나자마자 교회가 시끄러워지니 너무 안타까웠지요.

아버지가 장로이고 또 제가 맡은 업무상 장로님들과 가까워 소장파의 의중을 전달하고 소장파 교우들을 찾아가 교회의 하나됨을 설득했지만 진정한 화해는 정말 힘들었습니다. 이 와중에도 저는 교회 뒤쪽에 붙은 2층 주택의 매입을 계속 추진했지요. 목사님이 계속 더 깎으라고 하시며 계약을 미루시다가 떠나 담임 목사님이 공석이었지만 계약을 더 미루다간 남 좋은 일 시킬 것 같았지요. 결국 1년 이상 새벽마다 대문을 붙잡고 기도했던 상가 주택이라 장로님들과 소장파를 설득해 계약할 때는 정말 감개무량했지요.

교회가 시끄러운데 제가 동분서주하며 나서다보니 제가 구설수에 오르기도 했지요. 담임 목사님 공백 기간 동안 지도부에 대한 신뢰를 잃으니 하나 되지 못하고 심지어 하나 되는 기회인 금요 철야 기도회에도 불참하는 게 너무 안타까웠지요.

그런데 제 마음에 늘 걸리는 한 분이 있었습니다. 교회가 시끄러워지기 전부터 알게 모르게 충돌이 있었는데, 교회가 혼란스러울 때는 더 그랬지요. 새 목사님이 오셔서 교회가 안정을 찾아 가는데도 동갑내기인 그분과는 융화가 안 되었지요.

제가 유년주일학교 부장을 맡았을 때 그분은 중고등부 부장을 맡은 것으로 기억합니다. 동갑이지만 그분은 아들이 있었고 저는 미혼이었지요. 그분은 타지에서 대구로 온 지 얼마 안 되었고, 저는 고향이 대구고 또 모교회에서 어릴 때부터 자랐지요. 그분도 어릴 때부터 하나님을 섬겼다는 것과 둘 다 가난하다는 것 두 가지가 공통점이고, 나머지는 다 달랐지요.

그런 가운데 새 목사님이 오신지 1년 정도 되어 용서와 화해의 사랑을 설교하셔서 마음이 더 괴로웠습니다. '그래! 내가 먼저 손 내밀자. 나와 부딪친다고 싫어해선 안 되지. 그 분 부인의 열심은 나도 인정하지 않나? 이 집의 아들이 매주일 오후마다 나의 설교를 듣는데 내 마음이 이러면 안 되지.'

이런 결심을 하고는 제가 그분의 영업장에 들어서니 부인이 놀라며 반갑게 맞이했지요. 그분과 진솔한 대화를 나누며 제가 사과하니 그분도 사과했지요. 어색하게 시작된 대화가 서로 사과하니 분위기는 확 달라졌고 부인도 좋아했지요. 진작 화해하지 못했던 것을 반성하며 아주 기분 좋게 운전하며 돌아왔지요. 오랫동안 쌓인 감정을 풀었으니 정말 좋았지요.

그런데 나중에 또 충돌이 일어나니 '괜히 찾아가 화해했나?'라는 생각이 들기도 했지요. 화해는 했지만 제가 변하지 않았으니 충돌이 일어날 수밖에 없지요. 화해했으니 그분이 바뀔 것이란 환상적 기대를 가진 제가 잘못이지요. 제가 먼저 손을 내밀고 제가 먼저 사과했으니 제가 먼저 바뀌는 게 맞지요. 저도 그분도 화해했다고 바뀐 게 없었지요.

어쨌든 저는 겨우 이루어 놓은 화해를 예전으로 돌리지 않으려고 했지만 충돌은 피할 수 없었습니다. 그래도 한번 화해했다고 충돌 후에도 좀 더 웃는 모습을 서로가 보여주곤 했지요. 또 화해의 효과는 있어서 충돌 빈도도 전보다 많이 줄었지요.

37세에 결혼한 후 이 땅에 불어 닥친 IMF 한파로 부동산 경기가 얼어붙은 데다 쌍둥이 딸들이 칠삭둥이로 울산에서 태어나 어쩔 수 없이 저도 울산으로 가게 되었지요. 객지인 울산에서 저는 제 생각을 버리는 것을 배웠지요. 제 의견을 말했는데 받아들여지지 않으면 쉽게 포기했지요. 대구에서처럼 관철시킬 의지도 없었고 또 그럴 필요성도 못 느꼈지요. 교회는 능력과 효율을 내세워 타 회사와의 경쟁에서 이겨야 살아남는 회사가 아님을 깨달은 것도 제 생각을 쉽게 버리게 한 것이지요. 그래서 교회는 속도가 더디어도 화합과 사랑이 우선시되어야 함을 깨달은 것입니다. 그리고 가장 중요한 것은 제 생각이 다 맞는 게 아니란 것을 객지에서 깨달은 거지요. 이런 것들을 진작 깨달았다면 제 생각을 관철시키고자 목사님, 장로님, 권사님, 집사님들을 설득하려고 그렇게 공을 들이지 않았겠지요. 그리고 동갑내기 집사님과 화해해야 할 정도의 갈등도 없었겠지요.

울산 생활이 바빠 그분을 까마득히 잊고 살다가 명절이 되어 대구의 모교회를 찾아 그분을 만나니 반가웠지요. 그 이후 그분의 두 아들이 신학을 한다는 말을 듣고 처음으로 그분을 위해 기도를 했지요. 대구에 있을 때는 단 한 번도 그분을 위해 진심으로 기도하지 못한 것이 부끄러웠지요. 그동안 제가 너무 졸렬하고 좁은 마음을 가졌었던 게 하나님께 너무 죄송했지요. 그분이 몇 년 전 제 모교회를 떠났다는 소식을 듣고 그 때부턴 신학을 하는 그분의 두 아들을 위해서도 날마다 간절히 기도하고 있습니다.

화해는 내가 먼저 변하겠다는 각오와 상대방을 위해 진정 기도하겠다는 사랑이 있어야 화해한 보람을 누릴 수 있음을 절실히 느꼈습니다. 그러나 꼭 그런 준비가 부족해도 일단 화해를 시도하면 부족한 마음은 하나님께서 채워주심을 저는 경험하고 있지요. 용서하고 화해하는 갈등 관계를 아예 안 만드는 것이 가장 좋겠지만 갈등이 생겼다면 하나님이 원하시는 용서와 화해를 먼저 하고 하나님께 기도하라고 성경은 말하고 있습니다.

감사의 글

이 글이 어떻게 만들어졌는지를 간략히 말씀드리며 도와주신 모든 분들에게 감사의 마음을 드립니다.

2015년, 한 가정에 먹구름이 닥쳐왔습니다. 아내가 이혼을 선언한 후 부부는 별거 상태가 되었습니다. 이혼은 하나님의 뜻이 아니라고 생각하는 저는 그 가정의 파탄을 막기 위해 9월에 하루 한 통씩 모두 10통의 아주 긴 문자 메시지를 보냈습니다. 그 10통의 문자 분량은 이 책의 10분 1 정도였습니다. 그 문자를 작성하고자 시각장애 1급의 제 눈으로 하루에 최소한 4시간 길게는 9시간까지 휴대폰에 매달려야 했습니다. 그렇게 일방적으로 문자를 발송했지만, 오히려 그 아내와 친정식구들의 마음에 부담과 상처를 준 것 같아 너무 죄송했습니다. 그 가정은 저의 간절한 마음에도 불구하고 아직 별거 중에 있어 안타까운 심정으로 매일 잊지 않고 기도하고 있습니다.

해가 바뀌어 2016년 봄에 그 글을 다시금 정리하여 제 주변의 보다 많은 사람들과 공유하며, 그 글을 명상록으로 작성하여 제 아이들에게 물려주고 싶었습니다. 그러나 생각만 있을 뿐 엄두도 내지 못했습니다. 그러던 중 저희 목장에서 13년간 후원했던 강원도 사랑의 집의 진사라 사모님께서 도와주시겠다고 하셔서 제가 휴대폰으로 글을 불러드리면 사모님께서 워드작업을 해 주셨습니다. 이것을 저희 목장의 이은화 집사님께서 다듬어 목장의 카톡에 올려 주셨습니다. 그리고 제 휴대폰으로 보내 준 것을 제가 제 주변 사람들에게 7주 동안 한 주에 한 편씩 전달하였습니다.

2015년 한 해 동안 히브리어, 헬라어 원어 성경까지 탐독하며 저와 성경 토론을 했던 고령의 하치과 하재주 원장님께서 제가 보낸 글에 대하여 날카로운 비평을 하시며 이 글의 내용이 더욱 알차도록 도와 주셨습니다. 대구 늘푸른우리내과 김병곤 원장님께서는 매주 뜨거운 반응을 보이시며 자기 목장 식구들과 함께 이 글을 나누며 토론까지 하였습니다. 고교와 대학 친구인 윤대원님과 그 부인 이경규 집사님 께서도 이 글로 가정에서 삶을 나누며 이 글을 출력하여 다른 분들과 도 공유하였습니다. 또 제 친구 이상태님은 가족이 아직 불신 상태임 에도 제 글을 아주 좋아하였습니다. 또 최인영, 정금윤선생님 부부도 제 글을 빠지지 않고 탐독하며 저를 격려해 주었습니다. 글이 너무 길 다고 하면서도 한상길님도 빠지지 않고 읽어 주었습니다.

이런 성원에 힘입어 저는 더 많은 사람들과 이 글을 공유하고자 책 을 만들기로 결심하고 2016년 6월 말부터 11월까지 휴대폰을 이용해 보완 작업을 하였습니다. 이 작업에는 자신도 암환자이면서 말기암환 자인 언니의 간병에 헌신적이었던 이은화 집사님께서 틈틈이 도와 주 셨습니다. 2016년 10월 6일 언니는 제 기도가 끝난 후 하늘나라로 가 셨습니다. 그 이후 이은화 집사님께서는 헌신적으로 도와주시며 저의 글을 완성해 주셨습니다. 그리고 2016년 2월에 퇴직하신 김영현 국어 선생님께서 진주에서 이 글을 다듬어 주셨습니다.

저의 질문에 충실하게 답해 주신 카톨릭의과대학 김덕윤 교수님, 제일연합정형외과 표동철 원장님, 아세아연합신학대학 김재윤 교수 님, 울산 큰빛교회 김기문 목사님께 감사드립니다. 제 사랑하는 후배 이상훈 목사님은 제 질문에 가장 많이 답해주셨을 뿐만 아니라 제 글 이 성경에 비추어 오류가 있는지를 바로 잡아 주셔서 더욱 감사합니 다. 무신론자임을 늘 강조하면서도 성경 연구 과정의 제 질문에 충실 하게 답해 주신 대구 로즈마리 여성병원 김건오 원장님께도 감사드립니다.

너무도 바쁘고 일이 많은 가운데에서도 제 미약한 글을 미리 읽어 보시고 추천의 글을 적어 주신 울산 큰빛교회 임대진 담임목사님께 깊은 감사를 드립니다.

그리고 대구에 갈 때마다 아들의 손을 붙잡고 병원에 데려다 주시며 밤낮으로 기도를 쉬지 않으시는 제 사랑하는 어머니 박영애 권사님, 제 인생의 동반자로서 여러 모로 부족한 저를 변함없는 사랑으로 후원을 아끼지 않는 제 사랑하는 아내 정윤희 권사님, 이 글의 작업을 도와 준 두 딸과 멀리 있지만 마음으로 후원을 아끼지 않은 아들, 늘 사랑과 기도로 후원해 주신 누나 김영란 권사님과 동생들에게도 감사를 드립니다. 또 믿음의 공동체로서 저와 동고동락한 제 목장 목원들과 부족한 저를 사랑으로 감싸주시고 기도해 주시는 모든 분들께 감사를 드립니다. 끝으로 이 글이 만들어지기까지 모든 과정을 이끌어 주신 제 생명의 원천되신 하나님 아버지와 제 구주되신 예수 그리스도께 무한한 감사를 드리며 두 손 높이 들고 찬양을 드립니다.